일터행전

일터행전

초판 1쇄 발행 | 2018년 3월 15일
개정 1쇄 발행 | 2019년 10월 25일
개정 2쇄 발행 | 2022년 3월 23일

지 은 이 | 방선오
펴 낸 이 | 이한민
펴 낸 곳 | 아르카

총   판 | 비전북
디 자 인 | Design IF
제   작 | 공간코퍼레이션

등록번호 | 제307-2017-18호
등록일자 | 2017년 3월 22일
주   소 | 서울 성북구 숭인로2길 61 길음동부센트레빌 106-1805
전   화 | 010-9510-7383
이 메 일 | arca_pub@naver.com

홈페이지 | www.arca.kr
블 로 그 | arca_pub.blog.me
페이스북 | fb.me/ARCApulishing

책   값 | 뒤표지에 있습니다
I S B N | 979-11-961170-7-8 03230

아르카ARCA는 기독출판사이며 방주ARK의 라틴어입니다(창 6:15).
네가 만들 방주는 이러하니 … 새가 그 종류대로, 가축이 그 종류대로,
땅에 기는 모든 것이 그 종류대로 각기 둘씩 네게로 나아오리니 그 생명을 보존하게 하라 _창 6:15,20

일터행전

주님과 동행하는 일터사역 응원가

방선오 지음

아르카

한국교회는 80년대를 거치면서 폭발적인 성장을 하였다. 전에는 상상도 할수 없던 대형교회도 다수 등장하게 되었고 전 세계 모든 기독교 종파마다 최대 교회는 거의 한국에 있다고 할 만큼 큰 부흥이 있었다. 그러나 덩치나 몸집이 커지는 만큼 교회가 성숙해진 것은 아니었다. 오히려 그 반대였다. 기독교의 영적 품질(?)은 해가 갈수록 떨어졌다. 최근 들어 우리 개신교는 일반세상 사람들에게 거의 사이비 종교 같아 보여서 점점 전도의 문이 닫히고 있는 게 부인할 수 없는 현실이다. 교회가 교인들에게 교회생활만 강조하고 사회생활을 가르치지 않았기 때문이다. 비성서적인 이원론에 의해, 교회는 성스러운 곳이고 우리가 일하고 살아가는 세상은 속된 곳이라고 가르쳤기 때문이다.

　그러나 몇몇 뜻있는 분들이 직장과 일터가 교회요 선교지이며, 우리는 그곳에 파송을 받은 사역자요 제사장이라는 목소리를 끊임없이 내오고 있는 것은 참으로 다행스러운 일이라 아니할 수 없다. 그 일에 앞장서고 있는 방선오 장로께서 이번에 《일터행전》이라는 귀한 책을 출판하게 되었다. 이 책은 아주 실제적이고 구체적인 내용을 담고 있다. 이 책을 기독교인들이 읽고, 새롭게 세상과 직장에 헌신하는 귀한 역사가 일어날 수 있기를 기대하며 추천한다.

김동호 목사, (사)피피엘 대표, 높은뜻연합선교회

교회가 교인들의 삶에서 관심을 가져야 할 중요한 자리는 가정과 일터입니다. 가장 많은 시간을 보내는 자리이기 때문입니다. 그 중에서도 직장에서 보내는 시간이 가정에서 잠자는 시간을 빼면 하루 중 가장 많습니다. 그러므로 교회는 교인들이 신앙과 삶의 이중성은 물론 교회와 일터의 이원론을 극복하도록 가르쳐야 합니다. 그리하여 일터에서 그리스도의 제자로서 살 수 있도록 지속적으로 지지하고 훈련해야 합니다. 그러나 실상은 교인들에게 교회 생활만 강조할 뿐, 일터에서의 삶에 대해 가르치는 데는 너무나 소홀하였습니다. 그래서 방선오 장로님이 쓰신 《일터행전》이 너무 반갑고 소중하게 여겨집니다.

저자가 이 책에서 말하려는 핵심은, 사도들이 복음을 전하려고 땅 끝까지 나아갈 때 주 예수님과 동행하였던 것처럼, 우리도 일터에서 만나는 모든 문제에 예수님께서 개입하실 수 있도록 해야 한다는 것입니다. 그럴 때 주님이 일터 현장에 찾아 오셔서 문제를 해결하시고 우리를 사역자로 세우실 것이라고 강조합니다.

불신자들이 예수님을 만날 수 있는 거의 유일한 길은 일터의 그리스도인

을 통해서일 것입니다. 그들은 "예수를 믿으라"는 전도에는 거부감을 드러내다가도, 정말 성경 말씀대로 기쁨과 평안, 용서와 사랑을 살아내는 그리스도인을 보면 관심을 기울이게 마련입니다. 그러므로 그리스도인에게 일터는 단순히 직장인 것만 아니라 사명의 자리입니다.

이 책은 간증서는 아닙니다. 일터사역자에 대한 성경적인 근거와 실천적인 적용이 잘 정리되어 있는 신앙 지침서입니다. 그런 한편, 저자가 일터에서 여러 가지 다양한 상황을 경험하면서 겪었던 시행착오와 많은 열매들에 관한 이야기가 읽는 내내 깊은 감동으로 와 닿습니다. 책의 내용이 저자의 삶 그 자체이기에 너무나 읽기 쉽고 감동도 큽니다. 그래서 '일터에서 그리스도인으로 어떻게 살까?' 고민하며 씨름하는 모든 이들에게 큰 도움이 됩니다.

이 책은 성도들이 일터에서 하나님 나라 백성답게 일하고 살아갈 수 있도록 돕습니다. 최근 일터사역에 대한 책들이 조금씩 출간되고 있지만, 이 책처럼 일터 현장에서 치열하게 사역자로서 살아낸 체험이 담긴 책들이 더 많이 나오게 되기를 기대합니다.

유기성 목사, 선한목자교회

저자를 로스앤젤레스에서 말씀으로 잠시 섬겼던 인연 덕분에 소중한 책의 추천사를 쓰게 되어 감격스럽다. 저자는 이 책을 머리로 쓰지 않고 삶으로 썼다. 일터의 영성을 추구하는 사람에게 필요한 성경적 원리를 올바로 제시해준다. 저자는 마치 요셉이나 다니엘이 원치 않은 곳으로 끌려간 것처럼 직장에 입문했다. 하지만 요셉과 다니엘처럼 그곳에 하나님이 먼저 기다리고 계신 것을 경험했다. 그가 바랐던 목회자의 길보다 더 놀라운 일터 성직자의 길이 열리는 걸 보았다. 일터에서 하나님의 손길을 경험했다. 하나님이 보내신

자리마다 꽃을 피울 줄 알았고 풍성한 열매를 맺었다.

저자는 이 책에서 자신이 좋아하는 일보다 마땅히 해야 할 일에 의미를 부여하는 지혜와, 주께 하듯 성실하게 수행한 흔적을 보여준다. 신앙을 지키면서 일을 즐기는 법과 세상과 융화하는 지혜를 설명한다. 저자는 다니엘처럼 이 시대의 직장 환경에서 오랫동안 살아남은 '수퍼 서바이버'(super surviver)이다. 그냥 생존하는 정도가 아니라 풍성하게 살았다. 직장에서 하나님의 임재를 경험했고, 일을 통해 하나님의 인도를 받았다.

저자는 전쟁터 같은 직장을 천국으로 여겼고, 그곳에서 《일터행전》을 기록했다. 아름다운 신앙공동체를 형성해 그리스도의 제자들을 양육했다. 그리스도인의 정체성을 잃지 않으면서도 직장에서 융화할 줄 아는 탁월한 리더십을 발휘했다. 성공보다 성품에, 형통보다 섬김에 집중하는 삶을 살았다. 그의 이야기는 비즈니스 선교에 모범이 될 뿐 아니라 일터에서 영성을 추구하는 분들에게 실제적이다. 직장 선교에 대한 성경 지식을 탁월하게 제공하면서 가슴 뛰게 만드는 아름다운 이야기로 가득 차 있다.

이 책을 직장에서 신앙을 잃지 않으면서도 융화의 리더십을 발휘하려는 분들에게 적극 추천하고 싶다. 이 책은 직장과 사업체에서 하나님의 영광을 드러내기 원하는 분들의 필독서이다.

강준민 목사, LA 새생명비전교회

사람들 마음속에 있는 이원론의 지독한 편견은 우리의 신앙이 자라지 못하게 만드는 독소이다. 일터에 출근할 때는 마치 떠나야 하는 곳에 머무르고 있다는 죄책감을 가지며, 퇴근할 때는 출애굽한 이스라엘 백성처럼 죄와 세상으로부터 구원받은 즐거움을 가지는 것이 얼마나 성경적으로 모순인지를 알지 못하면, 우리의 믿음은 사상누각과 같이 한 순간에 무너질 수 있다.

　그런 점에서, 일터에서 끊임없이 참된 신앙을 추구해오신 방선오 장로님의 체험적 고백과 탄탄한 성경 진리의 지식이 어우러져, 매우 탁월한 일터사역 가이드가 출판된 것을 기쁘게 생각한다.

　일터 안에서 하나님 나라와 참된 신앙을 체험하는 방법이 일터의 신우회활동에 열심을 내는 것만은 아니다. 일과 신앙이 하나가 되고, 개인의 비전과 공동체의 비전이 하나가 되며, 세상 역사 속에서 하나님의 역사를 체험하는 일에 참여하는 것이다. 이 소중한 시각이 방선오 장로님의 귀한 책에 보석 같은 진리의 조합으로 잘 나타나 있다. 이 책을 통해 일터에서 승리하는 그리스도인이 많이 생겨나기를 소망하며 추천한다.

이재훈 목사, 온누리교회

막내 동생 선오는 어린 시절부터 매사에 성실했다. 학교 공부에도 성실했고 교회생활에도 성실했다. 그래서 동생을 신앙인의 모델로 소개하곤 했다. 그런 동생이 직장생활에서도 모범이 되었다. 그래서 나는 직장사역을 하면서 동생을 직장사역의 모델로 소개하곤 했다. 그 동생이 직장에서 살아온 자신의 삶과 사역을 한 권의 책으로 정리했다. 책을 읽어보니 그동안 내가 크리스천 직장인이나 기업인들에게 가르치고 부탁했던 것들을 동생이 실제 일터현장에서 그대로 실천한 이야기다. 내가 가르쳤던 내용이 현장에서 검증된 것 같아 아주 뿌듯했다.

　사실 맞는 말을 하는 것은 쉽지만 그대로 실천하기는 쉽지 않다. 그런 의미에서 본다면 이 책을 읽는 것이 내 강의를 듣는 것보다 훨씬 더 도전이 되고 격려가 되겠다는 생각이 들었다. 무엇보다 모든 이야기가 일터 현장에서 나온 것이기 때문에 감동이 된다. 일터 현장에서 일해본 사람이라면 모두가 공감하면서 감동을 받을 것이다. 게다가 글을 잘 써서 그런지 읽는 재미도 있다. 그러니 이 책을 읽는 사람들은 충분히 보람을 느낄 것이다. 앞으로는 동생을 좋은 책을 쓴 저자의 모델로도 소개해야 할 것 같다.

방선기 목사, 직장사역연합 대표, (사)일터개발원 이사장

나는 같은 직장의 선배이자 일터사역의 동역자로서 그를 오래 지켜보았다. 일터의 모든 일을 말씀과 기도로 인도받고 직장의 인재로도 인정받았다. 과연 크리스천 직장인으로서 모범이라 할 만큼 자랑스러운 하나님 나라의 일꾼이다. 이 책이 말하는 직장생활과 신앙생활의 정체성과 융화와 영향력에 대한 이론과 실제는 저자 자신의 삶으로 쓴 것이다. 말단 신입사원에서 출발해 임원을 거쳐 경영자가 되기까지 직접 경험하고 실천한 사례를 리얼하게 보여주기에 후배 크리스천 직장인들에게 방향을 제시해준다.

　이 책이 일터의 크리스천에게 가장 좋은 인생 지침서라고 확신하기에, 일터에서 크리스천으로서 살아가려 애쓰는 청장년 모두에게, 직장에서 신우회를 섬기는 일터사역자들에게, 교회 청년 공동체를 지도하는 목회자들에게 필독서로 권하고 싶다.

김광석 목사, 전 한국전문인선교훈련원(GPTI) 원장

고상한 말은 누구나 할 수 있지만, 누구나 고상한 삶을 살 수 있는 것은 아닙니다. 말에는 자기 희생이 따르지 않아도 되지만, 삶에는 자기 희생이 필요하기 때문입니다.《일터행전》은 고상한 말만 모아둔 책도 아니고 고상한 삶의

이야기인 것도 아닙니다. 고상한 삶을 가능하게 한 에너지, 곧 말씀에 기반한 삶의 실제에 관한 책입니다. 그래서인지 《일터행전》을 읽으면서 마치 삶과 말씀을 잘 비벼 만든 영적 볶음밥 같다는 생각이 들었습니다.

《일터행전》을 읽으며 더욱 도전이 되는 것은, 저자가 어느 곳에서나 삶과 말씀이 어울릴 수 있는 영적 공동체를 만들었다는 점입니다. 영적 볶음밥을 계속 생산할 수 있는 '공장'을 만든 셈이지요. 현대의 그리스도인은 각자 골리앗 앞에 선 소년 다윗이 되려고 하기보다 공동체를 이루는 것이 더 효율적일 수 있다고 생각합니다. 골리앗을 쓰러뜨린 사람은 소년 다윗이었지만, 블레셋을 물리친 것은 결국 이스라엘의 왕이 된 다윗을 중심으로 뭉친 이스라엘 공동체였습니다. 《일터행전》은 이런 점에서 오늘날 그리스도인으로서 어떻게 사회생활을 해야 할지에 대해 새로운 영감과 도전을 줍니다. 저자는 교회뿐 아니라 일터에서도 영적 공동체, 즉 신우회를 세우는 일을 중요시했습니다. 이를 통해 영적 재충전의 기회와 사역의 에너지를 공급받았습니다.

잘 훈련된 무도인은 화살이 날아올 때 정해진 매뉴얼에 따라 움직이는 것이 아니라고 합니다. 훈련을 통해 자연스럽게 몸에 밴 습관에 따라 화살과 칼을 피하여 자기 몸을 지킬뿐 아니라, 다른 사람의 생명까지 살리게 됩니다. 그리스도인도 마찬가지라고 생각합니다. 그래서 '습관이 영성이다'라는 말이 나오는 것입니다. 영적 습관은 혼자가 아니라 공동체 속에서 키우는 것이 가장 바람직합니다. 전쟁터 같은 일터 속에서 어떻게 하면 나도 살고 남도 살릴 수 있을지 고민하는 그리스도인은 《일터행전》을 통해 그 비법을 배울 수 있으리라 확신하며 적극 추천합니다.

박성기 목사, 성도교회

인사의 글

얼떨결에 시작한 직장생활이 벌써 36년, 강산이 세 번 변하고도 남는 세월에, 하나님은 나에게 일터에서 너무도 많은 복을 주셨다. 월급도 주시고, 많은 사람들을 만나 알게 하셨다. 일하는 법도 배우고, 다양한 체험을 통해 세상과 인생에 대해 많이 배우게 하셨다. 무엇보다 감사한 것은 일터에서 나를 만나주시고 인도하시고, 일터사역자로 불러주셨다는 사실이다.

혹자는 하나님은 준비된 사람을 쓰신다고 말하지만, 나는 그렇게 생각하지 않는다. 하나님이 마음 먹으시면 사람은 그냥 거기에 쓰임 받도록 만들어 가신다. 요셉이 그랬고 모세가 그랬고 기드온과 다윗도 그랬다. 나도 그랬다. 준비되지 못한 부족한 나를 여기까지 인도해 오시느라 하나님께서 참 많이 수고하셨다. 그래서 정말로 감사하다.

하나님께서 일터에서 나를 인도하시고 훈련시킨 이야기를 여러 곳에서 강의를 통해 나눴는데, 이 책에서 그것들을 일목요연하게 정리할 수 있게 돼 기쁘다. 글을 쓰면서 잊었던 이야기들이 생각나 부끄럽기도 하고 죄송하기도 했고, 어떤 때는 감사하고 감격하기도 했다.

엄청난 간증서를 읽고 나면 감동은 크지만 기는 죽는다. 《일터행전》은 아주 극적이거나 화려한 이야기는 아니다. 다람쥐가 쳇바퀴 도는 것처럼 단조로운 일터에서 체험한 하나님의 손길을 나눈 것이기 때문에, 오히려 누구에게라도 '저 정도면 나도 할 수 있겠다'라는 용기를 주고 독자 자신만의 일터행전을 쓸 수 있도록 도전이 되면 좋겠다.

책 제목을 《일터행전》이라고 지으면서 '사도행전'의 격을 낮추는 것 같아 조금 걱정했다. 그런데 다시 보니 사도행전이야말로 초대교회에서 일어난 일들의 기록이었다. 때로는 다투고 변론하고, 심지어 싸워 갈라지기도 한 당시 일상의 이야기임을 알게 됐다. 물론 그 밑을 유유히 흐르는 성령님의 인도하심이 있다. 《일터행전》역시 일터에서 일어난 일상의 이야기이다. 그러나 주어는 내가 아니라 하나님이다. 하나님이 하셨고, 하나님이 간섭하시고 인도하셨다고 고백할 수밖에 없다.

하나님이 나를 키우고 훈련한 일터 훈련소인 대한항공과 토파스여행정보와 여행업계, 그리고 지금 섬기고 있는 명지대학교에 진심으로 감사한 마음을 전한다. 힘들 때 쪼르르 달려와 기도하고 위로와 격려를 받을 수 있었던 모(母) 교회 성도교회, 내 신앙의 안식처에도 감사하다.

일터사역에 대한 방향과 이론을 정립해준 큰형 방선기 목사님에게 감사드린다. 형 덕분에 배운 말씀을 현장에 적용하고 임상실험을 통해 이론을 적용하고 검증할 수 있었다.

신우회사역과 일터사역을 하도록 기도와 섬김으로 후방 보급 역할을 성실하게 감당해준 사랑하는 아내에게도 진심으로 감사한 마음이다.

뛰어난 달란트로 흩어진 스토리들을 읽기 쉽고 소화하기 편하게 매직 편집을 해준 교회 후배이자 아르카 대표 이한민 집사에게도 특별히 감사의 마음을 전한다.

　마지막으로《일터행전》의 실질적 저자이신 나의 하나님께 영광과 찬송을 돌리며, 인생 후반전도 십자가 보혈의 은혜에 감격하며 겸손하게 하나님과 동행하는 일터사역자로 쓰임 받게 되길 기도한다.

차례

우리를 일터로
부르신 이유

청년 시절, 교회에서 소명(召命, Calling, 부르심)에 대해 공부할 기회가
있었다. 목회자가 되는 것이 소명의 전부는 아니라고 배웠다. 그리스
도인에겐 죄 짓는 일만 아니면 세상의 모든 일이 하나님의 부르심일
수 있다. 내 일이 하나님의 부르심이라면 일터는 곧 소명의 현장이다.

나는 30년 넘게 직장생활을 하는 동안 예수님이 나를 일터로 부르
셨을 뿐 아니라, 내 일터에 찾아오시고 내가 하는 일 하나하나에 구체
적으로 개입하고 싶어 하신다는 사실을 점차 알게 되었다. 내가 일터
에서 일꾼인 동시에 복음전도자로 살아가는 것이 하나님의 뜻이며 나
에 대한 계획인 것도 알게 되었다. 이 사실을 깨닫기까지 물론 시간과
계기가 필요했다. '시간'은 직장생활과 교회생활을 별개로 생각하는

나의 이중성과 이원론(二元論)을 깨닫는 데 필요했다. 예수님이 내 일터에 찾아오시고 내 업무에도 개입하기 원하시며, 나를 일터에서 하나님나라를 세우는 사람, 곧 일터사역자로 사용하기 원하신다는 것까지 알게 된 '계기'는 직장신우회의 모임이었다.

내 일터를 향한 예수님의 관심

어느 날 신우회 모임에서 누가복음 5장 말씀을 깊이 묵상하고 나누게 되었다. 나는 베드로가 물고기를 잡다가 예수님의 제자가 되었다는 누가복음 5장 1절에서 11절 사이 말씀에 주목했다. 그 말씀이 일터를 향한 예수님의 마음을 알게 해주었다.

예수님이 게네사렛 호숫가에서 베드로의 배에 오르셨다. 그 배 위에서 말씀을 전하신 다음, 배의 주인이자 능숙한 어부인 베드로에게 깊은 데로 가서 그물을 던지라고 지시하셨다. 목수인 예수님 말씀에 순종한 베드로는 풍어의 이적을 체험하고 사람 낚는 어부로 부르심을 받게 된다. 설교자들은 이 말씀을 대개 예수님 말씀에 순종하면 놀라운 이적을 체험하게 된다는 식으로 설명한다. 하지만 이 말씀을 신우회에서 나누어 그랬는지 몰라도, 나는 '베드로의 일터에 찾아오신 예수님'이라는 색다른 관점으로 보게 되었다. 그러면 오늘도 살아계신 주님이 내 일터에도 찾아오지 않으시겠는가?

나는 이 말씀을 통해 일터를 향한 예수님의 마음을 세 가지로 정리할 수 있었다. 우리의 일터에 예수님이 개입하시고 다루시려는 중요하고도 기본적인 사실을 발견한 것이다.

하나, 예수님은 내 일터에 '찾아오고' 싶어 하신다

예수님이 베드로의 일터에 일방적으로 찾아오셨다. 베드로가 예수님을 초청한 것이 아니었다. 밤새도록 그물을 던졌지만 아무것도 잡지 못해 실망하여 그물을 씻고 있는 베드로의 일터에 예수님이 격려하러 오신 것이다. 그때와 마찬가지로, 예수님은 오늘도 우리 일터에 찾아오고 싶어 하신다.

예수님이 일터에 찾아오시는 일이 뭐 그리 대수냐고 반문할지 모르겠다. 하지만 나에게 예수님이란 높고 높은 보좌에 앉으셔서 내 영혼과 구원에 관심을 가지고 섭리하고 인도하시는 성자 하나님이시다. 그런 예수님이 베드로를 찾아오셨던 것처럼 오늘도 나의 일터에 발을 내미신다는 사실이 놀랍지 않은가?

사실 정말 놀라운 사실은 거룩하신 하나님이 이 땅에 완전한 사람으로 오신 일이다. 하기는 그 예수님이 이제 와서 이 땅에, 특히 내 일터에 '또' 찾아오지 않으실 이유는 없다. 예수님이 우리 영혼뿐 아니라 모든 것에 관심을 가지고 계신 만큼, 우리 일터도 예외가 될 수는 없다.

사랑하는 자여 네 영혼이 잘됨 같이 네가 범사에 잘되고 강건하기를 내가 간구하노라
_요삼 1:2

예수님이 우리 일터에 찾아오신다는 게 너무나 당연하다는 건 이제 알겠다. 남은 문제는 예수님이 우리 일터로 입장하시는 걸 정작 우리가 막고 있다는 사실뿐이다.

우리는 주일 오전에 교회 가서 하루 종일 예배드리고 봉사하고 섬기다 오후에 교회 문을 나설 때면 주님께 이렇게 말한다.

Monday morning atheist(?)
주일에는 신자, 월요일 아침부터는 무신론자

"예수님, 다음 주일에 다시 와서 재미있게 해드릴게요."

"오늘은 그냥 예배만 드렸지만 다음 주는 총동원주일이니까 교회가 사람들로 가득 차고 프로그램도 좀 더 다채로울 거예요. 기대하셔도 좋아요. 3개월간 준비한 성가대 찬양도 근사할 거예요."

"오늘 하루 예배 받으시느라 피곤하실 텐데 푹 쉬세요."

"아, 부담스럽게 너무 멀리 나오지 마세요. 다음 주일에 또 뵈어요."

"매일 새벽예배는 자신 없지만, 시간 되면 수요일 저녁예배나 금요일 심야기도회에 잠깐 들를 테니 너무 섭섭해 하진 마세요."

예수님을 주일의 교회와 예배라는 종교적 영역에 꼭 가둬놓고 자기는 신앙생활 잘 하고 있다고 착각하는 것이다.

예수님은 아름다운 가스펠송과 눈물 주르륵 흐르는 감동적인 찬양 속에 묶여 계시지 않는다. 팍팍하고 단조롭고 살벌한 생존 경쟁의 현장, 먹고 살자고 씩씩거리며 월화수목금금금 출근해야 하는 직장, 잠깐의 쉼조차 없는 우리의 일터 속으로 들어오기 원하신다. 고객과 상사의 갑질 사이에서 허덕이며 간신히 버티고 있는 나를 찾아오고 싶어 하신다!

그러면 예수님이 내 일터에 어떻게 들어오시게 할 수 있는가? 방법은 간단하다. 내가 내 일터의 문을 열기만 하면 된다. 예수님께 내 마음의 문을 열어드리는 것과 방법은 똑같다.

볼지어다 내가 문 밖에 서서 두드리노니 누구든지 내 음성을 듣고 문을 열면 내가 그에게로 들어가 그와 더불어 먹고 그는 나와 더불어 먹으리라 _계 3:20

예수님이 내 일터에 찾아오시면 일터는 달라진다. 내가 달라지기 때문이다.

이안 코피는 스펄전의 일화를 들려준다.[1] 런던의 메트로폴리탄 장막교회에서 담임목사로 사역했던 찰스 스펄전은 런던의 커다란 집에서 하녀로 일하던 십대 소녀가 교인이 되겠다고 신청했을 때 이렇게 물었다.

"당신이 정말로 죄를 회개하고 그리스도를 믿고 있다는 것을 무엇으로 증명하겠소?"

잔뜩 긴장해 있던 소녀는 잠시 생각하더니 이렇게 응답했다.

"저는 집을 청소할 때 쓰레기를 몰래 구석에 숨기던 일을 그만두었습니다."

스펄전은 그녀를 곧바로 정식 교인으로 받아들이고 교제의 악수를 나누었다. 그녀의 대답은 주인 되신 예수님을 일터에 모시고 주님을 위해 마음을 다해 일하겠다는 고백이었기 때문이다.

둘, 예수님은 내 일에 '개입하고' 싶어하신다

예수님은 단순히 내 일터에 들어오실 뿐 아니라 내 업무에도 깊이 개입하고 싶어 하신다. 예수님이 내 업무에 개입하시도록 하려면 내 업무 수첩을 일일이 보여드리면 된다. 그러면 예수님은 그 업무 속으로 들어오신다. 단순히 들어오실 뿐 아니라, 어떤 때는 아예 대신 일해 주시고 문제까지 해결하신다.

예수님은 베드로의 일터에 찾아오셔서 먼저 말씀을 전하셨다. 설교를 하신 후 "베드로야, 오늘 내가 너에게 준 말씀을 마음속으로 깊이 묵상하면서 한 주간을 잘 버텨라. 그러다가 '영빨' 떨어지면 시간 날 때 성전에 잠깐 와서 다시 말씀 얻어먹고 가거라"라고 말씀하지 않으셨다. 예수님은 베드로에게 깊은 데로 가서 그물을 내려 고기를 잡으라고 '대안'을 말씀하셨다. 예수님이 베드로가 처한 일터의 '현재' 상황에 직접 개입하시고 함께하시며 그가 맞닥뜨린 일의 문제까지 해결하신 것이다. 밤이 새도록 수고했지만, 평소와 달리 아무것도 잡지 못해 좌절하여 그물을 씻고 있는 베드로의 최대 현안(!)에 개입하신 것이 아니고 무엇인가? 목수였던 예수님이 어부 베드로에게 물고기 잡는 훈수를 두신 것이다.

예수님이 목수였다는 걸 알았던 주변 사람들은 아마 차갑게 비웃었을 것이다. 혹시 우리도 예수님을 그렇게 취급하지 않는가? 우리는 예수님이 전지전능한 분이라고 고백한다. 하지만 내 일터의 전문적이고 세부적인 내용과 상황, 복잡한 대인관계, 누적된 진급문제, 뒤엉킨 노사문제와 수당체제, 고객의 갑질과 상사의 질책에 대해선 별 관심 없으시고 잘 알지도 못하실 거라고 짐작한다. 전지전능하신 하나님이 설마 그것도 모르실까?

윌리엄 버클레이는 일터에 들어오신 예수님을 생각하면서 이렇게 기도했다.[2]

"오, 하나님 우리 아버지시여. 우리는 당신의 영원한 말씀이 어떻게 육신이 되어 우리 가운데 사셨는지 기억합니다. 우리가 당신께 감사드리는 것은 예수님이 여느 일꾼과 같이 하루 일과를 마치셨다는 것, 그분이 한 가정에서 다 함께 살 때 겪는 문제를 아셨다는 것, 그분이 무리를 섬길 때 그들의 욕구 불만과 짜증을 아셨다는 것, 그분이 손수 생계비를 벌고 일상의 일과 삶에 따르는 피곤을 모두 느끼셔야 했다는 것, 그래서 모든 평범한 일을 영광으로 옷 입혀주시는 것 때문입니다."

우리는 우리에게 닥친 문제 대부분을 그냥 그동안 쌓은 경험과 상식과 자기만의 방법으로 해결하려고 한다. 그러다 실패하면 좌절하면서, 베드로처럼 슬퍼하고 괴로워하며 각자의 그물을 씻는다.

그러나 나의 상황과 일터의 모든 문제를 예수님 앞에 올려놓으면 어떻게 될까? 우리를 잘 아시고 일터까지 아시는 예수님이 직접 개입하시면 도우시고 인도하시고 해결하신다. 나는 나의 구주 예수님이 내 일터에 들어오셔서, 나를 도우시고 인도하시고 내 일의 문제까지 해결해주신 이야기를 이 책에서 나누려 한다.

셋, 예수님은 나를 '일터사역자'로 부르신다

예수님이 베드로의 일터를 찾아오시고 그의 업무 문제에도 개입하여 해결하셨을 뿐 아니라, 그 과정에서 예수님을 알게 된 베드로를 사도로 부르셨다. 베드로에게 처음부터 무턱대고 "나를 따라오너라! 내가 너를 사람 낚는 어부가 되게 하리라"고 말씀하신 게 아니었다. 먼저 일터에서 놀라운 경험을 하게 하신 다음, 고기 낚는 어부에서 사람 낚는 어부로 변화시켜주신 것이다. 베드로는 그 부르심을 따라 복음을 전하는 사역자가 되었다.

베드로가 사람 낚는 어부로 부르심 받은 후 전임사역자가 되어 어부 생활을 청산했지만, 그가 어부 생활에서 쌓은 노하우와 지식이 사람 낚는 어부로 쓰임 받는 데 유용하게 사용되었으리라. 반면 삭개오는 세리장이라는 직업을 버리지 않고 일터에서 복음을 전하는 사역자로서 소명을 감당하였다. 우리가 주목할 대상은 어찌 보면 삭개오 같은 사람이다. 장막(텐트) 짓는 일을 하면서 복음을 전한 바울의 동역자 브리스길라와 아굴라 부부 같은 사람들이다. 초대교회의 사역자들은 그들처럼 거의 다 일하는 복음전도자였다. 내가 이 책에서 말하려는 크리스천 직업인의 새 이름, '일터사역자'였던 것이다.

성경 속의 직장선배들

한국 사람들은 한국사에서 가장 존경하는 인물로 세종대왕과 이순신을 꼽는다. 그렇다면 기독교인이 성경에서 가장 좋아하는 인물은 누구일까? 대부분 아브라함, 요셉, 다니엘, 다윗을 꼽을 것이다. 참으로 영성 깊고 하나님께 헌신한 인물들이다. 그들의 직업이 무엇이었는지 살펴보자. 아브라함은 족장이었다. 요셉과 다니엘은 외국의 총리대신이었다. 다윗은 목동에서 장군으로, 망명자에서 왕으로 여러 번 직업이 바뀐다.

우리가 좋아하고 존경하는 성경인물들의 직업이 풀타임 사역자(목회자)가 아니었다는 사실에서 동병상련의 정을 느끼게 된다. 모두 일터에서 치열하게 살았던 직장인이었기 때문이다. 특히 요셉과 다니엘은 신앙을 탄압하고 박해했던 외국에서도 실력을 인정받아 가장 높은 자리까지 오른 직장의 선배들이다. 물론 직업을 갖지 않고, 말씀을 가르치며 복음 전하는 사역만 한 인물도 성경엔 많다. 사무엘, 에스겔, 이사야, 세례요한, 12사도 같은 분들이다. 그런데 그런 풀타임 사역자를 성경에서 선호하는 일순위 인물로 꼽는 기독교인은 그렇게 많지 않은 것 같다.

성경에 등장하는 인물 가운데 상당수가 매일 일터에 출근해 주어진 업무를 처리하고, 상사에게 보고하고, 조직 내에서 씨름하며 살았던 분들이라는 사실이 나에게 위로가 될 뿐 아니라 늘 도전이 되었다. 그 분들도 세상 일터에서 갈등과 맞닥뜨리고 고민하고 염려하는 어려움을 겪었다. 그런 상황에서도 하나님을 만나고 하나님의 임재를 체험하면서 기쁨과 위로를 얻었으며, 성경의 인물로 귀하게 자리매김한 것이었다면, 나 역시 그렇게 되지 못하란 법은 없다.

나는 청소년 시절에 목회자가 되려는 생각을 품었지만 갑작스런 환경 변화로 대학을 졸업하자마자 직장생활을 시작해야만 했다. 목회자에서 직장인으로 진로를 변경하는 것이 신앙 헌신도와 열정이 약화되는 거라는 생각이 들어 처음엔 약간 찜찜했다. 하지만 일터도 하나님이 함께하실 때 얼마든지 거룩한 곳이 될 수 있다는 걸 차츰 알게 해주셨다. 하나님이 나를 거룩한 일터로 보내시고 일터사역이라는 사명을 주셨으며, 성경에서 유명한 인물들도 일터에 헌신한 직장선배들이라는 사실을 알게 되면서, 내가 직장생활을 하게 된 것이 매우 감사하다는 마음을 품게 되었다.

목회자이자 작가인 필립 젠센은 이렇게 말한다.[3]

"하나님이 세상에 오신다면 어떤 모습일까? 고대 그리스인은 '철학자-왕'일 거라고 생각했다. 고대 로마인은 정의롭고 고상한 정치가를 떠올렸을 것이다. 하지만 히브리 땅에 임하신 하나님은 어떠셨는가? 목수로 오셨다."

예수님의 33년 생애 중 가장 중요한 기간은 3년간의 공생애였다. 그러나 가장 오래 몸담았던 곳은 아버지의 가업을 이어받아 목수로 일한 직장이었다. 예수님은 '요셉 목공소'에서 아버지로부터 목공 훈련을 받았을 것이다. 못질과 대패질 때문에 손바닥에 굳은살이 붙고 실수로 손을 찧기도 했을 것이다. 때로는 야근하고, 때로는 고객으로부터 불평이나 리콜 요청을 받아 죄송하다고 연신 머리를 조아렸을 것이다. 고객이 불량품을 가져오면 밤늦도록 수선하고 보완해서 다음 날 아침 일찍 직접 배달 나가기도 했을 것이다. 예수님은 목공소에서 일하셨을 때도 3년 공생애를 사실 때와 동일하게 최선을 다해 하나님께 하듯 일하셨을 것이다.

'나는 목사가 아니고 평신도니까 이런 일은 해도 되고 저런 건 이 정도까지만 해도 괜찮은 거야'라는 선입견을 가지고 일과 상황을 판단할 때가 있다. 하지만 성경에는 목회자와 평신도를 구분하는 어떤 선도 없다. 단지 섬기는 영역이 다를 뿐이다. 목회자가 교회의 사역자라면 평신도는 일터의 사역자이다. 모두 왕 같은 제사장이요 거룩한 나라다. 예수님도 목수로서 많은 날을 일터에서 보내셨다는 사실을 기억하자. 그 예수님이 우리를 일터로 부르신 목적, 곧 일터사역자로서 살아가라고 부르신 뜻을 늘 되새기자.

오늘, 일터사역자란 누구인가?

그러면 이 시대에 일터사역자란 무엇인가? 일터사역자란 간단히 말해 일터에서 자신이 그리스도인임을 당당히 드러내고 그리스도인답게 성실하게 살아가면서, 일터에 유익한 사람이 될 뿐 아니라 말과 삶으로 총체적이며 전인격적으로 복음을 전하는 사람이다.

사실 크리스천 직업인(직장인)과 일터사역자는 말만 다를 뿐 뜻이 다를 순 없다. 하지만 그동안 많은 그리스도인이 일터에서 신앙과 직업을 통합하는 모습을 제대로 보여주지 못했던 것 같다. 그리스도인이면서 직업인, 다른 말로 '크리스천 직장인'으로서 구별된 이미지를 보여주지 못한 것이다.

일반적으로 크리스천 직장인이란 주일에는 교회 나가고 교회 봉사도 열심히 하지만, 언제부터인가 일터에 대해선 특별히 기독교적 의미를 부여하지 않고 일하는 자세나 생활습관도 교회 안 다니는 사람과 별로 다를 게 없는 사람을 지칭하는 말이 되어버린 것 같다. 개인적으로 신앙생활은 잘한다고 자부하지만, 일터에 예수님을 모심으로써 일과 신앙을 구체적이고 적극적으로 통합하고 조화하는 차원까지는 생각하지 않았기 때문이다. 그렇다고 해서 그런 사람이 신앙에 문제가 있거나 아주 세속적이라는 말은 아니다. 오히려 지나치게 신앙적이어서 세상과 조화하지 못하거나, 정반대로 적당히 세속적이어서 교회 다니는 걸 일부러 밝히지 않는 한 주변 사람이 그가 그리스도인인지 잘 모를 경우도 있다.

반면 일터사역자는 일터에서 자신의 정체성을 분명하게 드러내는 그리스도인이다. 교회 출석과 봉사는 기본이다. 그렇다고 일터를 소홀히 대하지 않는다. 일터에서도 주님께 하듯 성실하고 열심히 일해 일터의 전문가로 인정받기도 한다. 술과 담배처럼 신앙 전통상 금기하는 것은 하지 않지만, 일터의 동료들과 회식하는 자리는 피하지 않는다. 기분 좋게 어울릴 뿐 아니라, 할 수 있는 한 더 적극적으로 동료들을 기쁘게 한다. 일터에서 '같은 마음'을 품은 그리스도인을 만나면 '믿음의 친구 모임'(신우회)을 만들어 서로 돌아보아 사랑과 선행을 격려할 뿐 아니라(히 10:24) 함께 일터를 축복하고 일터를 위해 기도한다. 복음을 전할 기회를 만들어 일터에서 만나는 이들에게 전도도 한다. 정리하자면, 주중에 하는 일과 신앙을 분리하지 않으며, 일터에서 인정받고 선교사처럼 복음을 전하는 사람이 일터사역자이다.

그런데 따져보면 크리스천 직업인은 원래부터 이렇게 살아야 하는 것이 아니었는가? 다시 말하지만, 크리스천 직장인이라는 전통적 표현과 내가 이 책에서 처음 표현하는 일터사역자는 말만 다를 뿐, 의미는 사실 크게 다르지 않다. 다만 일터에서 일하는 모든 그리스도인이 이제부터라도 각자의 소명을 다시 기억하며 부르심을 따라 살아보자고 다짐하는 뜻으로, 새롭게 '일터사역자'라는 말을 쓰는 것이다.

그리스도인은 세상의 소금과 빛이다(마 5:13). 소금이 짜지 않으면 버려져 밟히게 되고, 빛은 어디서나 빛이 나게 돼 있다. 그리스도인은 어디에서든 그리스도인임을 나타낼 수밖에 없다. 직장에서도 마찬가지다. 또한 그리스도인의 사명은 복음을 전하고 제자를 삼는 것이다. 그렇다면 그리스도인은 단순히 보통 직장인처럼 생존하는 차원에 머무를 순 없다. 일터에서 일하면서 복음을 전하는 사역자, 일터사역자로 살아야 한다. 이것이 주님이 우리에게 분부하신 사명이다. 우리가 그렇게 살 수 있도록 함께 하시겠다고 약속까지 하셨다.

> [19]그러므로 너희는 가서 모든 민족을 제자로 삼아 아버지와 아들과 성령의 이름으로 세
> 례를 베풀고 [20]내가 너희에게 분부한 모든 것을 가르쳐 지키게 하라 볼지어다 내가 세상
> 끝날까지 너희와 항상 함께 있으리라 하시니라 _마 28:19,20

복음 전파에 특별한 달란트가 있거나 신앙에 열정이 넘치는 그리스도인만 일터사역자로 부르신 것이 아니다. 직업을 하나님의 부르심으로 아는 모든 그리스도인은 일터사역자로 부르심 받은 것이다.

일터사역자의 길로 인도하신 성령님

30년 이상의 내 직장생활을 돌아보면 일과 믿음을 따로 생각하며 단순히 '직장인'이라고 인식한 나를 '일터사역자'로 빚어오신 하나님의 손길을 느낄 수 있다. 뒤에서 자세히 이야기하겠지만, 신입사원 시절에는 회사를 마지못해 다녔다. 그때 가정환경만 허락했다면 대학원에 진학해 더 공부하고 싶었지 직장을 다닐 마음은 없었기 때문이다. 그래서 나름대로 직장생활의 의미를 발견한답시고 '일보다 사역'에 더 많은 시간과 신경을 썼다. 회사 업무보다 교회 봉사나 신우회 활동을 더 중요하게 여긴 것이다.

그러나 그리스도인으로서 일하는 직업인, 일터사역자란 단순히 신우회 활동이라는 종교적 영역에서 열심을 내는 사람이 아니라는 사실을 알게 되었다. 일과 복음 전하는 사역은 모두 하나님이 부르신 영역

으로서 어느 쪽이 더 높고 낮다는 차별이 있을 수 없다. 다만 둘 사이에 조화와 균형이 있어야 한다. 일터에서 업무 능력과 성실성을 인정받을 뿐 아니라 그리스도인으로서도 인정받아야 하는 것이다. 물론 이게 말처럼 쉬운 건 아니다. 나도 쉽지 않았다. 성공보다 실패한 경험이 사실 더 많다.

이 책은 예수님의 제자들과 사도 바울이 복음을 전한 기록을 담은 사도행전처럼 초자연적인 이야기를 담은 건 아니다. 이 책에서 나누는 나의 이야기는 여느 유명한 간증서처럼 정신이 번쩍 들 정도로 극적이지도 화려하지도 않다. 우리 대부분이 살아가는 일터 현장 자체가 그리 드라마틱하지도 다이내믹하지도 않은 것과 마찬가지다. 그러나 사도행전을 읽을 때 그 뒤에서 일하시는 성령님의 역사를 느끼고 볼 수 있듯이, 독자들도 내가 일터에서 겪은 여러 이야기를 통해 나를 일터사역자의 길로 인도하신 성령님의 손길과 섭리를 볼 수 있기 바란다.

때로는 다람쥐 쳇바퀴 도는 것처럼 무의미하게 느껴지고 아무도 알아주지 않아 외롭게 느껴지는 곳이 바로 우리의 일터 아닌가? 그러나 일터에서 저마다 하나님의 동행과 임재를 느낀다면 그곳이 곧 사역지이며 누구에게나 생생한 간증의 현장이 될 것이다. 평범한 우리 이야기도 사도행전이 될 수 있는 것이다.

사도행전 29장의 제목

'사도행전 29장'(ACTS 29)이라는 슬로건을 내건 교회가 있었다. 우리가 사도행전의 다음 이야기인 29장을 써보자는 뜻이다. 사도행전은 저자 누가가 베드로와 바울 같은 사도들이 성령의 인도를 따라 교회를 든든히 세우고 복음을 땅끝까지 전파하라는 주님의 명령에 순종하며 헌신한 삶을 기록한 것이다. 그래서 사도행전은 성령님의 행전이라고 말하기도 한다. 우리로 하여금 각자의 사도행전 29장을 쓰도록 도전하는 책이다.

사도행전은 해외 선교지의 기록만은 아닐 것이다. 일터라는 세상에서도 선교사처럼 살면서 쓸 수 있는 것이다. 그것이 사도행전의 진정한 교훈을 따르는 성도의 모습일 것이다. 우리도 일터에서 성령님의 인도하심을 따라 살아간다면, 곧 일터사역자로서 살면 사도행전의 뒷이야기를 계속 써나가는 것이다. 우리 일터의 이야기가 사도행전 29장의 한 대목인 '일터행전'이 되는 것이다. 그래서 나는 이 책의 제목을《일터행전》으로 지었다.

나는 이 책을 통해 세상을 살아가는 이 땅의 모든 크리스천 직장인과 사업가 모두 일터사역자라는 자각을 할 수 있기를 바란다. 이 책이 특별히 준비되거나 훈련받은 분이 아니라 하더라도 평범한 크리스천 직업인이라면 누구나 일터사역자로 살아갈 수 있다고 격려하면 좋겠다. 그동안 나온 간증서들이 큰 감동을 주면서도 독자가 따라잡기 힘든 내용이 아주 없지 않았다면, 이 책을 통해선 "나도 할 수 있다", "나도 저렇게 될 수 있다"라고 자신있게 말할 수 있도록 격려받기를 바란다. 그리하여 모든 독자가 자신의 일터 현장에서 일터행전을 써나가기를 바라는 주님의 마음을 읽을 수 있다면 참으로 감사하겠다.

한편, 아무리 조심한다 해도 내 이야기를 소재 삼아 쓴 책인지라 적지 않은 대목이 내 자랑처럼 비칠 수 있어 조심스럽다. 그럼에도 불구하고 이 책을 펴내는 것은 현재의 내 모습을 돌아보고 반성하며, 새롭게 다짐하고 결단하는 기회로도 삼기 위함이다. 내가 지금까지 일터사역자로서 살아왔던 것처럼 앞으로도 주님이 부르시는 그날까지 계속 일터사역자로서 살아가야 하는 탓이다.

이 책이 제목 그대로 일터에서 믿음을 지키고 주님의 뜻을 따르며 복음을 전파하기 원하는 모든 그리스도인을 격려하며 일터사역자가 되기를 도전하는 '일터행전'이기를 바란다. 그리하여 이 시대를 사는 크리스천 직업인들이 세상을 섬기고 선한 영향을 끼치는 일터사역자로 업그레이드되어 하나님나라의 선한 일꾼으로서 살아갈 수 있기를 간절히 기도한다.

● 일터나눔 _프롤로그

① 예수님의 아버지 요셉이 목수였으므로, 예수님은 공생애 전까지 목수로 일했을 것이라고 추측할 수 있다. 예수님이 일터에서 일어나는 문제와 상황들을 어떤 마음과 태도로 대처하셨는지, 내 일터를 대입시켜 상상의 날개를 펴고 얘기해보자.

② 예수님은 우리 일터에 찾아오시고 업무에 개입하시고 일터사역자로 부르신다. 지금 내 일터에서 예수님이 함께 계신다고 느끼고 있는가? 예배당에 들어올 때와 일터에 들어올 때 내 마음가짐이나 태도의 차이에 대해 얘기해보자.

1 부

일터와 신앙은
둘이 아니다

교회가 중요해?
회사가 중요해?

나는 신입사원 시절에 많이 울었다. 모든 직장인이 초기엔 다들 그렇듯 나도 회사 생활이 쉽지 않았다. 가끔 실수해서 야단맞고 속상한 일도 많았다. 그렇다고 울 일까진 아니었다. 모든 신입사원이 힘들다고 울진 않는다. 솔직히 말하면, 가장 큰 이유는 직장생활이 내가 원하던 길이 아니라고 생각했기 때문이다. 내가 가려던 길이 아니었기에 더 힘들어했던 것 같다.

나는 자주 하나님께 호소했다. 왜 내가 원하는 길, 유학을 갈 수 없느냐고 떼를 쓰기도 했다. 나도 나름 공부를 좋아했기에 계속 공부할 수 있었다면 교수가 되었을 수도 있다. 그런 나를 하나님은 내게 전혀 어

——— 일터와 신앙은 둘이 아니다

울리지 않는 비즈니스 현장으로 부르셨던 것이다.

30년 넘는 세월 동안 일터에서 배우고 훈련 받은 게 있어 그런지 지금은 성격을 비롯해 많은 것이 변했지만, 내 기본적인 성향은 여전히 조용히 앉아 책 읽고 공부하는 게 어울리는 학자 스타일이다. 학자에 어울리는 나를 하나님이 일터로 부르셔서 일터사역자로 세우셨다는 사실만 봐도, 뜻을 이루어 가시는 하나님의 추진력과 고집은 정말 대단하시다는 생각이 든다. 하나님이 그동안 내 일터에서 몇 십년간 하신 일들을 보면 한 명의 일터사역자를 만들기 위해 상당히 바쁘셨다는 생각도 든다.

칼(KAL) 직원의 칼 퇴근

신입사원 시절엔 대학원 진학과 유학이라는 꿈을 미처 접지 못한 때라 그랬는지 직장이 내가 있어야 할 곳이 아니라고 생각했다. 그런 생각 때문인지 일하는 자세도 직장인답지 못했다. 나는 다니던 회사 이름 대한항공의 영어 약자(KAL) 그대로 퇴근시간을 칼처럼 지켰다. 이른바 '칼 퇴근'을 한 것이다. 남들처럼 8시 반에 출근했지만 5시 반만 되면 칼같이 사무실을 나오곤 했다. 처음 발령 받아 배치된 예약과는 업무가 그다지 복잡하지 않아 칼 퇴근에 장애가 될 요인은 별로 없었다. 그래도 5시 반 땡 하면 퇴근했던 내 모습을 뒤돌아보면 그때 함께 일하던 동료에게 미안하고 특히 팀장에게 부끄러운 생각이 든다.

당시 나는 교회 청년부에서 성경공부 조장과 찬양팀 리더와 주보 편집까지 맡고 있었다. 퇴근 후 저녁시간은 항상 교회 일로 꽉 차 있었다. 하루는 주어진 일과를 일찍 마쳐 평소보다 단 몇 초라도 빨리 퇴근하고 싶어 자리를 정리하고 있었다. 팀장이 나를 불렀다.

"지난번에 지시한 건 작업 끝났나?"

그 주간까지 마치면 되는 과제였기에 거의 완료되어간다고 대답했다. 그러자 "퇴근하고 어디 가느냐?"고 물었다. "교회 모임이 있어서 교회 갑니다"라고 답했다. 팀장이 이번에는 약간 비꼬는 투로 물었다.

"방선오, 교회가 중요해? 회사가 중요해?"

나는 단숨에 대답했다.

"팀장님, 저에게는 교회 일이 더 중요합니다."

그래놓고 팀장에게 인사는 깍듯이 했다. 그런 다음 사무실을 나오면서 나름 주님을 위해 핍박받고 있다는 비장한 기분을 느꼈다. 지금 생각하면 참 부끄럽고 죄송한 고백이었다. 언젠가 그 팀장님을 다시 만나면 죄송하다는 말씀부터 드리고 싶다.

일과 신앙을 분리하는 이원론

하나님은 우리를 교회사역뿐 아니라 일터사역에도 부르셨다. 신입사원 시절의 나는 그걸 몰라 교회가 일터보다 소중하고 교회 일이 회사 일보다 중요하다고 생각했다. 조금 유식한 표현을 빌리면, 일과 신앙을 관념 속에서 분리하는 이원론에 사로잡힌 상태였다. 일터에서는 내게 주어진 책임만 감당하면 그만이었고 정해진 근무시간 이후는 더 '봉사'할 필요가 없다고 생각한 것이다. 무슨 일을 하든지 마음을 다해 주께 하듯 하라는 '골삼이삼'(골 3:23)의 원칙을 일터에 적용하지 못한 때였다. 그래서 팀장에게 그렇게 버릇없고 생각 없는 대답을 하고 사무실을 나온 것이다. 하나님의 영광을 가리고 내 평가도 떨어뜨리는 최악의 말을 하고 사무실을 나오면서도 주님을 위해 핍박을 감수한다고 착각했으니, 그때를 생각하면 민망하기 그지없다.

참고로, 이 책에서 지적하는 이원론은 이분법적 사고방식인 '성속이원론'에 가깝다. 쉽게 말해 예배와 기도 같은 종교적 활동은 거룩하지만, 가정과 직장일 같은 비종교적인 일상생활은 거룩하지 않다고 분리하는 것이다. 세상일은 먹고 살기 위해 어쩔 수 없이 하는 속된 것이고, 종교적 행위만 거룩하게 보는 것이다. 교회 역사적으로는 초대교회의 이단으로 꼽히는 영지주의가 이원론과 같은 맥락인 것 같다. 영적이고 정신적인 것은 선하지만 물질과 육신은 악하다고 보았기 때문이다. 오늘날 우리도 마찬가지 잘못을 범할 수 있다. 교회 일은 거룩하지만 일상생활은 그렇지 않다고 보는 이원론에 빠질 수 있기 때문이다.

윌리엄 디일은 교회 일에만 열심을 내는 사람을 가리켜 '헌신된 평신도'라는 말을 사용해서는 안 된다고 지적했다.[4] 헌신된 평신도는 삶의 모든 영역에서 자신의 사명을 다하는 사람이기 때문이다.

하나님은 우리가 어떤 영역에서든 그곳에서 하나님께 예배드리는 자세로 살라고 말씀하신다. 종교적 영역이든 일상생활 영역이든 하나님이 계신 곳은 어디든 거룩한 곳이다. 호렙산에서 가시떨기 나무가 심긴 땅 자체야 뭐 그리 거룩하고 정결한 곳이겠는가? 그러나 하나님이 계시기에 거룩한 곳이 되었고 모세는 신을 벗어야 했다. 마찬가지로 내가 있는 곳에 예수님을 초청하고 예수님을 주인으로 높일 때, 그곳은 거룩한 성전이 되는 것이다.

미국의 크리스천 사업가 제프리 쿠어스는 믿음이 더 성숙해지면 비즈니스보다 고귀한 영역으로 하나님의 부르심을 받을 거라고 생각했다.[5] 그 전까지는 자신이 삼류 그리스도인일 뿐이라고 항상 자학했다. 그러다 어느 수양회에서 신앙과 일을 통합하는 법을 발견한 다음부터 일터의 가치를 이렇게 고백하기 시작했다.

"저는 하나님을 위한 일을 하기보다 하나님과 함께 살기로 마음 먹었습니다. 하나님께서 제가 비즈니스 세계에 몸담고 있을 때 진정한 평안을 주셨습니다. 비즈니스는 정말 제 일이었죠. 하나님께서 저를 비즈니스맨으로 창조하신 겁니다."

신앙과 일, 사역과 비즈니스는 구별되지 않는다. 일터에서 얼마든지 통합할 수 있다. 내게는 그 사실을 깨닫는 것이 일터사역자가 되는 첫걸음이었다. 그 사실을 깨닫고 나자 '하나님이 나를 변화시키셔서 신앙과 일을 통합하는 일터사역자로 부르셨다면, 이제 나는 어떻게 살아야 할까?' 하는 질문을 하게 됐다. 나는 그 답을 성경에서 찾았다.

이같이 너희 빛이 사람 앞에 비치게 하여 그들로 너희 착한 행실을 보고 하늘에 계신 너희 아버지께 영광을 돌리게 하라 _마 5:16

하나님이 나를 일터로 부르신 이유는 우선 나 자신이 그리스도인이라는 정체성을 감추지 말고, 등불이 어두운 세상에 빛을 비추듯 공개하며 살라고 하신 것이다. 등불을 말 아래 두지 않고 등경 위에 두는 것이 등불을 사용하는 본래 목적인 것처럼 말이다. 그러면 사람들이 나를 통해 나타나는 빛, 곧 착한 행실을 보고 하나님께 영광을 돌리게 된다는 말씀이다. 일터사역자는 그렇게 사는 사람이다.

—— 일터와 신앙은 둘이 아니다

하나님의 영광을 가리는 경우

그런데, 혹시 직장생활을 하면서 예수님을 믿지 않는 사람으로부터 이런 말을 들은 적은 없는가?

"과장님도 교회 다니세요? 몰랐어요!"

이런 말을 들었다면 자신의 신앙을 돌아보아야 한다.

"꼭꼭 숨어라. 머리카락 보일라."

옛날에 숨바꼭질할 때 부르던 노랫말처럼 예수님 믿고 교회 다닌다는 사실을 주변 동료들에게 숨기려 애쓰는 사람이 우리 주변에 더러 있다. 아니, 사실은 아주 많다. 그 이유가 갸륵하기까지 하다. 하나님의 거룩한 이름이 자기 때문에 더럽혀질까봐 걱정된다는 것이다. 그래서 교회 다닌다는 사실을 극비에 붙이고 살아간다는 사람을 종종 보았다. 기특하게도 '하나님 배려 차원'에서 숨기는 거라고 변명했다. 자신의 부적절한 언행으로 하나님의 영광이 가려지느니 차라리 일터에서는 식사 기도도 안 하고 티도 전혀 안 내다가 주일에 조용히 교회 가는 정도로만 신앙생활을 하겠다는 것이다. 이런 생각을 과연 하나님이 기뻐하실까?

하나님의 거룩하신 이름은 내 실수 하나쯤으로 쉽게 더러워지지 않는다. 오히려 세상에서 자신이 그리스도인이라는 사실을 밝히기를 부끄러워하고, 하나님을 믿는 것이 자기에게 손해가 될까봐 숨기려 할 때, 하나님의 영광은 가려지고 손상된다.

이렇게 생각해보자. 아빠가 아들을 데리고 동네 편의점에 갔다. 거기서 만난 아들 친구가 "옆에 있는 아저씨는 누구야?" 하고 물을 때 아들이 "그냥 아는 아저씨"라고 대답한다면 아빠 마음이 어떨까? 무척 자존심 상하고 아들에 대한 신뢰감도 사라질 것이다. 만일 우리가 예수님을 믿는다고 하면서도 세상 속에서 자기 신앙을 숨긴다면, 하나님도 아마 그 아빠처럼 섭섭한 마음을 갖지 않으실까?

반면, 스스로 예수 믿는 사람이며 열심히 교회 다닌다고 말은 하지만 오히려 하나님의 영광을 가리는 경우도 있다. 부장 시절에 사내 경영을 쇄신하고 조직문화의 문제점을 개선하려고 현장 직원들과 면담을 한 적이 있다. 그때 들은 이야기 중에 부끄러운 내용이 있었다. 한 직원이 고발하듯 말하길, 자기 팀장이 교회 열심히 다니는 그리스도인인데 사무실에서 교회 주보 만들고 교회 회의자료 작성하고 허구한 날 교회 일로 전화 통화나 하다 퇴근시간 '땡' 치면 교회 모임에 간다는 것이었다. 그는 이런 팀장부터 사라져야 경영쇄신이 가능하다고 강력히 주장했다. 그의 말을 들으며 같은 그리스도인으로서 몹시 부끄러웠다. 그 팀장은 분명히 교회 열심히 다니며 하나님의 일을 잘하고 있다고 착각했을 것이다. 하지만 그로 인해 하나님의 영광은 가려지고 전도의 문은 닫히고 있었다.

직장 다니는 크리스천 헐크

2002년 월드컵 기간 중에 대한항공신우회가 안전 운항 기원예배를 드리기로 했다. 대한항공이 한동안 사고가 잦아 어려웠을 때 신우회가 간절한 눈물의 기도로 응답을 받은 적이 많았다. 그래서 나라의 큰 행사인 월드컵 기간 중에도 하나님께 회사와 고객을 지켜달라고 간절히 기도할 필요가 있다고 생각했다.

회사 강당에서 드리는 예배는 특별히 허가를 받아야 하기에 총무 담당 임원에게 설명 드리고 강당 사용을 허가 받았다. 점심시간의 기도모임이나 말씀 나눔 모임은 주로 빈 회의실을 빌려서 하지만, 큰 소리로 찬양 드리고 소리 내 기도해야 하는 정기모임은 여러 가지 이유로 외부 장소를 빌려야 했다. 그런데 이번에는 대한항공이 월드컵 공식항공사로 지정되었으니 안전 운항을 기원하는 예배를 드린다는 명목으로 특별히 회사의 강당 사용을 허락받은 것이다.

가능한 많은 신우회원과 믿는 임직원까지 초청해야 더 의미 있는 예배가 될 것 같았다. 초청장을 만들어 뿌리고 주요 보직자들에게는 직접 찾아가 참석을 부탁드렸다. 지금은 그리스도인임을 공개한 임원과 보직자들이 곳곳에 포진해 있지만, 당시에는 예수님을 믿는다고 밝힌 임원은 거의 없었다. 그래서 유일하다시피 교회 장로로 알려진 한 임원을 찾아가 초청장을 드리며 정중하게 예배 참석을 부탁드렸다. 그런데 그 분의 표정이 약간 난감하다는 눈치였다. 나에게 봉투 하나를 내밀더니 이렇게 말했다.

"나는 직장에서는 종교행사에 참석 안 합니다. 좋은 행사 준비하는 데 써요."

교회에서는 장로로 섬기지만 일터에서는 티내고 싶지 않다는 뜻이었다. 교회에서는 하나님이 주인인지 몰라도 일터에서는 그냥 내가 주인이 되어 살겠다는 것이었다. 내 얼굴은 웃고 있었지만 마음은 그 분의 태도 때문에 거룩한 분노로 요동쳤다. 하지만 화 난 티를 낼 순 없었다. 감사하다는 인사를 드리고 그 방을 미련 없이 나왔다.

그 분을 비난하려는 마음은 없다. 아쉽게도 우리의 일터에는 이런 신앙인이 무척 많다. 교회에서는 집사로 장로로 권사로 열심히 섬기고 종교기관에서 성실하게 봉사하지만, 일터에서는 정작 다른 사람이 되어버린다. 신앙인이 헐크처럼 사는 것이다. 헐크는 평상시엔 소극

적이고 조용한 연구원 브루스이다. 하지만 화가 나면 엄청난 크기의 녹색 괴물이 된다.

나는 섬기는 교회에서 청년부 부장으로 청년들을 섬긴 적이 있다. 대학생들은 방학이 시작되는 6월 중순이면 비전트립을 준비한다. 약한 달 반 정도 준비하는 과정에서 마음이 뜨거워지고 기도도 강해지면서 영적 헐크처럼 변해간다. 7월말과 8월초에 진행되는 비전트립 기간 중에는 완전히 헐크가 되어 선교사로 파송받으면 언제라도 나갈 수 있을 것 같다. 그런데 방학이 끝나고 9월 초가 되면 그 뜨거웠던 헐크는 온데간데없이 사라진다. 중간고사와 아르바이트에 다시 올인(All-In)하는 조용한 연구원 브루스로 회귀하고 마는 것이다.

일터에서 자신이 그리스도인이라는 사실을 감추고 사는 것은 문제다. 교회 다니는 걸 드러내더라도 직장에서 인정받지 못하거나 심지어 누를 끼치고 있다면 더 큰 문제다. 일터엔 일하러 온 것이고 일터에서 맡은 일에 충성해야 한다. 그러면서 우리의 선행과 섬김의 빛을 일터에 비춤으로써, 일터의 동료들이 우리의 행실을 보고 하늘에 계신 하나님께 영광을 돌리게 해야 한다. 그것이 마태복음 5장 16절에서 예수님께서 우리에게 요구하신 참 그리스도인의 모습이다.

신앙과 삶의 조화와 일치

일터사역자라는 용어는 대부분 독자에게 여전히 어색할 것이다. 하지만 모든 그리스도인은 이미 사역자라고 로버트 뱅크스는 말했다.[6] 그는 신학자 에밀 브루너의 말을 인용했다.

"성경은 어디에서도 사역하는 자와 사역하지 않는 자를, 몸이 활동

적인 지체와 수동적인 지체를, 주는 자와 받는 자를 분리하지 않을 뿐
아니라 구별하지도 않는다."

그는 또한 사역이라는 단어를 이렇게 정의했다.

"사역이라는 단어는 교회 바깥의 일반 세상에서도 널리 사용된다.
그것은 단지 세상 사람들을 전도하고 돌보는 데 관심을 갖는 것에만
관련된 것이 아니라 세상에서 일상의 의무를 수행하며, 또한 그러한
의무들을 수행하는 데에서 새로운 방식으로 본을 보이고자 노력하는
그리스도인과 관련돼 있기도 하다."

모든 그리스도인은 교회에서 사역자일 뿐 아니라 각자가 속한 일
터에서도 사역자로 살아야 함을 알 수 있다. 그러자면 우선 일터생활
과 신앙생활을 나누는 이원론에서 벗어나 일과 신앙에서 조화와 일치
를 이루어야 한다. 일터사역자, 곧 일터로 부르심 받은 그리스도인은
누구나 일에 충실할 뿐 아니라 사역이라는 신앙적 측면에도 성실하여
균형과 조화를 추구해야 한다는 말이다. 따라서 일터사역자란 일터로
부르심 받은 모든 그리스도인에게 자신의 정체성을 인식하게 해주는
바람직한 용어라고 생각한다.

일터사역자의 정의를 점검해보니 일상에서 신앙과 삶의 조화와 일
치가 매우 중요하다는 사실을 새삼 알 수 있다. 사실 신앙과 삶의 일치
는 한국교회 그리스도인에게 오랜 숙제이기도 했다. 한국교회의 문제
에 대해 묻는 설문조사에서 1위를 차지한 항목이 '신앙과 삶의 불일
치'였다. 이 불일치가 가장 극명하게 나타나는 곳이 다름 아닌 일터이
다. 교회에서 하는 신앙고백과 일터의 삶이 다른 건 정직한 그리스도
인이라면 누구나 고민하는 문제일 것이다. 동시에 불신자들이 바라보
는 교회 문제의 핵심이기도 하다. 그러므로 일터에서 신앙과 삶을 조

화하고 일치할 수 있다면, 그것만큼 강력하고 선한 영향력은 더 없을 것이다. 그리스도인이 일터에서 영향력을 끼치는 사람이 되어야 함은 더 말할 필요가 없다. 지위 고하에 관계없이 일터 어딘가에 그리스도인이 있으므로 그를 통해 조직 분위기가 변화되고 밝아지는 것이 선한 영향력의 시작이다.

내가 신입사원 시절에 팀장에게 들었던 질문에 다시 대답할 수 있다면, 이제는 이렇게 답하고 싶다.

"교회와 회사, 신앙과 일, 제게는 모두 중요합니다."

주중 일상의 일터에서 이 두 가지를 어떻게 조화롭게 감당해내느냐 하는 것이 과제일 뿐이다. 그 조화를 가로막는 가장 큰 적이 이원론이다.

● 일터나눔 _1장

① 팀장의 질문에 "교회가 중요합니다"라고 대답한 입사초기의 저자처럼. 일과 신앙을 분리하고 성속을 구별하는 고질적인 이원론의 영향은 우리 주변에서 많이 발견할 수 있다. 주변 일터나 일상생활 속에서 느끼거나 발견하는 이원론의 영향에 대해 얘기해보자.

② 일 따로 믿음 따로…. 사탄이 고안한 이원론의 담벼락은 가만 두면 계속해서 쌓인다. 신앙과 일을 분리하고 교회와 일터를 구분하게 만드는 이원론을 부수기 위해 일터에서 실행할 수 있는 구체적인 방법에 대해 얘기해보자.

③ 목회자와 평신도를 신앙 수준 차이로 이해한다면 전형적인 이원론의 잔재이다. 사역 영역의 구분일 뿐 신앙의 수준과 관계가 없다. 목회자에게 일정 수준 이상의 신앙을 요구하면서도 '나는 이 정도만 하면 괜찮겠지'라고 생각한다면 이 책의 프롤로그를 다시 읽어보자.

이원론은
예수 향기를 가린다

교회 고등부 부장 시절, 매주 토요일 낮에 신앙에 열심 있는 고2 학생들을 모아 제자훈련을 했다. 몹시 바빠진 요즘 고등학생들은 상상하기 힘든 일일 것이다. 함께 말씀을 공부하고 나면 스스로 적용하고 다짐하는 시간을 가졌다. 그럴 때 대부분은 말씀 읽기, 기도하기, 오후예배 참석하기 등 종교적 영역의 적용만 해서 못내 아쉬웠다.

내가 제자훈련을 통해 원했던 그들의 변화는 삶에 관한 것이었다. 예를 들면 사소하더라도 어머니 설거지 대신하기, 주 2회 집안 청소하기, 시험 볼 때 커닝하지 않기 같은 실제적인 변화의 다짐이었다. 그런데 청소년도 크게 다르지 않았다. 어른들의 이원론적인 신앙생활과 사고방식에서 배운 것 같았다.

우리의 사고방식에 박혀 있는 이원론은 종교와 일상이라는 두 영역 사이에 커다란 벽을 쌓는다. 신앙과 관련된 삶의 표현을 종교적 영역으로 제한하고 거기에만 머물러 있는 것이다. 로버트 뱅크스는 일터에서 삶과 사역의 조화에 대해 이렇게 강조했다.

"이제는 우리가 이와 같은 포로 상태를 박차고 나와 신앙과 일상(일터)생활을 정당하게 다루고, 하나님이 나와 항상 함께 계시려고 의도하신 이 두 차원을 연결해야 할 때이다. 일상생활을 구속(redeem)할 때인 것이다."[7]

장동건이나 정우성은 얼굴에 아무리 숯검정을 묻히고 머리를 헝클어도, 심지어 이발기계로 신병(新兵)처럼 머리카락을 밀어도 잘 생긴 티가 난다. 제대로 예수를 믿는 사람이면 아무리 자기 신앙을 숨기려해도 믿는 사람 티가 날 수밖에 없다. 교회에서만 아니라 세상 어디 두어도 믿는 사람 냄새가 풍겨나는 것이다. 그러므로 그리스도인의 향기는 교회만 아니라 일터에도 동일하게 풍길 수밖에 없다.

그리스도의 편지인 우리는 예배당만 아니라 사무실과 현장 어디서든 누구나 읽을 수 있도록 '개봉되어 있어야' 한다. 편지 내용을 감추어선 안 되는 것이다. 그런데 직장생활 초기인 신입사원 시절의 나는 일터 자체를 신앙과 분리하고 있었다. 일터가 불편하기까지 했다.

교수 혹은 목회자 꿈을 품었던 사람

지금 보면 나의 직장생활 커리어(career)는 나름 괜찮아 보인다. 대기업에 신입사원으로 입사해 평범한 직장인으로 20년가량 일한 다음

—— 일터와 신앙은 둘이 아니다

10년이나 임원으로 일했다. 계열사의 대표이사가 되었을 뿐 아니라 퇴임 후에도 대학교의 주요 보직인 사무처장이 되어 지금도 현직에서 일하고 있으니 말이다. 그래서 나를 만나는 사람들은 내가 젊었을 때부터 경영에 대한 비전을 품었을 거라고 생각하는 것 같다. 나에게 경영자의 꿈을 어떻게 이루었는지 묻곤 하니 말이다. 그 질문에 뭔가 멋진 말로 답하면 좋겠지만 딱히 할 말은 없다. 일터가 불편했던 사람이 무슨 경영에 대한 꿈이 있었겠는가? 그냥 '얼떨결'에 그렇게 됐다고 얘기해줄 수밖에 없다. 한편으로 생각하면 부끄럽고, 질문한 사람에게는 미안하기도 하다. 내 삶을 뒤돌아보면 '얼떨결'이고 '우연히'라고 표현할 수밖에 없는 일이 너무 많았기 때문이다.

내가 어릴 때 누군가 "뭐가 되고 싶니?" 하고 내게 물으면 "법관(法官)이요"라고 답했던 건 부모님의 영향이었다. 하지만 어느 정도 나이가 들면서 꿈은 교수로 바뀌었다. 나로서는 초등학생 시절부터 다른 어떤 분야보다 비교적 경쟁력(?) 있는 일이 학교에서 좋은 성적을 내는 것이었다. 공부하는 게 재미있었다. 책상머리에 앉아 하는 공부가 내게 어울리는 일이라고 생각해왔다.

한때는 목회자가 되고 싶기도 했다. 내가 고등학생이었을 때 하루는 영적 멘토이기도 한 큰형(방선기 목사)이 "우리 가정에서 목회자가 나오면 좋을 것 같은데, 막내인 선오가 목사가 되면 가장 적합할 것 같다"라고 제안한 적이 있었다. 큰형의 제안 때문이었는지 몰라도, 주일학교 청소년부의 계절 수련회에 참가할 때마다 목회자가 되겠다는 꿈이 조금씩 자랐다. 내 취향도 그랬지만 대학교에 진학할 때는 향후 신학 공부에 도움이 될 것이라고 보고 독일어를 전공으로 선택했다.

그랬는데, 나에게 목회자가 되라고 제안했던 큰형이 어느 날 목회

—— 이원론은 예수 향기를 가린다

자가 되기로 결심했다. 잘 다니던 직장을 그만두더니 신학교에 들어갔다. 형의 갑작스런 진로 변경은 나에게 가장 큰 영향을 미쳤다. 목회자가 되겠다던 막연한 꿈은 조금씩 변할 수밖에 없었다. 나는 역시 공부하는 것과 가르치는 것을 좋아하니 이참에 취미 겸 특기를 살려 대학교수가 되는 것이 가장 좋을 것 같았다. 목사가 되기보다 학교에서 학원선교를 하면서 청년들을 훈련하는 방향으로 선회한 것이다. 마침 학원선교는 1970년대 초반에 성도교회 대학부의 지도자(당시는 전도사)셨던 고(故) 옥한흠 목사님이 큰형 또래의 선배들과 함께 나누셨던 청년대학생의 세 가지 비전, 이른바 '쓰리 엠 비전'(3M Vision) 가운데 하나이기도 했다.

쓰리엠 비전이란 '학원선교'(Campus Ministry), '직장사역'(Business Ministry), '세계선교'(World Mission)에서 선교와 사역의 의미로 등장하는 영어 단어가 모두 M으로 시작한 데서 유래한 것이었다. 이 비전을 따라 실제로 성도교회 대학부 출신 중 일부는 교수가 되어 학원선교를 하고 있고 직접 해외선교사가 되어 평생을 헌신한 분도 여럿 있었다. 큰형은 유학에서 돌아와 한국교회 안에 직장사역이라는 새로운 영역을 개척하기도 했다. 내게는 그 세 가지 비전 중에 학원선교가 가장 어울릴 것 같았다. 그러나 막상 내가 대학 졸업반이 되어 진로를 선택해야 했을 때, 우리집 경제 상황은 그리 넉넉하지 않았다.

모래성처럼 무너진 꿈과 '얼떨결에 우연히'
아버지는 4남매 중 막내인 내가 중학교 3학년 때 돌아가셨다. 그 후 어머니가 어렵게 가정 경제를 꾸려오셨고, 어머니의 피땀 어린 헌신과 희생 덕분에 네 자녀 모두 대학까지 마칠 수 있었다. 대학을 졸업한 큰형이 괜찮은 직장에 취직해 어머니의 바통을 이어 받게 되자 집안 형편도 차츰 안정되어갔다. 그러다 큰형이 목회의 비전을 따라 신학대학원을 다니더니 유학하러 미국으로 떠났다. 뒤따라 작은형도 유학을 갔다. 졸업 후 대학원에 진학하고 독일에서 유학하겠다고 계획했던 내 꿈은 밀물 앞의 모래성처럼 무너지고 말았다. 막내인 내가 가정 경제를 책임져야 하는 상황이 되고 만 것이다. 미래의 불확실성으로 혼란스러웠지만, 집안 환경이 변했으니 당연히 진로를 변경해야 했다. 대학원 진학을 보류하고 취직부터 해야만 했다. 직장생활은 내 계획에 없던 일이었지만 어쩔 수 없었다.

그즈음 캠퍼스에는 취업을 하려는 대학생에게 회사를 홍보하려고 많은 기업이 채용원서를 배포하는 부스를 운영하고 있었다. 요즘 청년들에게는 꿈같은 이야기겠지만, 당시는 대학만 졸업하면 웬만한 일자리를 얻기는 그리 어렵지 않았다. 어느 정도 이상의 학점을 받으면 대기업 취업도 가능했다. 내 아들 또래인 요즘 청년들의 현실을 보면 그냥 미안하고 가슴 아프다.

캠퍼스 안에서 채용원서를 배포하는 회사 부스 중에 예쁜 유니폼이 우연히 눈에 띄었다. 대한항공 여승무원의 유니폼이었다. 단아하고 우아한 자태를 뽐내는 유니폼에 이끌려 그야말로 '얼떨결'에 채용원서를 받아들었다. 그 자리에서 응시원서를 써서 제출했다. 시험과 면접도 잘 마쳤다. 그런데 합격 발표 예정일이 다가와도 가타부타 통지가 없었다. 요즘처럼 인터넷 안내 시스템이 없을 때였다. 전화 말고는 알아볼 방법이 없었다. 나는 떨어졌다고 생각했다. 그때 같이 응시한 친구로부터 "합격 여부는 본인이 직접 회사에 확인해봐야 한다"는 말을 우연히 들었다. 최종 확정일 하루 전이었다. '확정'이란 합격한 응시자가 취업 여부를 결정한다는 뜻이었다. 부랴부랴 회사에 전화를 걸어보았다. 합격이었다. 입사하기로 확정했다. 하루만 늦었으면 취업 포기자로 간주돼 불합격 처리될 수도 있었을 상황이었다. 그렇게 해서 내가 일터로서 첫 발을 디딘 곳이 대한항공이다. 그 직장에서 강산이 세 번 변할 30년이 넘도록 근무하게 될 줄은, 적어도 그때는 전혀 상상하지 않았다. 취업은 생계를 위해 임시로 선택한 일이라고 생각했고, 내 꿈은 공부하는 것이었기 때문이다.

필연과 섭리를 따라 일터로 인도받다

신입사원 시절에도 공부에 대한 미련은 쉽게 떨쳐버릴 수 없었다. 나는 입사 후에도 공부의 꿈을 버리지 못해 대학원 진학을 준비하고 있었다.

하루는 집안의 큰아버지이신 고(故) 방지일 목사님께서 나를 부르셨다. 1911년에 태어나셔서 2014년에 104세로 소천하신 방지일 목사님은 20년 넘게 중국 선교사로 활동하셨으며 평생 목회자로서 교회를 섬기셨다. 돌아가시기 전까지 전 세계의 선교사들을 방문하여 격려하시며 순회선교를 하신 분이다. 그야말로 한국교회와 세계선교의 어른으로 추앙받으셨던 분이다. 우리 집안에서는 말할 나위 없이 존경받는 영적 지도자이시자 가장 큰 어른이셨다. 그러니 방지일 목사님의 말씀이라면 나로선 아버지의 말씀이나 다름없었다. 어쩌면 더 큰 권위가 있었다고도 말할 수 있다. 그 분이 내게 간곡하게 말씀하셨다.

"지금은 네가 어머니를 돌보고 가정 경제를 책임져야 하는 상황이 아니냐? 아쉽겠지만 진학의 꿈을 잠정적으로 접어두어야 하지 않겠니?"

내 인생을 내 마음대로 할 수 없는 현실이 답답하고 안타까웠다. 하지만 가장 존경했던 큰아버지의 권면을 거절할 수 없었다. 나는 눈물을 머금고 대학원 진학을 포기했다. 일단, 일터에 남기로 한 것이다.

요즘처럼 직장을 구하기 어려운 시대를 사는 후배들에게는 직장을 구해놓고도 만족하지 못했다는 내 옛날이야기가 아마도 불편할 것이다. 당시로선 꿈꾸던 길과 다른 길로 가야 한다는 것이 나로선 무척 속상하고 힘든 일이었을 뿐이다. 그것도 얼떨결에 우연히 진행된 일 같아 받아들이기가 쉽지 않았다.

바벨론으로 잡혀온 포로 다니엘이 처한 상황을 이안 코피는 이렇게 표현했다.[8]

"자신이 원치 않은 장소에 살았고, 자신이 섬기고 싶지 않은 사람을 위해 일했으며, 자신이 원치 않은 일을 수행했다. … 그러나 다니엘은 자신이 처한 상황을 믿음의 눈으로 볼 수 있었고, 자기가 하나님이 두신 자리에 있다는 것을 확신했다. 그렇지 않았다면 무의미하게 느껴졌을 상황 속에서 의미를 발견할 수 없었을 것이다."

다니엘이 포로로 잡혀간 것은 그에게는 얼떨결에, 우연처럼 일어난 일이었을지 모른다. 게다가 원한 일도 아니었다. 하지만 하나님은 그 상황을 사용하셨다. 다니엘도 자신에게 주어진 상황과 여건을 하나님의 부르심, 즉 소명으로 여기면서 견디고 살았다. 이를 통해 하나님이 원하시는 사역을 감당할 수 있었다.

사람이 보기에 우연 같고 얼떨결에 이루어진 일 같아도 사실은 하

—— 이원론은 예수 향기를 가린다

나님의 계획과 인도하심일 때가 많다. 나 역시 내게 주어진 상황을 그렇게 받아들여야 했다. 다니엘처럼 포로가 되는 것도 아니었지만, 내가 원하지 않았던 상황 속에서 살아가야 한다는 것이 나는 불편했다. 더구나 그것이 얼떨결에, 우연히 이뤄진 일처럼 보여도 말이다. 하지만 그런 만큼 다니엘에게 배울 점이 많았다.

성경에도 우연히 얼떨결에 이루어진 것 같은 사건이 많이 묘사된다. 이방 여인 룻이 일용직 일자리를 찾아 헤맬 때 보아스의 밭에 이르게 된 것도 성경은 '우연'(룻 2:3)이라고 묘사한다. 그 우연을 통해 보아스와 룻의 후손으로 다윗 왕이 출생하게 된다. 따라서 우연이라 할지라도 하나님께서 섭리하시는 필연이며 인도하심일 수 있다. 길을 지나가다 우연히, 그것도 억지로 예수님의 십자가를 지게 된 구레네 사람 시몬도 초대교회의 귀한 사역자가 되지 않았는가(롬 16:13)? 나 역시 룻이나 시몬처럼 내 뜻과 기대와 다른 과정을 거쳐 일터로 온 것이었다. 그랬기에 당시에는 마음이 아프고 괴로웠다. 하지만 지금까지의 결과를 보면 하나님이 나를 일터로 인도하셨음을 실감나게 느낄 수 있다. 우리 인생에서 일어나는 어떤 순간과 사건도 귀하지 않은 것이 없고 의미 없는 것이 없음을 이제는 알 것 같다.

"은혜 받으러 회사 갑니다"

대학을 졸업하고 얼떨결에 시작된 회사 생활은 나에게 맞지도 어울리지도 않는 옷처럼 어색하고 불편했다. 직장생활을 대학원 진학과 유학을 준비하기까지 잠깐 체류하는 과도기처럼 생각했기에 더 그랬을 것이다. 직장에서 신우회를 조직하고 회사에서도 교회 못지않은 신앙생활을 했지만, 그건 직장생활에 적응하지 못하고 만족하지 못했던 심리적 저항의 표출이었을 뿐, 회사 일을 신앙과 관련지어 생각한 것도 아니었다.

나는 대한항공에 입사해 처음 발령받은 예약과에서 대학부 시절에 제자훈련을 해주신 선배들의 조언을 따라 성경공부모임을 만들었다. 마침 예약과에는 믿음의 지체들이 예비돼 있었다. 그들과 함께 매주 한 번 회의실에서 네비게이토 교재로 성경공부를 했다. 조만간 일터를 떠나 공부하겠다는 꿈을 품었던 나에게 그 성경공부는 회사에 출근하는 유일한 의미이자 즐거움이었던 것 같다.

성경공부모임은 부활절이 되면 직원들에게 계란을 나누었다. 성탄절에 성탄카드를 배포했고 크리스마스이브의 아침조회 시간에 직원들 앞에서 캐롤송을 불러 성탄을 축하하고 직원들을 즐겁게 했다. 그러다 다른 부서에도 믿는 사람들이 교제하는 모임을 갖고 있다는 얘기를 듣게 되었다. 그런 모임의 리더들이 다 같이 모여 정기적인 모임을 만들기로 했다. 이름은 '서소문신우회'라고 지었다. 회사 내에 신우회가 탄생한 것이었다.

서소문신우회는 매주 목요일 정동교회에 모여 뜨겁게 찬양하며 말씀을 나누었고, 주말에는 봉사기관을 찾아가 섬김 사역도 했다. 매일 아침 7시에 서소문교회에서 1시간가량 기도모임을 가진 다음 출근했고 계절마다 신앙수련회도 열었다. 국내에 해외 비전트립에 대한 개념이 생기기도 전에 신우회원 20여 명이 기도로 3개월을 준비해 일본 선교여행을 가기도 했다. 신주쿠역 앞에서 일본어로 찬양하고 복음을 전하면서 하나님의 놀라운 기적을 체험하며 감동하기도 했다. 그렇게 신우회가 활성화되면서, 나는 급기야 학업에 대한 꿈을 접고 입사 6

────── 이원론은 예수 향기를 가린다

년 만에 회사에 머물기로 결심하게 되었다. '하나님께서 신우회 사역을 하라고 나를 이 회사로 보내셨구나'라는 확신이 들었기 때문이다.

매일 아침 기도모임과 목요모임, 개인전도와 제자훈련, 리더훈련까지 진행했다. 직장에서 교회에서 하던 것보다 더 교회처럼 사역하면서 하나님의 은혜를 많이 체험할 수 있었다. 당시에 누가 내게 회사 가는 이유를 물으면 "은혜 받으러 갑니다"라고 말할 정도였다. 뜨겁고 은혜롭게 신앙생활을 하던 시절이었다.

일터에서 2퍼센트 부족한 것

내가 신우회 사역을 직장생활의 보람으로 여기고 회사에 머물기로 한 것은 나름의 의미가 있었다고 생각한다. 하지만 무엇 때문인지는 몰라도, 그때의 직장생활에는 어떤 음료수 광고처럼 어딘가 2퍼센트 부족한 것이 있다고 느꼈다. 지금 돌이켜보니, 그때 신우회 사역은 열심히 했지만 일과 신앙의 관계는 이원론에서 크게 벗어나지 못한 수준이었다. 여전히 '일 따로 믿음 따로'라고 생각했기 때문이다. 말하자면 일은 일이고 신앙생활은 신앙생활일 뿐이었다. 그것이 바로 내게 부족한 2퍼센트였다. 어쩌면 20퍼센트, 혹은 그 이상 부족한 무엇이었다.

그 무렵 직장사역연구소에서 직장 신우회 리더들을 초청해 신우회 사역에 대해 서로 나누는 시간이 있었다. 한 신문사의 국장님이 간증을 했다. 신문사 개업 초기에 윤전기가 고장 나 전직원이 안달하고 답답해할 때, 그가 기도하면서 마음속으로 '기도하면 수리될 것이다'라는 확신이 문득 들었다고 한다. 그래서 직원들을 다 내보내고 혼자 윤

　　　　　　　—— 일터와 신앙은 둘이 아니다

전기에 손을 대고 간절히 안수기도(!)를 하자 고장 났던 윤전기가 다시 작동하게 되었다는 간증이었다. 그의 간증이 내 머리를 강하게 내리쳤다. 내게 2퍼센트 부족하고 늘 찜찜했던 부분이 무엇인지 밝히 드러나는 계기가 됐다. 내게 부족했던 부분은 바로 업무에 신앙을 대입하지 않은 것이었다. 구체적으로 말하면, 직장생활에서 가장 중요한 업무를 기도에서 빼놓고 살았던 것이다.

그동안 교회에서 배우고 훈련 받은 대로 신우회에서 다양한 사역을 감당하며 많은 열매를 얻었다. 하지만 내가 맡은 업무는 그냥 내가 알아서 하고 있었다. 업무를 위해선 기도하지 않은 것이다. 신우회 사역을 할 때는 하나님이 주인이었으나, 회사 생활의 대부분을 차지하는 업무시간의 주인은 주님이 아니라 나였던 거다.

업무는 내 경험과 지식과 상식으로 알아서 처리하고 있었다. 모든 분야에서 예수님의 주인 되심(Lordship)을 인정한다고 말은 했지만, 실제로 업무를 처리하고 회의를 진행할 때는 예수님을 업무 영역 밖으로 소외시키고 있었다. 일 따로 신앙 따로, 영락없는 이원론이었다. 이원론이라는 큰 벽이 나의 신앙과 삶을 가로 막아 반쪽짜리 신앙인으로 제한하고 있던 것이다.

영적으로 하나님을 묵상하는 일은 고상하고 육신의 필요를 채우기 위한 회사 일은 하찮은 거라는 고질적 이원론이 나의 신앙과 업무를 갈라놓고 있었다. 영과 관련된 일은 거룩하고 육과 관련된 일은 더럽다는 영지주의적 이원론이 교회와 일터를 갈라놓았고, 심지어 한 회사 안에서 하고 있는 신우회와 업무 사이에도 벽을 쳐놓은 것이었다.

사탄의 고단수 전략

사탄은 그리스도인이 신앙생활을 아예 못하게 막지 않는다. 만일 못하게 하면 그리스도인은 더 뜨거워져 펄펄 뛰고 순교하겠다고 나서는 걸 사탄은 역사 속에서 많이 보아왔다. 초대교회 시대 로마 황제나 공산치하 독재자들을 통해 그런 시도를 한 결과 완벽한 패배를 체험했기에, 이제는 전략을 바꾸었다. 신앙생활 하는 걸 봐주는 대신, 신앙이 종교적 영역에만 머물러 있게 하고 일상생활엔 흘러가지 못하도록 하는 전략을 교묘하게 세웠다. 주일이 되어 예배당에 가서야, 장엄한 오르간 소리를 듣거나 주악이 울려야 마음이 열리게 만들었다. 목사님이 강단에서 가운 입고 설교를 시작해야 말씀이 조금이라도 귀에 들어오게 만들었다. 그렇게 되니 분주하고 바쁘게 움직이는 일터에서는 성령님께 마음이 열릴 수 없다. 물건 사고파느라 정신없는 시장에 말씀이 머무를 겨를은 없다.

물론 주일에 드리는 예배의 중요성을 폄하하려는 게 아니다. 예배를 통해 받은 감동과 은혜는 반드시 필요하고 참으로 중요하다. 그러나 일주일 내내 설교만 기다리고 주일예배에만 매달린다면 우리 신앙은 종교적 영역에 머무를 수밖에 없다. 사탄의 전략에 여지없이 묶여버리고 마는 것이다.

이안 코피는 이와 같은 사탄의 전략에 휘둘린 우리에 대해 이렇게 말했다.[9]

"왜 우리 가운데 어떤 이들은 일하러 갈 때 예수님을 회사 건물의 정문 앞에 세워두었다가 귀가할 때 다시 만나곤 하는 것일까? 그것은 우리가 삶을 여러 구획으로 나누고 통째로 보지 않기 때문이다. 그래서 영적인 활동(교회와 관련된 일, 믿는 친구 만나기, 기독교 행사 등)과 나머지

—— 일터와 신앙은 둘이 아니다

부분으로 삶을 구분한다. 달리 말하면, 성스러운 영역과 세속적인 영역으로 구별하면서 은근히 하나님이 전자에만 관심이 있다고 생각하는 것이다."

네덜란드의 빼어난 신학자로 수상까지 역임한 정치가였으며 암스테르담 자유대학을 설립한 아브라함 카이퍼가 이런 말을 한 적이 있다.[10]

"우리의 삶 가운데 주 예수께서 손을 얹고 '이건 내 것이다!'라고 말하지 않으시는 영역은 한 치도 없다."

카이퍼는 제자도가 삶의 일부가 아닌 전 영역과 관련된 것이라고 가르친 것이다.

16세기 종교개혁 이후 유럽의 교회들 중에는 주일 오후에 '폐문의식'을 하는 교회가 있었다고 한다. 교회의 기물을 훔쳐가는 좀도둑을 막기 위한 조치가 아니었다. 교우들이 '모인 교회'에서 주일 오전에 하나님께 예배드리고 공동체에서 교제하며 위로 받고 힘을 얻었으니, 오후에는 '흩어지는 교회'가 되어 세상으로 나가라는 파송의 의미였다. 모인 교회에서 하는 교회 활동만으로 만족하지 말고 일터와 지역사회와 국가에 영향을 주는 그리스도인으로서 살아가라는 뜻이었다.[11]

이원론의 담은 내버려두면 다시 쌓인다

윤전기 간증을 듣고 내게 2퍼센트 부족한 부분에 대해 인식하게 되면서, 내 업무를 조금씩 하나님께 올려놓기 시작했다. 기도제목에 회사일을 올려놓기 시작한 것이다. 그러나 오래 전부터 쌓여 있던 고질적인 이원론 사고방식의 습관을 깨뜨리기는 쉽지 않았다. 예배당에 도

이원론 벽 허물기

이원론의 벽은 수시로 허물어야 한다.

착할 때는 기도하지만 사무실에 출근하거나 회의실에 들어갈 때는 기도하지 않았다. 그런 내 모습을 새롭게 보게 되면서 더욱 의식적으로 이원론이라는 벽을 허물기를 힘썼다.

출근할 때는 물론이요 품의 공문을 작성하기 전에도 기도했다. 상사에게 결재를 받기 전에 먼저 마음속으로 하나님께 올려드리는 연습을 했다. 그렇게 함으로써 업무에 주님을 초청하기 시작했고 이원론의 벽을 조금씩 허물어갔다. 그러다보니 내가 예수님의 일터 입장을 가로막고 있던 것 자체가 이원론 문제의 원인이었음을 알게 되었다. 내 업무의 문을 예수님께 열어드리려면 내게 훈련이 필요한 것도 알게 되었다.

하지만 그렇게 오랜 시간 훈련해왔음에도 불구하고, 아직도 많은 상황에서 예수님의 입장을 가로막고 예수님이 '간섭'하시려는 걸 귀

—— 일터와 신앙은 둘이 아니다

잖아하는 나를 종종 발견하곤 한다. 불합리해 보이는 상황을 당할 때 분노하고 직원들이 내 마음에 들지 않게 업무처리를 하면 짜증이 난다. 우리는 그런 모든 불편한 상황에 예수님을 초청해야 한다. 쓸데없어 보이는 일로 야근하며 상사의 비위를 맞추어야 하는 상황에도 예수님은 계셔야 한다. 그렇게 하지 않으면 또다시 예수님을 내 업무와 분리하는 이원론에 빠지고 만다.

가만히 내버려두면 조금씩 자동으로 쌓여가는 이원론의 담벼락을 오늘도 영적 민감함이라는 망치로 부수고 또 부수어야 한다. 그러자면 예수님을 내 일터에 모시기부터 다시 제대로 훈련해야 한다. 예수님을 내 일터에 모시려면 무엇부터 하면 될까? 우선 예수님과 함께 출근부터 하자.

● 일터나눔 _2장

① 헐크와 6백만불의 사나이의 공통점과 차이점은 무엇인가? 우리의 신앙은 상황과 영역에 따라 바뀌는 헐크가 아니라 어떤 상황에서도 변함없는 6백만불의 사나이 같아야 한다. 헐크와 6백만불의 사나이의 차이점과 공통점을 비교하면서 우리가 얻을 수 있는 영적 교훈을 찾아보자.

② 솔로몬은 아버지 다윗을 평가하면서, 성실과 공의와 정직한 마음으로 주와 함께 주 앞에서 행했다고 평가한다(왕상 3:6). 가장 가까운 가족이나 일터의 동료들이 나의 신앙생활 점수를 어떻게 평가하고 있을지 기록한 후, 가족과 동료들의 평가를 들어보고 비교해보자.

—— 이원론은 예수 향기를 가린다

예수님 손잡고
같이 일하라

우리가 죽어 천국에 가서 꿈에도 그리던 예수님을 만난다. 그리고 이렇게 인사한다.

"아이고, 예수님 반갑습니다. 이렇게 만나 뵙게 되어 영광입니다. 그동안 세상 살면서 말씀 많이 들었습니다."

친구의 친구나 지인을 통해 사람을 소개 받을 때 우리가 인사치레로 하는 말이 "말씀 많이 들었습니다"이다. 우리가 만약 천국에 가서 예수님을 만날 때 "말씀 많이 들었습니다"라고 인사한다면 어떻게 되겠는가? 신앙생활은 했지만 한 번도 예수님을 만난 적이 없다는 말이 된다. 듣기는 많이 들었는데 예수님의 도우심과 인도하심은 체험한 적이 없다는 어리석은 고백을 하는 것이다.

옛날에는 설교를 들으려면 주일까지 기다려야 했다. 그런데 요즘은 TV만 켜면 된다. 유튜브에는 기라성 같은 목사님들의 설교와 예수님을 만나고 체험했다는 간증이 넘쳐난다. 이렇게 예수님에 대한 말씀이 홍수처럼 쏟아지는 상황에서 살다가 막상 천국에 가서 "예수님 말씀 많이 들었습니다"라고 인사하게 된다면, 이 얼마나 불행하고 '웃픈' 얘기인가?

물론 믿음을 위해 들음은 아주 중요한 역할을 한다. 듣지 못하면 믿지 못한다. "그러므로 믿음은 들음에서 나며 들음은 그리스도의 말씀으로 말미암았느니라"(롬 10:17)라고 하지 않았는가. 우리가 복음을 전해야 하는 이유이기도 하다. 들음이 이토록 중요하지만, 들음의 단계에만 머물러 있어 믿음이 더 발전하거나 성숙하지 못한다면 참 신앙의 맛, 영생의 맛을 놓칠 수 있다.

욥은 고통을 통해 하나님을 만나고 이렇게 고백한다.

내가 주께 대하여 귀로 듣기만 하였사오나 이제는 눈으로 주를 뵈옵나이다 _욥 42:5

욥은 온전하고 정직하여 하나님을 경외하며 악에서 떠난 사람이었다(욥 1:1). 하나님의 평가도 동일했다(욥 1:8). 그런 욥이 과거에는 하나님을 듣기만 했는데, 고통이라는 터널을 통과해 하나님을 실제로 뵙게 되었다고 고백한다.

—— 예수님 손잡고 같이 일하라

예수님, 같이 출근하시지요!

다윗은 일상생활 속에서 하나님을 바라보고 하나님과 교제하며 동행했다. 그가 지은 시편을 읽어보면 푸른 초장에서도 하나님을 만나고 어두운 골짜기에서도 하나님과 동행했다는 걸 알 수 있다. 자연 만물을 통해 하나님을 체험한 것도 볼 수 있다.

다윗이 살았던 시대는 율법과 종교적 전통이 국가를 지배하던 때였기에 자칫 종교적 관습에 따라 제사규범과 규율만 지키는 종교적 신앙에 빠지기 쉬웠다. 다윗의 신앙을 볼 때 놀라운 점은 그런 시대를 살면서도 매일의 일상생활 속에서 궁궐이든 자연이든 일터든 성전이든 어느 곳에서나 하나님과 만나며 교제하고 대화하고 동행했다는 사실이다. 아들 솔로몬은 아버지 다윗을 이렇게 묘사했다.

> 솔로몬이 이르되 주의 종 내 아버지 다윗이 성실과 공의와 정직한 마음으로 주와 함께 주 앞에서 행하므로 주께서 그에게 큰 은혜를 베푸셨고 주께서 또 그를 위하여 이 큰 은혜를 항상 주사 오늘과 같이 그의 자리에 앉을 아들을 그에게 주셨나이다 _왕상 3:6

아들이 아버지가 주와 함께 주 앞에서 행한다고 보았을 정도로 다윗은 하나님과 함께 하는 삶을 살았다. 자녀에게 이런 평가를 받았다는 사실이 내가 다윗을 존경하고 부러워하는 이유 중의 하나이다.

요셉도 하나님과 동행하는 삶을 살았다. 이방인 주인 보디발마저 여호와께서 요셉과 함께 하신다고 평가할 정도였다(창 39:3). 모세도 하나님과 친구처럼 대면하여 얘기했다고 기록하고 있다. 그렇다면 하나님의 자녀인 우리도 매일의 생활 속에서 하나님을 만나고 예수님과 대화하고 성령님과 동행해야 한다. 나중에 천국에 가서 "말씀 많이 들

예수님과 동행
예수님과 함께 출근하고 동행하니 너무 좋아요!

었습니다"라고 겸연쩍게 인사나 할 게 아니라 예수님께 와락 달려들어 포옹하면서 "예수님, 사랑합니다. 감사합니다!"라고 소리쳐야 하지 않을까? 그러기 위해서라도 내가 살아가는 동안 모든 분야와 상황에 예수님을 초청하고 성령님과 동행해야 한다. 그러자면 내 시간의 가장 많은 부분을 사용하는 일터에서 예수님과 동행해야 한다. 그런데 그게 쉽지 않다. 왜냐하면 예수님과 동행하는 법을 배우지 못했고 훈련 받지 못했기 때문이다.

혼자 작은 중국식당을 운영하는 사람이 배달하러 나갈 때마다 아무도 없는 주방을 향해 이렇게 외쳤다고 한다.

"다녀오겠습니다!"

그 모습을 종종 본 이웃 가게 주인이 이상하게 여겨 왜 그러냐고 물어보았다. 그의 답이 이랬다.

"예수님께 인사하는 거예요."

그리스도인인 그 식당 주인이 일터인 식당에서 예수님과 동행하며 함께 일하고 있음을 항상 느끼려는 훈련이었다. 그래서 배달하러 나갈 때마다 주방에 계신 예수님께 인사드리는 거라고 재미있는 대답을 할 수 있었다.

그런데 이렇게 생각해볼 수도 있겠다. 예수님께 "다녀오겠습니다"라는 말보다 "같이 배달 가시지요"라고 제안했다면 어땠을까? 짜장면 배달도 예수님과 대화하면서 함께 다니면 배달하는 골목길조차 풍성한 일터가 될 수 있을 테니 말이다. 나는 그래서 오늘도 출근하면서 예수님께 이렇게 얘기해본다.

"자, 예수님 같이 출근하시지요! 제가 오늘 할 일이 많은데, 같이 가셔서 많이 도와주세요."

내 업무에 예수님을 모시는 최선의 훈련법

중국집 주인이 "같이 배달 가시지요"라는 인사말을 하는 게 예수님과 동행하려는 훈련법이라면, 나 같은 직장인이 일터에서 예수님을 모시고 동행하는 방법은 무엇일까? 나는 그 첫걸음이 매일 아침마다 말씀을 묵상하는 경건의 시간, 이른바 큐티(QT)라고 생각한다.

교회 대학부에 올라오니 선배들이 큐티(Quiet Time)라는 걸 하고 있었다. 말씀을 읽고 느낀 점을 기록하며 기록한 내용을 주일 소그룹 모임에서 나누는 모습이 멋져 보였다. 그때부터 나도 큐티를 하기 시작했다. 여러 해를 걸쳐 수십 차례의 부침 끝에 드디어 내 삶에 큐티가 정착하게 되었다. 매일 아침 일정한 분량의 말씀을 읽고 묵상했다. 특히 묵상한 내용을 큐티노트에 기록하고, 기록한 내용대로 삶에 적용하려고 노력했다. 실제로 적용했는지, 다음날 큐티노트를 점검하곤

WALKING WITH JESUS
예수님, 오늘 제가 할 일이 이런 건데요, 도와주실 거죠?

했다. 그런데 그 노트가 내 업무에 예수님을 개입하시도록 일터의 문을 열고 동행하는 훈련 도구가 될 줄은 처음엔 알지 못했다.

독일로 발령을 받아 해외생활을 할 때도 큐티는 나에게 없어서는 안 될 귀한 시간이었다. 프랑크푸르트 지점은 독일 4개 지점을 관장하는 통합관리 지점이다. 프랑크푸르트뿐 아니라 4개 도시를 관할하는 책임을 져야 했고 여기저기 흩어져 있는 한인 교민사회의 요구사항은 끊이지 않았다. 게다가 당시는 폴란드 바르샤바에 대우자동차 관련 수요가 폭발하던 때라 폴란드 전세기 업무도 맡아야 했다. 또한 탐탁치는 않았지만, 동구에 흩어져 있는 수천 명의 통일교 합동결혼식 수

——— 예수님 손잡고 같이 일하라

경건의 시간에 제 업무의 모든 고민을 올려드립니다.

요도 책임지고 관리해야 했다. 그러다 보니 매일 추진해야 할 업무 리스트를 수첩에 적다 보면 몇 페이지를 훌쩍 넘기곤 했다.

　매일 아침 일어나 습관처럼 큐티를 하다 보면 눈은 분명 말씀을 읽고 있지만 머릿속은 출근해서 감당해야 할 업무 리스트로 꽉 차버리곤 했다. 도대체 무슨 말씀을 읽고 있는지 멍할 때가 더 많았다. 그때마다 세속의 업무들이 거룩한 큐티 시간을 방해하고 신성한 하나님과의 교제를 깨뜨리는 것 같아 죄책감마저 들었다. 하나님께 죄송한 마음뿐이었다. 복잡한 업무가 쌓여갈수록 찝찝한 상황은 계속되었다. 큐티가 부담스럽게 느껴지기도 했다. 그때 하나님은 나에게 이렇게 말

　　　　　　　　　　　　　　　　— 일터와 신앙은 둘이 아니다

씀하셨다.

"네 업무를 네 경건의 시간에 올려놓아라. 네 큐티노트 기도제목에 적으란 말이다."

"아니, 이 지저분한 것들을 어떻게 큐티에…?!"

정신이 번쩍 들었다. 마치 베드로가 기도시간에 환상 속에서 율법적으로 더러운 것들로 가득한 보자기를 보고 거절했을 때, 하나님이 깨끗하게 하신 것을 속되다 하지 말고 먹으라고 하신 말씀(행 10:15)을 들을 때와 유사한 느낌이었다. 그때부터 내 머릿속에 가득 차 있던 업무 목록을 경건의 시간에 올려놓기 시작했다. 내가 급히 처리해야 할 업무들과 해결되지 않는 난제들을 하나둘씩 큐티노트에 적은 것이다. 그러자 하나님은 그 문제들을 해결하기 시작하셨다. 하나님께 업무를 올려놓으니 하나님께서 일하셨다.

"When we do, we do. But when we pray, God does."

나는 이 격언을 실제 업무에서 체험할 수 있었다. 경건의 시간은 하나님께 내 업무를 보고하는 시간이 되었다. 보고를 받은 상사는 대개 그 내용을 평가하거나 새로운 지시를 내리지만, 내 보고를 받으신 하나님은 다양한 방식으로 업무의 문제를 해결해주셨다. 때로는 해야 할 일에 대한 지침을 말씀을 통해 주셨고, 대인관계 문제로 화가 나고 답답할 때 말씀으로 위로해주셨다. 목표 달성을 위해 기도할 때 생각하지도 않은 단체 수요를 보내주셔서 모자란 실적을 보충해주셨고, 항공청의 전세기 허가가 지연되어 노심초사할 때도 깜짝 놀랄 방법으로 응답해주셨다.

주님의 탁월한 업무 수행 능력을 의지하라

임원 진급 후 처음 맡은 광고 업무는 정말 생소한 것이었다. 최고경영층의 관심이 집중되는 업무라 큰 부담을 느꼈고 어찌할 바를 알지 못했다. 그럴 때 부서에 있는 믿음의 직원들에게 부탁해 매일 아침 같이 30분 일찍 나와 당일 해결해야 할 주요 업무를 리스트업(list up)해서 기도하는 시간을 가졌다. 직원들과 업무 목록을 공유하며 같이 기도한 것도 개인 경건의 시간에 주님의 업무 수행 능력을 체험했기 때문에 가능했다.

달라스 윌라드는 USC 철학교수로 일할 때 '사업의 영역에서 하나님은 어떻게 존재하는가?'라는 에세이를 써서 하나님이 자신을 어떻게 영적으로 성숙시켰는지 말하고 있다.[12]

"내가 제자로서 훈련 받는 장소는 내가 현재 일하는 그곳이다. 내가 지금 하고 있는 일이 제자훈련이다. 내가 USC에서 강의실로 들어갈 때, 강의실은 내가 제자도를 배우는 장소이다. 강의실에서 예수님으로부터 하나님의 나라에서 해야 할 일을 미리 배우는 것이다. 그렇기 때문에 나로서는 예수님이 내 분야에서 가장 똑똑한 분이라는 사실을 이해하는 것이 중요하다. 그분은 당신의 전문 분야에서도 가장 탁월한 분이시다. 당신이 무슨 일을 하고 있는지는 중요하지 않다. 당신이 은행이나 회사, 제조공장이나 정부 어느 부서에서 일하거나 어떤 사업을 운영하든지 간에, 그분은 그 일에 관한 한 가장 똑똑한 분이시다."

세상에서 가장 똑똑한 분을 모시고 동행하면서, 그분에게 물어보며 일한다면 더 이상 걱정할 것도 두려울 것도 없다. 게다가 그분은 내 일터에 엄청 관심이 많으시고 내 일에도 깊이 개입하기를 원하신다. 그렇다면 나는 그분께 내 일터의 모든 것을 올려드리면 된다. 큐티 때 기도함으로써, 수시로 하나님과 대화함으로써 일터의 문제를 보고하는 것이다.

나는 요즘도 일터에서 수시로 하나님과 대화하려고 노력한다. 복잡한 업무 때문에 한숨이 나올 때마다 "하나님, 어떻게 하면 좋을까요?"라고 물어보며 지혜를 구한다. 직원들의 불성실한 태도나 실수에 대해 큰소리치고 싶은 마음이 들면 나와 동행하시는 하나님을 생각하고 마음을 추스른다. 그리고 사무실에 돌아와 이렇게 말씀드린다.

"하나님, 저 괜찮았지요?"

회의실을 예배실로 착각하다

예수님과 함께 출근했다면 근무시간도 예배하는 시간이나 다름없게 된다. 예수님이 내 일터에 개입하시도록 기도로 업무를 올려드렸다면 일터의 예배는 시작된 것이다. 그렇다면 혼자 일할 때는 물론이고 여러 사람과 회의를 할 때도 하나님 앞에서 예배드린다는 마음가짐을 지녀야 하는 것이다.

마케팅개발팀장을 맡아 정신없이 일하던 어느 날 회장님으로부터 일등석 승객 CRM(Customer Relationship Management) 체제를 구축하라는 지시를 받았다. 일등석 승객은 가격보다 서비스 수준에 민감하기에 예약부터 공항 탑승 수속, 객실 서비스, 수하물 서비스, 후속 서비스(After Service)가 물 흐르듯 연계되어야 한다. 주어진 과제를 풀기 위해 예약부터 운송, 객실, 케터링(식사), 운항, 정비, 정보시스템에 이르기까지 모든 부서의 합의가 필요했다.

나는 매듭 없는(seamless) 최고의 서비스를 구현하기 위한 마케팅 전략을 수립하여 각 부서에 마케팅 방향을 설명해야 했다. 각 부문의 현황과 문제점을 공유하고 문제나 장애요인이 발견될 경우 하나씩 풀어가야 했다. 이를 위해 첫 회의를 소집했다. 관련된 부서의 팀장과 실무자가 참석하는 미팅이었는데, 예상 참석 인원이 30여 명에 달했다.

마케팅팀장을 맡아 부담을 느꼈고, 내가 살아온 수준과 상식이 다른 일등석 탑승 고객의 요구를 파악해 충족시키는 고객 관리 체제를 구축하는 일도 걱정이었다. 게다가 입장이 다른 부서들의 이해가 서로 충돌할 텐데, 그런 것들은 어떻게 풀어야 할지도 염려되었다. 그래서 이 중요한 첫 회의에서 좋은 결과가 나올 수 있도록 신우회 지체들에게 기도 지원을 부탁했다.

대회의실에 기라성 같은 각 부서 팀장들과 전문가들이 모였다. 내 입에서 어떤 말이 나올지 나만 바라보는 것 같아 몹시 부담스러웠다. 하지만 준비했던 마케팅 방향과 전략을 자신있게 설명하고 각 부서가 맡아 진행해야 할 과제들을 차근차근 설명했다. 부서마다 각자의 업무와 시스템을 설명하면서 일부 의견 차이가 드러났지만, 전체적으로 나아갈 방향에 대해선 의견을 같이했다. 이번 기회를 통해 멋진 하이클래스(High Class) 마케팅 체제를 구축해보자는 데 마음을 하나로 모을 수 있었다. 걱정했던 문제가 해결되고 관련 부서의 합의를 도출한 멋진 회의였다. 나는 속으로 '할렐루야! 주님 감사합니다!'라고 외쳤다. 입으로는 이런 말이 튀어나왔다.

"각 부서에서 오신 팀장님과 담당자들 모두 수고하셨습니다. 자, 이제 주기도문으로 회의를…."

아차! 여기까지 나오던 말을 가까스로 주워 담았다. 옆에서 키득 키득 웃는 소리가 들리는 듯해 부랴부랴 회의를 마무리했다. 얼굴이 화끈거렸다. 창피하고 부끄러웠다. 하지만 순식간에 지나간 실수를 통해 깨달은 것이 있었다. 그날의 회의는 과거의 회의와 달랐다는 사실이다. 형태와 내용은 다를 게 없었지만, 나로서는 그 회의가 하나님께 드리는 예배로 느껴졌던 것이다.

다행히(?) 주기도문으로 마치진 못했지만, 그날의 회의는 내가 주님께 드린 아름다운 예배나 다름없었다. 무슨 일을 하든지 마음을 다해 주께 하듯 하라는 말씀대로 열과 성의를 다해 회의를 준비하고 진행했을 때, 그 회의는 내게 주기도문으로 끝내도 될 예배가 된 것이다. 그 예배를 하나님이 받으시고 좋은 회의 결과라는 복을 주신 것이었다. 그 이후, 나는 회의 때마다 나만의 기도시간을 가지려고 노력한다. 비록 시작기도도 없고 마칠 때 주기도문도 하지 않지만, 회의하기 전에 나만의 기도를 올려드리고, 회의를 마친 후에는 감사 기도를 올려드린다.

업무도 회의도 일터사역자에겐 예배나 다름없다. 예수님과 함께 출근했고 함께 일하고 있기 때문이다.

● 일터나눔 _3장

① 나는 일터에서 언제 기도하는가? 출근할 때 또는 식사시간에? 일터에서 새롭게 기도하거나 하나님과 대화 나누기로 결심하고 그 계획을 함께 나눠보자.

② 큐티(말씀묵상)는 어제 일터에서의 나의 모습을 돌아보아 평가받고, 오늘 일터에서 나의 계획을 하나님께 올려드리는 시간이다. 한 주간 동안 말씀 묵상을 통해 내 모습을 돌아보게 된 경험과, 일터에서 하나님께서 도우시고 인도하신 경험을 나눠보자.

2부

예수님이
내 일터에
출근하시면

언제 어디서나
부흥회가 열린다

1995년, 꿈에도 그리던 독일 프랑크푸르트 지점 발령을 받았다. 대학시절에 전국 독일어 경시대회에서 수상했고, 사내 공식 독일어 자격증 1급 소지자로서 실력을 마음껏 발휘할 수 있으리라는 기대에 마음은 들떴다. 게다가 1년간 매주 토요일 2시부터 9시까지 빡세게 받은 GPTI(한국전문인선교훈련원) 훈련을 마칠 시기에 받은 해외 발령이었는지라, 전문인 선교사로서 파송 받아 사명감도 충만했다.

그러나 나를 기다리고 있던 프랑크푸르트의 일터는 그렇게 호락호락하지 않았다. 자신의 시간과 모든 관심을 회사와 업무에 올인하고 어떤 일도 그냥 넘어가는 경우가 없어 사내 검찰총장이라는 별명까지 붙은 지점장님을 모셔야 했기 때문이다. 하루 종일 검찰총장 같은 지점장님을 보필하며 일하다 보면 퇴근시간은 자정을 넘기기 일쑤였다. 새로운 업무를 배우느라 아침 일찍 출근하다 보니 내가 사는 프랑크푸르트가 어떻게 생겼는지, 독일인의 생활과 문화가 무엇인지 느낄 겨를도 없었다. 좋아하던 분데스리가 축구경기 관람은 꿈꿀 여력도 없었다. 한 달 후에 가족이 합류했지만 돌아볼 틈도 없었다. 주말에도 회사에서 잔무를 처리하고 야근하기 일쑤였다. GPTI 훈련 기간에 가졌던 독일의 터키인들을 위한 선교사역의 꿈은 사그라지고 있었다.

"좋은 말로 할 때 해라"

그렇게 바쁘고 분주하게 정신없이 일하던 어느 날, 전화 한 통이 걸려왔다. 말로만 들어 알고 있던 유럽 어느 지역의 한인 여행사 사장님이었다. 서로 통성명을 하고 인사가 끝나자마자, 그가 일방적으로 강한 불만을 드러내며 험한 말을 퍼붓기 시작했다. 영문도 모르고 당한 일격에 놀랐고 분노가 치밀어 끝까지 통화하지 못하고 전화를 끊어버렸다. 아무리 참으려 해도 화가 풀리지 않아 총대리점 사장에게 전화를 걸었다. 내가 여기서 근무하는 3년 동안 그 여행사에는 단 한 좌석(티켓)도 주지 않겠다고 으름장을 놓았다. 항공사로부터 좌석을 못 받는다는 것은 사업 폐지를 의미하는 것이다. 당시만 해도 항공사는 갑이요 여행사는 을이었다. 그 여행사는 총대리점 밑에 있는 더 작은 업체라 을도 아닌 병에 해당하는 꼴이었다. '하룻강아지가 범 무서운 줄 모르고 덤빈 꼴'이었기에 내 분노와 결정은 합리적이고 당연하다고 생각했다.

다음날 아침 큐티를 할 때가 되었다. 당시 큐티 본문은 레위기 말씀이었다. 알다시피 레위기 말씀은 묵상하기 쉽지 않아 그냥 가볍게 말씀만 읽고 지나가려는데, 유독 한 구절이 마음에 들어왔다.

> 원수를 갚지 말며 동포를 원망하지 말며 네 이웃 사랑하기를 네 자신과 같이 사랑하라 나는 여호와이니라 _레 19:18

그냥 넘어갈 수도 있는 말씀이었지만 하나님은 그 말씀을 가지고 나를 괴롭히기 시작하셨다. 다음날 큐티에서도 "동포(교포)를 원망하지 말고"라는 말씀이 귓속을 맴돌았다. 일주일 내내 그 말씀이 내 마음에 부담을 주었다. 하나님께 물었다.

"주님, 제가 어떻게 하면 좋으시겠어요?"

하나님이 응답하셨다.

"그 여행사 사장에게 전화해라."

"아니, 내가 왜 전화해야 합니까? 하나님이 사회생활 안 해 보셔서 그러시는 것 같은데, 원래 이런 상황에서는 을이나 병이 갑한테 사과 전화를 하면 갑이 마지못해 용서해주는 식으로 진행되는 겁니다!"

"내가 좋은 말로 할 때 해라."

하나님은 단호하셨다. 차일피일 미루고 버티다 결국 큐티노트에 '여행사 사장에게 전화 걸기'라는 실천사항을 쓰고 출근했다. 그날도 시간이 흘러 퇴근시간은 다가오는데, 전화를 걸고 싶은 마음은 털끝만치도 없었다. 하지만 일주일간 하나님과 씨름했던 터라 포기하는 심정으로, 기계적으로 여행사 사장에게 전화를 걸었다. 그런데 놀라운 일이 생겼다. 전화통에서 "Hallo(여보세요)"라는 그의 목소리를 듣는 순간 내 마음속에 전혀 없었던 그 분에 대한 사랑과 연민이 주체할 수 없게 올라왔다. 눈물이 터져 그냥 펑펑 울면서 통화했다.

"혹시 제가 잘못한 것이 있으면… 용서해… 주시기 바랍니다. 흑흑."

내가 이런 말까지 하고 있었다. 나보다 훨씬 연배인 그 사장님은 나의 목소리와 뜻밖(!)의 반응에 놀라 연신 죄송하고 미안하다며 몇 번이나 진심으로 용서를 구했다.

전화통 부흥회를 체험하다

전화 걸기를 실천하기까지는 전혀 예상하지 못했던 나의 마음과 태도의 변화를 보고 놀란 건 그 사장님이 아니라 오히려 나였다. 그 일이 내가 경험한 '전화통 부흥회'였다. 하나님의 말씀이 일터에서 어떻게 역사하는지 실감할 수 있던 사건이었다. 나는 그 일을 계기로 일터에서 일어나는 상황에 대해 모두 내가 알아서 판단하고 반응하고 결정했던 과거의 내 모습을 돌아보게 되었다. 일터에서 일어나는 모든 상황을 하나님께 올려드리고 그날그날 주시는 말씀에 순종할 때, 하나님께서 일하신다는 것을 확실히 배울 수 있었다.

나중에 안 일이지만, 그 여행사 사장님은 성수기 좌석이 없어 먼저 콜센터에 연락했는데 계속 통화 중이었다. 화가 난 김에 직접 지점에 전화를 걸었는데, 마침 그때 판매 담당 차장이던 내가 그 전화를 받은 것이었다. 안 그래도 얼굴 한번 보여주지 않던 나를 괘씸하게 생각하던 차에 순간적으로 욱 하는 마음이 생겨 험한 말을 했던 것이다. 나는 그저 하는 일이 바쁘고 많아 거래처를 돌아볼 여유가 없었을 뿐이었다. 어쨌든 그 분도 나중에 자기가 큰 실수를 했다는 것을 총대리점 사장에게 전해 듣고서 무려 3장이 넘는 반성문을 써놓았다고 한다. 그걸 내게 보낼까 말까 고민하며 일주일 동안 안절부절 못했다는 말도 들었다. 어쨌든 전화통 부흥회가 열린 다음부터 그 사장님과 나는 좋은 관계를 맺게 되었다. 내가 귀국하기 전에 가족을 데리고 그 분이 일하는 도시로 여행을 갔는데, 자기 차량으로 풀타임 가이드를 해주기까지 하셨다.

전화통 부흥회를 통해 나는 주님이 내 일터에 개입하셔서 일하시고 도우시며, 결국 해결하기 원하신다는 사실을 새삼 체험하고 깨달았다. 하지만 아직도 많은 경우에 내가 여전히 일터의 주인이 되어 살아가려는 습관이 남아 있다. 하나님이 내 일터에 개입하신 이야기가 많아지는 만큼 하나님이 확실히 내 일터의 주인이 되셔야 하는데, 나는 여전히 내 경험과 지식과 노하우가 축적된 것으로 착각하고 내가 주인이 되어 스스로 해결하려 할 때가 많은 것이다. 그러므로 나는 오늘도 여전히 일터에 출근해 자리에 앉자마자 기도로 하나님께 내 일터를 올려드리기부터 해야 한다. 주님을 일터에 모시는 일은 한두 번의 훈련으로 완성되지 않기 때문이다. 끝까지 훈련해야 한다.

"오늘도 내 일터의 주인이 되셔서 주님의 지혜와 총명으로 일을 수행하게 하시고 여러 만남과 회의를 주님이 주관해주소서. 지금 해결되지 않아 고민되고 걱정되는 고질적인 문제도 강권적으로 해결해주소서."

이안 프레이저(Ian M. Fraser)는 예수님의 훈련 방법을 "거리와 가정과 들판과 호수에서 일어나는 삶의 광경과 소리와 냄새와 활동 및 상호작용에 민첩하게 반응하는 감각을 개발시키고, 하나님 아버지의 마음을 알기 위해 기도하며 성경과 씨름하도록 삶의 한 가운데서 제공

된 신앙 훈련"이라고 표현하고 있다.[13] 예수님은 지금도 우리의 일터 현장에 개입하셔서 우리를 훈련하고 계시다.

불가능한 일 앞에서 절망감이 몰려올 때

CRS(Computerized Reservation System: 컴퓨터 예약 시스템) 개발 업무 T/F(Task Force Team)에 발령을 받았을 때는 막 과장이 된 다음이었다. 회사가 내 능력을 인정해 초임 과장에게 T/F 팀장을 맡겨주신 것 같아 뿌듯한 마음이 들었다. 그런데 알고 보니 IT 관련 T/F를 맡으면 고생은 고생대로 하고 윗사람 눈에 띄지도 않아 인정도 못 받고, 잘해야 본전이라는 게 당시 분위기였다. 그래서 영업본부에 근무하는 적임자들이 모두 고사하는 바람에 마침 본사로 전입된 신임 과장에게 그 업무가 떨어진 것이었다.

얼떨결에 맡은 T/F 팀장 역할은 스트레스의 연속이었다. 영국항공의 CRS 시스템을 도입해서 그것을 회사와 한국시장 실정에 맞도록 수정하고 보완하여 DB(데이터베이스)를 구축해야 하는 일인데, IT에 경험이 일천한 나로서는 영국항공의 시스템을 이해하기가 쉽지 않았다. 친정부서인 영업부도 별 관심을 주지 않는 상황에서 IT 부서와 협력해 일을 추진하는 것 역시 수월하지 않았다.

6개월간 T/F를 마치고 시스템을 오픈(open)하자 새로운 과제가 떨어졌다. 여행사에도 CRS 시스템을 배포해야 하는데, 여행사 단말기에는 사내 단말기가 보여주는 당사 위주의 스케줄과 달리 미국 CRS 규칙(Rule)에 따라 중립적인 스케줄이 보여야 한다는 것이었다. 그런 CRS 규칙을 준수하지 않을 경우 시카고 취항이 영향을 받게 된다는 문제도 있었다. 시스템 마무리(Cut-Over)의 기쁨을 잠시 뒤로 하고, 우리가 시스템을 구입해온 영국항공과 이를 잘 활용한다고 알려진 일본항공으로 부리나케 출장을 갔다. 런던에서 영국항공과 한 회의 결과는 실망이었다. 3일 동안 여러 부서의 사람들과 회의를 하고 시스템을 둘러봐도 솔루션(해결 방법)이 보이지 않았다. 짐을 싸서 일본으로 날아갔다. 지금은 일본항공(JAL)의 경영과 서비스가 많이 후퇴되었지만 당시 일본항공은 항상 우리보다 앞선 선진항공사로서 벤치마킹의 대상이었기에 기대가 컸다. 담당자들과 수차례에 걸쳐 해결방안을 강구했다. 하지만 금요일 마지막 회의를 마쳤을 때 얻은 결론은 '불가능'이었다. 시스템을 만든 곳에서도 시스템을 가장 잘 사용하는 곳에서도 답이 없다는 결론에 이르자 절망감이 몰려왔다.

호텔 방 부흥회의 은혜

같이 갔던 동료가 저녁 먹으러 가자는 제안도 뿌리치고 피곤한 몸을 이끌고 호텔로 돌아와 침대에 누웠다. 호텔의 자그마한 책상에 놓인 성경책이 눈에 띠었다. 나는 아침 큐티가 습관이 되어 세계 어디를 가든 항상 다음날 아침 큐티할 장소를 먼저 정한다. 그곳에 내 성경책을 올려놓곤 하는데, 그 성경책이 갑자기 나를 끌어당긴 것이다. 매일 읽어오던 성경을 펼쳐 읽기 시작했다. 그날은 사무엘하 22장 말씀이었다.

[2]이르되 여호와는 나의 반석이시요 나의 요새시요 나를 위하여 나를 건지시는 자시요 … [7]내가 환난 중에서 여호와께 아뢰며 나의 하나님께 아뢰었더니 그가 그의 성전에서 내 소리를 들으심이여 나의 부르짖음이 그의 귀에 들렸도다 … [20]나를 또 넓은 곳으로 인도

사무엘하 22장은 시편 18편과 내용이 같은 유명한 말씀이다. 그 말씀이 살아서 내 마음과 심령을 사로잡기 시작했다. 하나님께서 나에게 약속하시고 선포하시는 복과 예언의 말씀으로 들리기 시작했다. 감동이 밀려와 혼자 기도하고 찬송하고 말씀 읽기를 반복하면서, 호텔 방에서 열린 '나 홀로 부흥회'는 2시간가량이나 계속되었다. 상황이 변한 것은 없지만 마음에 평안이 밀려오고 위로가 되었다. "주님, 감사합니다!"를 외치고 잠자리에 들었다.

다음날 출장을 마치고 돌아가야 했다. 호텔에서 조금 더 쉬었다 나가려고 했는데, 동경지점의 우리 직원이 일본항공의 시스템 개발자 한 사람만 더 만나보라고 권유했다. 30분 정도 시간을 할애해 호텔 근처에서 미팅을 하기로 했다. 놀랍게도 그 짧은 시간에, 어젯밤 말씀을 통해 약속하신 그대로 내 부르짖음을 들으시고 성벽을 뛰어넘게 하셨다. 일본의 개발자는 자신들의 데이터 구축방법을 간단하게 설명했을 뿐이었다. 그의 설명 속에 뜻밖의 해법이 숨어 있었다. 일주일간 런던과 동경에서 다양한 전문가들과 수차례에 걸친 회의를 하면서도 풀리지 않던 문제가 한 순간에 풀린 것이었다. 나는 "할렐루야!"를 외쳤다. 그 전날 밤에 시작된 호텔 방 부흥회를 주님은 그렇게 이어가고 계셨다.

모두 다 기피했던 CRS T/F 업무를 얼떨결에 맡게 되어 스트레스를 받고 절망도 했지만, 그 업무 경험으로 인해 10여 년 후 회사의 주요 보직인 마케팅팀장을 맡게 된 것 같다. 그리고 또 10여년 후에는 국내 최대 CRS 회사인 대한항공 계열사 토파스여행정보의 대표이사로 근무하게 되는 데 결정적 역할을 하게 되었다. 그런 걸 보면 얼떨결에 역사하셔서 보너스 복을 주시는 하나님의 손길은 세밀하시다.

하나님이 내 일터에 개입하지 않으셨다면?

그 일을 겪은 후, 나는 그동안 얼마나 많은 세월 동안 숱한 상황 속에서 내 생각과 노력으로 주어진 일들을 해결하려 했는지 다시 돌아보게 되었다. 신우회와 교회 사역을 할 때는 주님을 찾고 높여드렸지만, 내 일터의 구체적인 상황에서는 주님을 도외시했다. 업무는 내 힘과 노력과 노하우로 해결하려고 했다. 그런 나를 주님은 출장중인 호텔 방까지 찾아와 문 두드리고 만나주시고, 먼저 말씀으로 채워주시고 위로 받게 하셨다. 나를 찾아주신 주님께 내 현안 문제를 올려드리자 강권적으로 해결하고 풀어주기까지 하셨다. 내 문제에 개입하셔서 구체적이고 실제적인 솔루션을 주신 것이다.

그날 내가 만난 하나님은 마치 밤이 새도록 수고했지만 얻은 것이 없어 그물을 씻고 있던 베드로가 예수님을 만난 것과 같았다. 베드로를 찾아오신 예수님이 말씀으로 베드로의 마음을 만져주시고 나서 깊은 곳에 그물을 던지라고 하시며 놀라운 기적을 이뤄주신 것처럼, 예수님은 출장 중이던 나의 호텔 방까지 찾아와 나를 도와주신 것이다. 말하자면, 나를 위한 호텔 부흥회를 열어주신 셈이었다.

회사 선배이자 신앙 선배이신 김광석 장로님(전 GPTI 원장)은 '출장 행전'이라는 단어를 종종 사용하신다. 출장 갈 때마다 접하는 상황과 만나는 사람들을 통해 성령님의 감동과 은혜를 경험해오셨기 때문이다. 그래서 출장 갈 때마다 사도행전을 체험하기를 기대하기에 출장

WORKING WITH JESUS

나는 내 업무의 최고 전문가, 예수님과 함께 일합니다.

행전이라고 말하신 것이다.

사도행전이 바울과 사도들이 일상생활 속에서 살면서 사역한 내용을 기록한 글인 것처럼, 나는 오늘도 일터사역자로서 일터에서 접하고 경험하는 모든 상황 속에서 성령님의 임재, 곧 하나님의 개입하심과 도우심을 체험한 '일터행전'을 써나가고 있는 것이다.

● 일터나눔 _4장

① 일터의 구체적인 업무나 상황에 대해서는 하나님이 잘 모르시거나 관심이 없으실 거라는 선입관을 가지고 있지는 않은가? 일터의 업무나 대인관계 문제에 대해 기도하지 않는 이유가 무엇인지 살펴보고, 내 업무를 어떻게 하나님께 올려드릴 것인지 생각해보자.

② 저자는 일터부흥회라고 표현했는데, 각자 일터에서 예수님의 임재와 간섭하심을 느끼고 체험하며 기쁘고 감사했던 경험을 나눠보자.

사무실에서 하나님 음성을 듣는다

사무엘하 16장을 보면 다윗 왕이 아들 압살롬의 반역에 쫓겨 피난 가는 장면이 나온다. 그때 사울의 친족 시므이가 나타나 다윗에게 저주를 내뱉는다.

> 7 …피를 흘린 자여 사악한 자여 가거라 가거라 8 사울의 족속의 모든 피를 여호와께서 네게로 돌리셨도다… _삼하 16:7,8

이때 군대장관 아비새가 분노하여 그의 머리를 베겠다고 나서자 다윗이 말리며 이렇게 말한다.

—— 예수님이 내 일터에 출근하시면

¹⁰왕이 이르되 스루야의 아들들아 내가 너희와 무슨 상관이 있느냐 그가 저주하는 것은 여호와께서 그에게 다윗을 저주하라 하심이니 네가 어찌 그리하였느냐 할 자가 누구겠 느냐 하고 ¹¹또 다윗이 아비새와 모든 신하들에게 이르되 내 몸에서 난 아들도 내 생명을 해하려 하거든 하물며 이 베냐민 사람이랴 여호와께서 그에게 명령하신 것이니 그가 저 주하게 버려두라 ¹²혹시 여호와께서 나의 원통함을 감찰하시리니 오늘 그 저주 때문에 여호와께서 선으로 내게 갚아 주시리라 하고 _삼하 16:10-12

이 말씀을 묵상해보았다. 다윗에게 사랑하는 아들의 모반과 피난 길의 고통이 얼마나 컸을까? 그런 가운데 자기를 저주하는 말을 들으 면서도 그 속에서 하나님의 음성을 듣고 그 뜻을 경청할 수 있는 다윗 의 영성이 참으로 부럽고 놀라웠다. 나도 일터에서 다윗처럼 하나님 의 음성을 들을 수 있다면 보다 풍성한 일터사역자가 될 수 있을 거라 고 기대했다.

일터에 주님을 모시고 내 일에 주님이 개입하신다면, 일터에서도 주님의 음성을 들을 수 있을 것이다. 주님은 내게 그런 기회를 허락해 주셨다. 서비스를 총괄하는 임원인 고객서비스실장으로 일할 때였다.

커피 브레이크? 코피 브레이크!

고객서비스실장의 역할은 영업, 운송, 객실 및 일반 모든 분야의 서비 스를 총괄하고 개선하는 것이다. VOC(Voice Of Customer:고객의 소 리) 운영을 통해 현장 고객의 불만과 제언을 업무 절차에 반영하여 지 속적인 서비스 개선을 추진해야 한다. 고객서비스실장을 맡은 후 처 음 맞이하는 '커피 브레이크'에서 경영진에게 보고하라는 과제가 주어졌다. 커피 브레이크는 회장님과 본부장급 임원들이 아침마다 모이는 회의다. 지금까지 들어온 고객의 소리를 종합하고 분석하여 개선 방안을 강구해 보고하라는 지시에 따라, 한달 동안 열심히 자료를 모아 분석하고 프레젠테이션하기에 편리하도록 파워포인트를 편집하였다. 사람들은 대기업에서 임원이 되면 별을 달았다고 부러워한다. 하지만 임원이 되는 순간부터 받는 스트레스는 그야말로 하늘을 찌른다. 정년 보장도 사라진다. 말 그대로 '임원'(임시직원)이 된다. 최고 경영층의 한마디에 울기도 웃기도 한다. 자존감이 올라가기도 하지만 무대에서 순식간에 훅 사라져버리기도 한다. 그래서 처음으로 보고하는 자료를 준비하면서 열과 성의를 다 쏟았다. 잘 통과되기를 바라는 마음이 간절해 신우회 지체들에게 기도 지원도 부탁했다.

수차례 연습을 거듭하고 당일 커피 브레이크에서 30분간 나름 멋지게 발표했다. 그러나 결과는 처참했다. 처절하게 혼이 났다. 커피 브레이크가 아닌 코피 브레이크를 당한 것이다. 그런 나를 바라보는 참석자들까지 전부 안쓰럽다는 표정을 지었을 정도였다. 다음 주에 다시 보고하라는 지시를 받고 쫓겨나듯 회의실을 빠져나왔다. 나 자신이 한심하고 걱정되고 두려웠다. 뭘 어떻게 해야 할지 몰라 한동안 멍하게 앉아 있었다. 하나님께 이렇게 하소연했다.

"주님, 제가 그래도 신우회 회장으로서 임원까지 됐는데, 이렇게 처참하게 만드시면 주님께도 영광이 가려지지 않나요? 제가 보고를 아무리 잘해봐야 무슨 소용입니까? 그저 회장님의 마음을 너그럽게 하셔서 다음주에 보고할 때는 잘 통과되게 해주세요."

간절히 기도하고 보고서를 재편하기 시작했다. 내용을 대폭 수정하고 보완하였다.

── 예수님이 내 일터에 출근하시면

상사의 꾸중을 하나님 음성으로 듣다

다음 주 커피 브레이크 시간이 돌아왔다. 이른 아침부터 시작하기에 새벽부터 주님께 간절히 기도를 올려드리고 보고 장소에 들어갔다. 그런데 지난주에 코피 브레이크를 당한 여파였을까? 그날은 더 엉망이었다. 문장이 꼬이고 단어가 엉켰다. 수준 이하의 프레젠테이션을 했다. 이제 임시직원의 생명마저 끝났다고 생각했다. 그런데 의외로 회장님이 만족하셨는지 미소를 띠셨다. '아니 이럴 수가?' 내 마음 속에서 '할렐루야! 주님 감사합니다!'라는 기도가 튀어나왔다.

하지만 그렇게 감사하는 마음도 3초를 넘기지 못했다. 마음속에 금세 교만한 마음이 튀어 올라왔다. 나 자신의 창의적 아이디어와 능력이 자랑스러웠다. 지난 주간 내내 고민하면서 보고 형식을 바꾸고 피시본(fishbone) 다이어그램을 이용해 보다 새롭고 체계적이고 종합적으로 분석한 결과 회장님께서 만족하게 되셨다는 생각이 들면서, 감사한 마음은 어느새 사라지고 말았다.

회의실을 나오는 길에 같이 보고를 들으셨던 사장님이 나를 부르셨다. 칭찬하시려는 건줄 알았다. 자랑스러운 마음으로 사장실에 따라 들어갔다. 사장님이 갑자기 소리를 지르셨다.

"방 상무! 직장생활 30년이나 한 임원의 발표가 그 정도밖에 안 되나?"

심하게 다그치며 크게 꾸중하셨다. 몹시 당황했다. 일주일 전에 받은 것보다 더 심한 야단이었다. 그런데 갑자기 사장님이 꾸중하시는 말씀이 내게 하나님 음성처럼 들렸다. 내가 발표하기 전에 간절히 드린 기도에 응답하셔서 회장님의 마음을 너그럽게 해주신 하나님의 은혜는 잊어버리고, 스스로 우쭐해지고 대견해 하며 한껏 높아지고 교만해진 나를 지적하고 꾸중하시는 하나님의 음성으로 들린 것이다.

하나님은 어디서나 말씀하신다

로버트 뱅크스는 일터의 영성에 대해 이렇게 얘기한다.[14]

"정신을 고도로 집중하여 활동하는 가운데서도, 심지어 우리의 정신적, 육적, 정서적 에너지를 전부 쏟아 부을 때도 명상의 기회는 생길 수 있다. 그 기회는 우리가 관여하는 모든 활동 가운데, 그리고 우리가 가장 집중하여 일하고 있는 바로 그 순간에 일어난다. 그와 같이 신성한 삶을 감지하기 위해서는 당면한 과제에서 분리되는 것이 아니라 오히려 그 과제를 진지하게 주목해야 한다. 그럴 때 우리는 신성한 삶을 보고 느끼고 들을 수 있을 뿐 아니라, 그 신성한 삶을 통하여 뿌리 밑바닥에 있는 더 근본적인 것까지 보고 들을 수 있게 된다. 그와 같은 성례전적 순간은 가정에서, 직장에서, 또는 야외에서도 만날 수 있다."

뱅크스의 말이 조금 어렵긴 하지만, 쉽게 이해하면 복잡하고 정신 없는 업무에 집중하고 있을 때도 하나님의 음성을 들을 수 있다는 말이 아니겠는가.

우리 일터에서 함께하시는 하나님은 지금도 내가 일하고 있을 때 내 곁에서 말씀하고 계신다. 예배시간의 설교나 매일 아침 큐티할 때만 아니라 일하고 있는 매순간마다 말씀하시는 것이다. 그 음성은 상사를 통해, 동료나 후배의 입을 통해서도 들을 수 있다. 말씀묵상을 통해 내면의 소리로 하나님 음성을 들을 수 있음은 물론이다.

다윗이 시므이의 저주에서 하나님 음성을 들었던 것처럼, 내가 사장님의 질책 속에서 주님의 말씀을 들었던 것처럼, 오늘도 우리는 일

일터에서 예수님 음성듣기
여보세요! 아, 예수님이세요?, 네, 그렇게 하겠습니다.

터에서 말씀하시는 하나님의 음성을 들어야 한다. 하나님은 일터에서
도 말씀하시기 때문이다. 그 음성에 귀 기울이자. 특별히 상사의 질책
이나 고객의 불평을 통해 하나님께서 오늘 나에게 하시는 말씀을 들
을 수 있다면, 우리 일터는 주님의 음성을 듣는 거룩한 예배당이 되고
하나님을 만나는 영적 지성소가 될 것이다.

● 일터나눔 _5장

① 다윗은 시므이의 저주 속에서 하나님의 음성을 들을 수 있었다(삼하 16:1~12). 일터에서 어
떤 상황이나 특정 사람을 통해 하나님의 뜻을 깨닫거나 음성을 들은 적이 있다면 나눠보자. 어
떻게 하면 분주하게 돌아가는 일터에서 하나님의 음성에 귀 기울일 수 있을지도 얘기해보자.

② 상사나 불량 거래처는 회식 자리 뒷담화의 '안주거리'가 되곤 한다. 일터에서 받은 스트레스
를 뒷담화가 아니라 하나님께 올려드리는 연습을 해보자.

—— 사무실에서 하나님 음성을 듣는다

일터의 모든 문제를
기도제목 삼는다

우리가 일터에서 매순간 예수님과 동행할 수 있는 가장 간단한 방법은 무엇일까? 나의 경우 수시로 업무의 문제를 놓고 기도하는 것이다. 나는 업무에 문제가 생길 때마다 마음속으로 즉각 예수님께 도우심을 요청하는 기도를 드리는 습관을 길러왔다. 직장에서는 따로 시간과 장소를 마련해 기도하기가 어렵기 때문이다. 나는 이런 기도를 '단숨기도'라고 배웠다. 언제라도 기도할 일이 생기면, 곤란한 거래처와 통화하는 중이나 심각한 회의 중에라도, 심지어 야단을 치는 상사 앞에서도 단숨에 짧게라도 기도하는 것이다. 단숨기도가 비록 짧지만, 일터에서는 그렇게 해서라도 하나님께 매순간 나의 상황과 힘든 마음을 아

——— 예수님이 내 일터에 출근하시면

뢰어어야 하기 때문이다. 그렇게 하면 일터의 다양한 상황에서 살아계신 예수님을 만나고 체험할 수 있다.

비엔나 지점장 시절은 대한항공에서 근무하는 동안 가장 복된 기간 중 하나였다. 2년간 근무하는 동안 현지 직원들과 교제하고 한인교회에서 사역하면서 즐겁고 감사한 시간을 보냈다. 그런 반면, 비엔나 지점은 당시엔 우리 항공사가 직접 운항하지 않는 오프라인 지점이라 나름의 고충도 있었다. 동유럽에서 발생되는 다양한 항공 수요를 흡수해 우리 항공사가 운항하는 지점까지 타사 항공기로 수송하여 대한항공으로 연결하는 것이 지점장에게 주어진 중요한 과제였다.

급하고 곤란할 때 숨 한 번 쉬듯 기도하기

당시 동유럽에는 한국 음악회에 초청되는 오케스트라나 놀이동산 페스티벌에 참가하는 댄서 그룹 등 단체 승객이 많았다. 이를 유치한 판매 수입금으로 현지의 급여와 사무실 임대료를 비롯한 모든 비용을 제하고도 매월 20-30만불씩 본사로 송금할 수 있었고, 영업목표도 당당히 달성하고 있었다. 그날도 루마니아에서 출발하는 70여 명의 단체 관광객을 취리히를 거쳐 연계 수송하기로 되어 있었다. 그런데 구간 예약을 확인하던 중, 루마니아 타롬항공이 갑자기 그 구간을 운항하지 않기로 했다는 메일을 받았다. 출발이 불과 이틀 남았는데 70여 명을 대한항공이 운항하는 구간까지 수송할 방법이 사라진 것이다.

당시 대한항공이 운항하던 프랑크푸르트, 파리, 로마 노선은 이미 만석이라 연계수송이 불가능했다. 유일하게 가능한 노선은 런던이었는데, 루마니아 국민이 영국을 경유하려면 비자가 필요했다. 겨우 이틀 남은 시점에 경유비자를 받는 것은 불가능했다. 런던 노선은 처음부터 고려 대상도 아니었다. 갑작스런 통보를 받고 눈앞이 캄캄하고 아찔해졌다. 그때 어느 책에서 읽은 단숨기도 생각이 났다. 어떤 상황이 벌어지면 그 현장에서 짧게 숨 한번 쉬듯 기도하라는 것이었다. 느헤미야도 아닥사스다 왕의 질문에 즉각 대답하지 않고 짧게 단숨기도를 드린 다음(느 2:4 "하늘의 하나님께 묵도하고") 차분히 지혜롭게 대답하여 왕으로부터 예루살렘 귀향에 필요한 지원과 협조를 받았다.

나는 너무나 답답하고 안타까운 상황에서 단숨기도를 드렸다.

"주님, 도와주세요!"

다른 말은 필요 없었다. 그런데 다음 순간, 전혀 생뚱맞게 LON이란 글자가 내 생각 속에 들어왔다. LON은 런던 공항의 문자 코드(Letter Code)이다. 전통적으로 항공업계는 세 자릿수의 문자 코드로 각 나라의 공항을 구분한다. 참고로 우리나라의 김포국제공항은 GMP, 인천국제공항은 ICN이다. 그런데 웬 런던인가? 런던을 경유하려면 비자를 받아야 하는데, 런던이 왜 떠올랐을까?

다시 한번 짧게 기도하는데 LON이란 단어가 계속 뇌리를 맴돌았다. 이상하다고 생각하면서, 혹시나 하는 마음으로 항공예약 터미널에서 TIM(Travel Information Manual)을 두들겨 보았다. 그런데 루마니아 사람이 영국을 경유할 때는 경유비자가 필요 없는 것으로 나타났다. 분명 그 몇 주 전만 해도 경유비자가 필요했다. 그런데 며칠 사이에 규정이 변경된 것이었다! 부랴부랴 런던 구간의 좌석을 확보하여 예약을 확정하고 70명을 무사히 서울로 보낼 수 있었다.

하나님은 그날 나의 단숨기도에 단숨에 응답하셨다. 기도하지 않았다면 해법을 앞에 두고도 고민만 하다 시간을 허비했을 것이다. 대형 단체 고객을 놓쳤을 뿐 아니라 고객으로부터 엄청난 클레임을 받을 뻔했다.

기도에서 업무 아이디어를 얻다

대리 시절 담당했던 판매관리 업무는 판매실적 수치를 계산하고 분석하는 것이었다. 대학교에 입학했을 때 제일 기뻤던 이유가 수학 과목이 없어졌기 때문일 정도로 나는 숫자와 인연이 없는 스타일이다. 그러니 실적 분석과 계획 업무는 처음부터 맞지 않았다. 물론 시간이 흘러가면서 점점 익숙해지긴 했다. PC가 없던 시절에는 계산기 두드리는 속도가 빨라지면서 조금씩 적응해갔다.

하루는 본사에서 시장 장악력 하락 추세가 감지된다며 시장점유율을 분석해 보고하라는 지시가 떨어졌다. 전체 시장점유율은 파악하고 있었는데 구간별 시장점유 추세까지 파악해 보고하라는 것이었다. 한번도 시도해본 적이 없는 지시가 떨어진 것이다. 팀장과 선임자도 고민하며 나에게 과제를 던져주었다. 아무리 머리를 굴리고 보유하고 있는 실적 수치를 살펴봐도 방법이 떠오르지 않았다. 위에서는 내일까지 무조건 자료를 올리라고 하는데, 머리가 지끈거리기 시작했다.

그날은 목요일이라 신우회 모임에서 찬양인도를 해야 했다. 하지만 해결책도 없는 상태에서 찬양인도를 할 수 있을지 염려되었다. 나는 야근을 핑계삼아 신우회 모임에 빠지려 했다. 하지만 책상 앞에서 아무리 고민해도 시름시름 앓기만 할 뿐 답이 나오지 않았다. 더 이상 야근할 일도 없었다. 할 수 없이 사무실을 나와 터벅터벅 발걸음을 옮겨 신우회 모임이 열리고 있던 정동교회로 갔다. 나대신 다른 형제가 찬양인도를 하고 있었다. 자리에 앉아 찬양을 드리는 순간 눈물이 났다. 감동해서 울었다기보다 서글퍼서 울었다. 일 때문에 신우회도 제대로 참석하지 못하고 머릿속은 내일까지 풀어야 할 과제에 대한 부담감으로 가득 차 있었기 때문이었을 거다. 하지만 성령님의 만져주심으로 조금씩 마음에 위로가 스며들었다. 찬양을 마치고 조별로 말씀을 공부하면서 한 주간 일터에서 일어난 일을 나눌 때, 나는 그날 처한 상황을 고백하며 기도를 부탁했다.

버스를 타고 집으로 돌아오는 길에 신우회에서는 잠깐 잊고 있었던 업무에 대한 부담과 스트레스가 다시 몰려왔다. 그 순간, 보고하기에 적합한 실적 테이블과 포맷이 갑자기 머릿속에 그려졌다. 그 테이블과 포맷에 들어갈 실적 자료만 있으면 될 것 같았다. 회사로 얼른 돌아가 자료를 찾아보니 원하던 자료가 과거 수치까지 전부 보관되어 있었다. '할렐루야!'가 절로 나왔다. 하나님께서 보여주신 실적 테이블과 포맷을 기억해내 분석보고서를 작성했다. 그리고 다음날 오전에 시장점유 분석 보고서를 제출했다. 하나님께서 내 일에 구체적으로 지혜를 주시고 역사하시는 손길을 또 체험한 것이다.

나는 그때 일이 주님의 성령이 충만히 임했던 것임을 후에 깨달았다. 톰 넬슨이 다음과 같이 성령 충만을 묘사한 것을 읽었다.[15]

"우리가 성령 충만에 관해 얘기할 때에는 주로 성령의 열매를 떠올리곤 한다(갈 5:22-23). 그러나 출애굽기 31장은 성령 충만의 또 다른 중요한 역할을 얘기하는데, 이는 우리가 오늘날 흔히 놓치는 것이다. 성령 충만의 한 가지 측면은 우리의 직업적 소명 안에서 그리고 그 소명을 통해 증대되는 초자연적인 능력이다."

출애굽기 31장에서 이스라엘 백성이 광야 생활 중에 회막을 만들

── 예수님이 내 일터에 출근하시면

때, 하나님은 브살렐을 지명하여 불러내셔서 먼저 하나님의 영을 충만하게 하셨다. 성령 충만하게 해주신 거다. 그리하여 지혜와 총명과 지식과 여러 가지 재주로 정교한 일을 연구하여 만들게 하셨다. 그렇게 역사하신 하나님은 지금도 동일하게 일터의 우리를 성령 충만하게 하셔서 지혜와 능력을 부으시고 간섭하시는 것이다.

나는 일하다 벽에 부딪힌 듯 지치고 힘들 때마다 하나님께 나아가 내 문제를 올려드렸다. 그러면 하나님은 강권적으로 역사하셔서 성령의 능력으로 내 머리와 지식으로 할 수 없는 일들을 행하셨다.

하늘 길을 주관하시는 하나님

항공운송사업에는 안전 운항과 최고의 서비스 등 중요한 가치 요소들이 많다. 항공사에는 그 외에도 일반인이 잘 모르는 중요한 가치 요소들이 더 많은데, 그 중 하나가 노선권(traffic right)이다. 국가 사이와 양국 항공청 사이의 협의를 통해 서로 운항할 수 있는 노선권을 정하고, 그 노선권을 자국 항공사에 배분해 운항할 수 있기 때문이다. 노선권이 없으면 운항하고 싶어도 항공기를 띄울 수 없다. 따라서 완전히 자유화(open sky)된 노선을 제외하고는 노선권을 확보해야 할 뿐 아니라 확보한 곳의 운항 횟수를 더 많이 얻어내려고 안간힘을 쓴다. 그 업무를 담당하는 부서가 국제업무실이다. 나는 2007년 국제업무 담당 상무로 임명받았다.

중앙아시아 카자흐스탄과 우즈베키스탄 노선은 수요가 많지 않아 노선권(운항 횟수)이 제한되어 있다. 해당국 항공사들과 아시아나항공이 독점으로 운항하고 있었다. 국제업무 담당 상무로 발령받아 주어진 첫 과제는 카자흐스탄 알마티 노선의 노선권을 배분 받아 오라는 것이었다. 그러기 위해선 한 달 앞으로 다가온 항공 협정 회의에서 운항 횟수를 확대해야 했다. 중앙아시아에 우리 항공사의 거점과 복음의 전진기지를 세우겠다는 비전까지 품고 비장한 마음으로 알마티로 날아갔다. 신우회와 교회 청년부에도 기도 지원을 부탁했다.

카자흐스탄 항공청장을 만나고 그 나라 항공사인 에어아스타나 영업본부장을 만나며 분주히 뛰어다녔다. 그러나 운항 횟수 증편에 대해서는 모두 부정적이었다. 안 그래도 수요도 별로 없는 노선에 신규 항공사가 또 들어오면 자기들의 실적에 부정적 영향을 줄 것이라는 반응은 예상한 것이었다. 복음의 불모지인 중앙아시아에 반드시 취항하게 해달라고 간절히 기도드렸지만 항공 협정 결과는 노선권 동결이었다. 훗날에도 취항할 가능성이 희박한 것으로 결론이 났다. 기도 응답을 확신하며 조카의 결혼식까지 참석하지 못하고 뛰어다닌 결과가 거절이었기에 아쉽고 안타까웠다. 신규 보임을 받은 첫 과제에 실패해 더 낙심했다.그로부터 6개월쯤 지난 어느 날, 우즈베키스탄 대사님이 나를 보자고 했다.

"우즈베키스탄에 나보이(Naboi)라는 도시가 있어요. 대한항공이 노선을 개발해서 중앙아시아 물류 허브를 만들어주시면 좋겠습니다. 그래주시면 대한항공이 요구하는 타쉬켄트 노선권을 확대해드릴 수 있습니다."

이 프로젝트는 빠른 속도로 진전되었다. 몇 달 지나지 않아 우즈베키스탄과 항공 협정을 맺었다. 타쉬켄트 운항 횟수를 증편하고 바로 취항하였다. 사실 타쉬켄트 노선은 알마티보다 노선권 확보 가능성이 훨씬 적어 생각하지도 않던 것이었다. 하나님께서 일방적으로 역사해

—— 예수님이 내 일터에 출근하시면

주신 선물이었다. 기도가 거절되었다고 실망하고 있었는데, 하나님은 타쉬겐트 노선을 통해 다른 방식으로 중앙아시아 노선을 열어주셨고 내 기도에 응답하셨던 것이다.

사람이 예상 못한 결과로 응답하시다

캐나다 노선은 지금은 모든 항공사가 원하는 대로 마음대로 운항할 수 있는 항공 자유화 노선이다. 그러나 몇 년 전만 해도 다른 노선과 마찬가지로 노선권이 제한된 지역이었다. 한국과 캐나다의 국적 항공사 하나씩만 운항할 수 있도록 제한되어 에어캐나다와 대한항공만 운항했고 다른 항공사들의 진입을 막고 있었다. 그런데 캐나다 교민과 유학생이 많아져 한국과 캐나다 사이에 교류가 증가하면서 운항 횟수 증편에 대한 요구가 많아졌다. 대사관이나 외교부를 통해 항공 협정을 개정해 확대해야 한다는 움직임이 잦아지고 있었다.

단독 운항하고 있던 우리로서는 운항 횟수 증편이 달갑지 않았다. 타 항공사들의 진입을 허락하는 것이기 때문이다. 그건 경쟁이 격화되는 걸 의미한다. 당연히 부담스러운 결과를 초래할 것이므로 어떻게 해서든 횟수 증편을 막아야 하는 입장이었다.

부랴부랴 캐나다로 날아갔다. 이번에는 운항 횟수를 늘리는 게 아니라 막기 위해 항공청장과 에어캐나다 담당 임원을 만났다.

"운항 횟수를 증편하면 공급 과다로 가격이 떨어져 초기에는 고객에게 도움이 될지 모릅니다. 그러나 결국 항공사 수익이 악화되어 고객 서비스 질이 저하되고 시장에 부정적 영향을 끼칠 겁니다!"

누가 가서 하더라도 똑같이 말할 논리를 폈다. 고객과 시장을 위한다는 대의명분을 내세웠지만, 사실은 경쟁사의 진입을 막으려는 꼼수였기에 이런 말로 설득하면서도 마음은 편치 않았다.

항공 협정 회의를 위한 밴쿠버 출장에서 하나님이 기뻐하시는 결론이 나게 해 달라고 신우회에 기도를 부탁했다. 그러나 공급 동결은 시장의 소리를 외면하는 것이고 공급 증대는 경쟁사의 진입을 허락하는 것이었다. 기도하면서도 뾰족한 답이 보이지 않았다. 밴쿠버의 아름다운 경치는 하나도 눈에 들어오지 않았다. 마음은 걱정으로 가득한 채 회담장에 들어갔다. 그런데 회담이 시작되자마자 캐나다 항공청장이 충격적인 말을 했다.

"한국과 캐나다 노선에서 항공 자유화를 합시다."

아무도 예상하지 못했던 제안이었다. 원칙적으로 모든 국가와 항공 자유화를 추진하려던 우리나라 국토부의 항공국장은 환영한다는 입장을 표명했다. 회의는 순식간에 끝나고 말았다.

항공 자유화 대신 단순히 운항 횟수를 증편하면 노선은 국내 경쟁사에게도 배분된다. 노선권을 유지하려면 승객이 있든 없든 무조건 의무적으로 운항해야 한다. 그러나 항공 자유화가 되면 노선권 유지 부담이 없어진다. 수요와 수지를 감안해 자율적으로 운항하기에 신규 항공사가 굳이 억지로 운항할 필요가 없어지는 것이다. 따라서 항공 자유화는 시장의 요구를 반영하는 동시에 항공사에도 자율을 제공하는 '신의 한 수' 같은 거였다. 지금도 이해할 수 없는 건 캐나다 항공청장과 사전 미팅에서도 전혀 거론되지 않았던 항공 자유화 옵션을 그가 도대체 어떤 연유로 제안하게 되었는가 하는 것이다. 생각지도 않았던 항공 자유화 결론은 하나님이 기뻐하시는 결과를 달라고 간구한 기도의 응답이었고 하나님의 선물이었다.

그날의 항공 자유화 이후 10여 년이 지났지만 한-캐나다 노선에는 여전히 에어캐나다와 대한항공만 운항하고 다른 항공사는 운항하지 않고 있다. 더 이상 공급 증대에 대한 시장의 압박이나 요구도 없다. 양국 항공사 공히 어떤 피해도 보지 않고 시장 수요에 맞는 운항 횟수를 유지하고 있다. 하나님은 그렇게 기도에 응답하셔서 시장과 항공사 모두에게 유익한 결론을 도출해주셨다.

하나님은 우리의 기도에 귀를 기울이신다. 때로 응답하지 않는 것 같고 매몰차게 거절하시는 것 같아 실망하거나 포기하곤 한다. 그러나 변함없으시고 성실하신 하나님은 우리가 기도할 때 반드시 응답하신다. 때로는 우리가 기도한 것과 다른 것으로 응답하기도 하신다. 그런 사실까지 기억한다면 응답이 더디거나 거절되었다고 느껴질 때는 오히려 기대가 된다. '이번엔 도대체 어떤 방식과 내용으로 응답하실까?' 하는 새로운 소망을 가질 수 있기 때문이다. 이것은 그리스도인이 일터에서 일터를 위해 기도해야 할 또 다른 이유 중 하나이다.

● 일터나눔 _6장

① 업무수첩에 해결되지 않고 꼬이기만 하는 문제들을 기록하면서 하나씩 하나님께 올려드리며 기도하자. 지난 주간 하나님께 그렇게 기도하여 해결되어 응답 받은 것이 있다면 나눠보고, 아직도 해결되지 않은 문제들을 서로 나누고 함께 기도하자.

② 급박하게 돌아가는 상황에서는 무릎 꿇고 손 모으고 기도할 여유가 없다. 간구나 감사의 기도를 한마디로 기도해보자. "하나님!"이라고 부르짖을 수 있고 때로는 "주님, 감사합니다"라고 짧게 단숨에 기도할 수 있다. 그리고 하나님께서 어떻게 역사하시는지 기대해보자.

③ 일터에서 드리는 기도에 예상치 못한 방법이나 해결책으로 응답받은 체험을 나눠보자. 또는 하나님께서 최근 나에게 계속적으로 요구하시는 행동의 변화가 무엇인지 생각해보자.

── 일터의 모든 문제를 기도제목 삼는다

일터에서 소중한
복의 통로가 된다

잦은 사고로 인해 회사가 상당히 어려운 적이 있었다. 도대체 뭐가 문제인지, 어디서부터 손을 대야 할지 몰라 회사 전체가 허둥지둥하던 때였다. 그때 하나님께서 신우회에 주신 말씀이 바로 사도행전 27장 말씀이었다.

바울이 탔던 로마행 선박이 지중해에서 유라굴로라는 광풍을 만나게 된다. 여러 날 동안 해도 별도 보이지 않고 큰 풍랑이 그치지 않아 구원의 여망마저 없었다. 그럴 때 바울은 탑승한 선원과 죄수들에게 안심하라고 말했다. 아무도 생명에 손상이 없을 것이라고 위로하고 격려했다. 바울이 객기로 한 말이 아니었다. 하나님의 사자가 바울에게 나타나 "두려워하지 말라 네가 가이사 앞에 서야 하겠고 또 하나님께서 너와 함께 항해하는 자를 다 네게 주셨다"(행 27:24-25)라고 말씀하셨다. 바울은 자신에게 하신 말씀대로 되리라고 하나님을 믿었기에 그들에게 자신 있게 말할 수 있었던 것이다.

폭풍 속에서 안전한 이유

유라굴로 폭풍 속에서도 로마행 선박이 안전한 이유는 다름 아닌 바울이 그 배에 탔기 때문이었다. 바울이 로마 황제에게 가서 재판 받으려면 생존해야 한다. 바울이 살아남으려면 그가 탄 배가 안전해야 한다. 그래서 바울이 탄 배가 안전했다는 말씀이 우리에게 확신을 주었다. 하나님께서 유라굴로 폭풍 같은 환난 중에도 바울을 위해 배를 지켜주셨던 것처럼, 우리 회사도 곤란에 빠졌을 때 신우회라는 하나님의 자녀들을 보시고 지켜주실 거라 믿은 것이다.

신우회는 그런 확신을 품고 회사의 안전 운항과 회복을 위해 기도했다. 주님의 자녀들이 강당에 모여 예배를 드리면서 뻔뻔하리만큼 확신을 가지고 기도했다. 하나님이 우리로 인해, 우리를 봐서라도 회사를 안전하게 지켜달라고 눈물로 기도했다. 기도의 응답으로 회사의 안전 운항 체제는 밑바닥부터 완전히 새롭게 개혁되었다. 그 후 대한항공은 큰 사고 없이 안전한 항공사로 우뚝 서 지금까지 안전 운항을 계속하고 있다.

모든 상황은 보는 사람의 안목과 기준에 따라 다르게 해석된다. 회사의 안전 운항 체제 구축은 각 분야의 개선과 노력으로 인한 것이라고 말할 수 있지만, 하나님께 눈물로 기도한 신우회원들의 간절한 기도에 응답하신 하나님의 값비싼 선물이라고 확신한다.

나는 소돔과 고모라의 멸망을 앞두고 간절하게 하나님께 매달린 아브라함의 기도가 바로 일터에서 우리가 드려야 할 기도라고 생각한다. 나라가 위태로운 상황이 될 때 복음을 들고 온 세상으로 선교하러 나가야 할 성도가 있기에 우리나라를 지켜주시고 보호해주실 것이라고 믿고 기도하는 것과 마찬가지 원리다. 그리스도인은 그런 확신을 가지고 나라를 위해 기도한다. 그러므로 일터의 부흥과 회복과 성장을 위한 기도 역시 그곳에서 일하는 믿음의 일꾼이 기도해야 할 중요한 기도제목이다. '나는 이 직장에서 월급만 받으면 되고, 일터가 망하면 다른 일자리 찾으면 된다'라고 생각한다면 어떻게 그리스도인이라고 말할 수 있는가? 사장이 구두쇠이고 상사가 마음에 들지 않는다 할지라도, 그리스도인은 지금의 일터에 부르셔서 일하게 하신 하나님의 섭리와 인도를 믿고 확신하며 그 일터를 위해 기도해야 한다. 이것이 일터사역자의 기본 모습이다.

크리스천 직장인의 높은 가성비

다니엘서를 보면 다니엘이 꿈을 해몽하라는 느부갓네살 왕의 엄한 지시를 받아 들고 집으로 돌아와 세 친구들과 기도했다는 기록이 나온다. 다니엘은 낮에는 일터에서 맡은 업무를 담당하다가 집으로 돌아가서는 해결되지 않은 업무를 위해 하나님의 도움을 구하며 기도했던 것이다.

시편을 보면 다윗의 다양한 기도를 볼 수 있다. 망명지에서 도망치다가, 전투현장에서 싸우다가, 때로는 궁궐에서 업무를 보다가 풀리지 않거나 고민거리가 생기면 새벽 일찍 일어나 하나님께 도와달라고 매달린 기도가 한둘이 아니다. 다윗도 낮에는 일하고 새벽에 일어나 고민되는 일들을 놓고 간절히 기도했던 것이다.

느헤미야도 한 손에는 창을, 다른 손에는 벽돌을 들고 성곽을 건축하면서도 끊임없이 업무를 위해 기도했다. 아마도 건축을 방해하는 산발랏과 도비야의 위협을 물리쳐달라고 기도했을 것이다.

명지대학교 사무처장이 된 지 1년 후에 법인 사무국장까지 맡았다. 학교 업무가 아직 익숙하지도 않은 상태에서 법인 업무까지 맡으려니 몹시 벅찼다. 상당히 복잡하게 꼬여 있는 업무를 해결할 유일한 방법은 기도밖에 없었다. 법인 사무실에서 매주 1회 아침 기도모임을 시작했다. 직원들과 함께 기도하면서 해결될 것 같지 않았던 일들이 조금씩 해결되어가는 것을 체험할 수 있었다.

그러고 보면 그리스도인은 낮에도 일하고 밤에도 일한다. 낮에는 하나님께서 주신 힘과 지혜로 일한다. 밤이 되면 해결되지 않아 고민되는 일들을 하나님께서 직접 처리하시기를 간구하며 기도로 일한다. 그러면 하나님께서 일하신다. 낮에는 내가 하나님의 도우심을 받아 일하고 밤과 새벽엔 하나님이 일하시니 그리스도인의 업무 가성비는 엄청나게 높아지는 셈이다. 게다가 하나님의 업무 처리 능력과 속도는 상상을 초월할 정도 아니신가! 그러니 일터에서 그리스도인의 경쟁력은 사실상 타의 추종을 불허한다.

이렇게 보면 회사와 업무를 위해 기도하는 그리스도인 직원과 신우회를 가진 회사는 정말 복 받은 회사이다. 그 직원들이 낮에도 성실하게 일하고 저녁에도 회사를 위해 일(기도)하기 때문이다. 아직 하나님을 모르는 사장님과 상사들께서 이 사실을 알아주시면 얼마나 좋을까? 그 분들은 복덩이를 품고 계신 셈인데….

　하긴 그리스도인은 일터에서 복덩이답게 사는 것이 더 중요하다. 그렇게 되려면 먼저 기도하는 사람이 되어야 한다. 일이 아무리 힘들어도 일터를 위해 기도하는 일터사역자가 되는 것이다.

나의 도움이 어디서 오나

일이 많아 끙끙대며 밤늦게까지 사무실 불을 밝히며 야근할 때가 많을 것이다. 그런 야근이 월화수목금금금 계속 되어 다음날 퇴근하는 게 일상화되기도 한다. 이때 하나님께 나의 답답한 마음과 고된 육체의 피곤과 아픔을 호소할 수 있다.

　이정규 목사는 일터의 고통 가운데서도 하나님을 신뢰하는 시편기자들의 탄식시(lament)처럼 하나님께 고자질하면서 위로 받기를 바라자며 이렇게 얘기한다.[16]

　"오늘 회사에서 억울한 일을 겪어도, 사장이나 상사만 원망할 수도 없는 구조적인 악 속에서 밥 먹듯 야근하면서 보상받지 못해도, 하나님의 영광을 위해 살아야 하기 때문에 결국 세상 속에서 손해를 보아야 하는 모든 그리스도인은 하나님께 자신의 사정을 토로하면서 위로를 받아야 합니다. 그럴 때마다 우리는 성경이 약속하는 하나님의 인정, 즉 하나님께서 이 모든 사실을 알고 계시며, 인내하는 자에게 결국 선을 베풀어 갚아 주시리라는 사실을 붙들고 안식을 누릴 수 있습니다."

　그리스도인은 일터에서 하나님께 탄식하고 심지어 고자질해도 된다. 사람에게 하는 것이 아니라 하나님께 하는 것이니 괜찮다. 그러면 위로받고 안식을 누릴 수 있다.

낮에는 집중해서 기도하기 쉽지 않다. 그러니 때로는 하나님께서 직접 일하시도록 간구하는 기도야근도 중요하다. 일터의 모든 문제들과 처한 상황들을 하나님께 그대로 올려드리면서, 하나님께 도와달라고 기도해보자.

> [1]내가 산을 향하여 눈을 들리라 나의 도움이 어디서 올까 [2]나의 도움은 천지를 지으신 여호와에게서로다 _시 121:1,2

시편기자의 기도처럼, 이러지도 저러지도 못하는 상황 속에서 실마리가 보이지도 않는 업무를 대할 때마다, 천지를 지으신 전지전능하신 하나님께 도움을 구하자. 기도는 그리스도인이 자기 일터를 위해 할 수 있는 최선의 일이며 최고의 축복이다.

● 일터나눔 _7장

① 시편의 많은 글들이 하나님께 고자질하고 푸념하는 비탄의 글이다. 쓸데없어 보이는 야근과 끊임없는 주말 근무로 힘이 들고 고객과 거래처의 불합리한 요구로 심신이 지칠 때. 하나님께 드리는 탄원시를 써보고 크게 소리 내어 읽어보자.

② 하나님은 아브라함을 세상의 복의 통로가 되도록 부르셨다(창 12:2). 우리도 각자의 일터에서 복의 통로라는 자부심과 사명감을 가지고서 변화되어야 할 영역과 태도에 대해 나눠보자.

3부

일터에서
소금이 되고
빛을 내려면

정체성과
융화와 영향력의
트라이앵글

일터에서 일터사역자로 살아가려 할 때 나를 내적으로 혼동하게 만든 것이 고질적인 이원론적 사고방식이었다면, 외적으로 괴롭히고 힘들게 한 건 세속 문화였다. 모태부터 교회를 다녔고 대학부라는 안전한 울타리 속에서 신앙 훈련을 받았지만, 막상 세상에 나와 보니 불어오는 세속 문화의 바람은 예상보다 차고 강했다. 지레 겁을 먹고 세상 일터는 내가 있을 곳이 아니라고 생각했던 것 같다. 그래서 처음 직장 생활을 할 때는 성도교회 대학부 선배가 설립했고 당시에는 대학부 선배들이 다수 일하고 있던 이랜드를 부러워하곤 했다. 하지만 하나님은 내가 좀 힘들더라도 하나님이 보내주신 일터에서 좌충우돌하면서 일터사역을 실험하게 하셨다. 실패하고 넘어질 때가 많았지만, 그랬던 만큼 많은 것을 배울 수 있었다.

세속 문화 속에서 조화롭게 살아가기

모든 일터는 그 일터의 사장이 그리스도인인지 여부와 상관없이, 이른바 기독교 직장이냐 아니냐에 관계없이 어차피 세속이다. 그리스도인만으로 구성된 회사라 해도 세상을 상대하지 않을 수 없고, 경영자가 그리스도인인 회사라 해도 믿지 않는 직원이 더 많을 수 있기 때문이다. 따라서 일터에서 가장 먼저 고민해야 할 것은 그리스도인으로서 '정체성'(正體性 identity)을 나타내는 문제이다. 자신이 그리스도인이라는 사실을 드러내고 그리스도인답게 사는 것 자체가 어디서든 쉽지 않기 때문이다. 다음 문제는 믿지 않는 사람들과 잘 어울리는 '융화'(融和 harmony)이다. 쉬운 말로, 믿지 않는 사람들하고도 좋은 관계를 맺는 것이다. 세상에서 그리스도인의 정체성을 지킬 뿐 아니라 모든 사람들과 융화해야 하기 때문이다. 그 결과로 그리스도인으로서 좋은 영향력(影響力 influence)을 끼치며 살 수 있게 된다. 이 세 가지를 수식처럼 요약하면 이렇게 된다.

정체성 + 융화 = 영향력.

어쩌면 요즘 한국 사회에서 기독교가 욕을 먹는 이유는 사실 이 세 가지 문제에서 우리가 제대로 답하며 살아가지 못하기 때문인지도 모른다.

내가 오랜 기간 세속 문화 속에서 그리스도인으로서 살아가려고 발버둥 치며 싸우고 견디는 가운데 하나님께서 가르쳐주신 원칙

──── 정체성과 융화와 영향력의 트라이앵글

이 바로 위의 세 가지 키워드로 구성한 I.H.I.다. 정체성(identity), 융화(harmony), 영향력(influence)의 영어 단어 첫 글자를 모은 것이다. 이 세 가지 키워드를 우리는 모두 붙잡아야 한다.

첫째, 정체성을 드러내라

먼저 붙잡아야 할 첫 번째 키워드는 정체성이다.

다니엘은 바벨론 포로로 잡혀가서도 뜻을 정하고 왕의 음식과 그가 마시는 포도주로 자기를 더럽히지 않겠다고 결심한다(단 1:8). 포로는 점령국에서 하라는 대로 해야 하는 존재이므로 민족성이든 종교든 자신의 정체성을 견지하기란 거의 불가능하다. 그러나 다니엘은 우상에게 드려진 제물에 입도 대지 않기로 마음 먹은 것이다.

원용일 목사는 다니엘의 정체성을 세 가지로 설명한다.[17] 첫째로 용기 있게 결단하는 사람, 둘째로 의무는 다하고 권리는 포기하는 사람, 셋째로 포로의식에 젖지 말고 프로의식을 가지고 창의성을 발휘하는 사람이다.

다니엘이 살아야 했던 바벨론에서의 포로생활이 사탄이 다스리는 세상 일터 속에서 그리스도인으로서 살아야 하는 현대의 우리 상황과 유사해 보인다. 세상을 두려워할 것인가, 하나님을 더 경외할 것인가 결단해야 하는 상황에서, 하나님을 선택하는 것은 상당히 부담스러운 일이다. 내 신앙의 정체성을 위해 일터의 요구를 거절하고 권리나 이익을 포기하려면 용기가 필요하다. 회식 자리에서 술을 안 마시는 것은 상당히 용기가 필요하다. 야근과 특근이 많은 일터에서 성수주일을 고수하는 것도 쉽지 않다. 그래서 식사기도 같은 사소하지만 기본적인 행동이 정체성을 나타낼 수 있는 중요한 첫걸음이다. 초대교회

——— 일터에서 소금이 되고 빛을 내려면

시절에 물고기 그림으로 자신의 신앙을 표시했던 것처럼 일터에서 식사기도를 하는 것은 신앙을 외적으로 고백하는 방법이다. 그런 신앙적 행동마저 감춘다면 다른 일은 엄두조차 내기 어렵다.

겉으로 나타나는 외적 정체성만 고수해서도 안 된다. 때로는 그리스도인답게 권리를 포기하고 다른 사람을 섬기는 내적 정체성이 더 중요하다. 거짓과 술수가 판치는 세상에서 정결하고 정직하게 사는 모습도 병행되어야 한다. 다니엘과 세 친구는 맛있는 고기라는 제사 음식을 포기했다. 그러면서도 영양 결핍을 걱정하는 환관장에게 열흘간의 채식 후에도 건강한 외모를 유지하는 실험을 하자는 창의적 대안을 예의 바르게 제시했다.

외적이든 내적이든 정체성만 계속 고집하면 왕따가 되기 쉽다. 교회 다니는 것은 알겠는데, 너무 뜨겁고 거룩하기만 해서 주위 사람이 접근하기 어렵고 가까이 가기 싫어진다면 그 또한 문제다. 왕따를 '왕되신 하나님을 따르는 사람들'이라고 자위하면서 외롭게 일터를 지킬 수도 있겠지만, 그렇게 되면 예수님이 마태복음 5장 16절에서 말씀하신 것처럼 세상에서 선한 영향력을 끼칠 기회는 사라지고 만다.

둘째, 융화해야 한다

그래서 붙잡아야 할 두 번째 키워드는 융화다. 조화 또는 화목이라고 말할 수 있다. 바울 사도는 로마서 12장 18절에서 "할 수 있거든 너희로서는 모든 사람과 더불어 화목하라"고 권면한다. 예수님은 요한복음 17장에 나오는 대제사장적 기도에서도 "내가 비옵는 것은 그들을 세상에서 데려가시기를 위함이 아니요 다만 악에 빠지지 않게 보전하시기를 위함이니이다"라고 하셨다.

우리는 세상에서 떠나거나 고립될 것이 아니라 보전되고 융화되어야 한다. 아프리카 선교지에 파송 받은 선교사가 원주민들이 모닥불 주위를 돌며 춤추며 노래할 때, 멀찌감치 떨어져 그들을 못마땅한 듯 바라보고 통성으로 기도한다면 선교는 어떻게 할까? 오히려 그 축제에 함께 하며 같이 먹고 즐거워하면서 그들 속에 들어가야 되지 않을까? 그래야 그들과 친해지고 그들에게 하나님의 사랑과 복음을 전할 수 있기 때문이다. 그런 것처럼 우리도 세상문화 한 가운데서 동료들과 친해지고, 화목하고 융화해야 한다.

술은 마시지 않지만 술자리에 같이 가고, 노래방에선 넥타이를 머리에 두르고 탬버린 쳐가면서 함께 시간을 보내야 한다(나는 이걸 '탬버린 사역'이라고 말한다). 일에 지친 동료들이 담배 피우러 옥상 올라갈 때 믹스커피를 탄 종이컵이라도 들고 같이 올라가 그들과 대화를 나눠야 한다. 그렇게 일터의 상사, 동료, 후배들과 가까워져야 한다.

그러나 정체성 없이 융화에만 몰입하면 자연스럽게 세속화되는 위험에 빠질 수 있다. 교회 청년부 시절에 리더까지 했던 형제가 직장에 들어가 융화라는 키워드에만 힘을 싣다 보니 결국 세속화돼버려 교회도 잘 출석하지 않는 경우를 본 적이 있다. 그러기에 반드시 정체성이 우선된 다음에 융화가 수반되어야 한다. 융화 없는 정체성은 왕따가 되고 정체성 없는 융화는 세속화가 된다는 사실을 잊지 말아야 한다. 정체성과 융화에 균형을 잡을 때, 비로소 마지막으로 붙잡아야 할 세 번째 키워드인 영향력이 나타날 수 있기 때문이다.

셋째, 영향력의 빛을 비추어라

우리가 정체성을 가지고 사람들 속에 들어가 융화할 때 그들의 마

IDENTITY IN HARMONY
동료들은 술잔, 나는 콜라 사이다. 그래도 다 같이 위하여!

음을 읽게 된다. 사람들의 마음을 읽는 독해력(Readership)이 쌓이면 지도력(Leadership)이 생긴다. 영향력이 발휘되는 것이다.

하나님이 원하시는 것은 세상에서 나 혼자 깨끗하고 거룩하고 고고하게 사는 것이 아니다. 세상 속으로 들어가 어두운 곳에 빛을 비추는 지도력을 확보하는 것이다. 그것이 선한 영향력이다. 그런데 많은 그리스도인이 마치 전자상가 전구가게의 램프처럼 영향력 없는 신앙 생활을 하고 있는 건 아닐까? 램프들이 낮에는 경쟁하듯 아름다운 빛을 내며 서로를 눈부시게 하지만 밤이 되어 인적이 드물게 되면 불을 끄고 어두워지는 것처럼, 그리스도인끼리 교회 내에서는 빛의 향연을 펼치다 세상에 나갈 때가 되면 전기 스위치를 빼버리는 것이다. 썩어가는 세상에서 소금의 역할을 하라고 하셨는데, 그저 소금끼리만 모

—— 정체성과 융화와 영향력의 트라이앵글

여 쌓이고 또 쌓여 있는 것이 우리 교회 모습은 아닌지 돌아볼 필요가 있다. 교회 안에 소금만 쌓이는 게 아니라, 소금 때문에 교회가 배추 겉절이처럼 절여져 숨마저 죽어버린 건 아닌지 모르겠다.

　세속 문화가 가득한 일터에는 괜찮은 그리스도인이 필요하다. 정체성을 붙들고 융화하는 일터사역자가 있어야 하는 것이다. 그런 그리스도인이 있으면 영향력은 반드시 나타난다. 믿지 않는 사람의 눈으로 우리를 볼 때 '나도 한번 저렇게 살아보고 싶다'고 할 만한 기독교인으로 자리매김하게 된다면 복음 전파의 기회는 쉽게 열릴 것이다. 친밀한 관계를 기반으로 좋은 대인관계가 이루어지면 덤으로 비즈니스에도 탁월한 성과를 이루게 된다. 1차, 2차로 이어지는 술자리에서조차 복음이 전파되고 그리스도의 사랑이 스며들 수 있다.

　정체성과 융화와 영향력은 수식 같기도 하지만 삼각형(트라이앵글)처럼 연결돼 있기도 하다. 영향력은 정체성과 융화를 통해 나타나지만, 영향력을 끼칠 수 있게 되면 정체성과 융화를 유지하고 발전하기가 훨씬 수월해진다. 다음 장부터 정체성, 융화, 영향력의 실제에 대해 좀더 구체적으로 나눠보자.

● 일터나눔 _8장

① 회식자리에서 술을 안 마시는 것은 크리스찬의 정체성을 나타낼 수 있는 일 중 한 가지 방법이다. 이외에도 일터의 세속문화 속에서 내가 크리스천임을 드러낼 수 있는 것들을 생각해보고 나눠보자.

② 내가 일터에서 가장 두려워하고 의지하는 것은 무엇인가? 업적평가? 대인관계? 상사와의 관계? 왕따? 실직? 진급누락? 의지하는 것들이 사라질까 두렵다면 그 염려를 모두 하나님께 올려드리자. 일터에서 크리스천임을 담대히 고백하고 선포할 방법에 대해서도 얘기해보자.

정체성의 용기는
믿음에서 나온다

"그리스도인이 술을 마셔도 되나
요?"

일터사역 세미나에서 가끔 듣는 질문이다. "술 취하지 말라 이는 방
탕한 것이니 오직 성령의 충만을 받으라"는 에베소서 말씀과 물로 포
도주를 만드신 예수님의 첫 이적을 내세우면서 갑론을박하기도 한다.
디모데에게 건강을 위해 포도주를 쓰라고 했던 바울 사도의 권면도
논쟁에 등장한다.

나는 개인적으로 술을 안 마시기로 작정했고 마시지 않는다. 하지
만 음주 문제로 누구를 판단하거나 비판하고 싶지는 않다. 적어도 내
게는 금주가 그리스도인의 정체성을 나타내는 중요한 상징이었다. 지

금까지 그렇게 살아왔을 뿐이다. 그래서 내가 회사에 처음 발을 디뎠을 때 가장 힘들었던 것은 고된 업무도 고압적인 상사도 아니었다. 회식이라는 명목의 술자리였다.

술자리의 대표기도

회식에 참석한 상사들은 안 마시겠다는 술을 꼭 먹여야겠다는 사명을 띠고 이 땅에 태어난 사람 같았다. 술자리에서 회식 분위기를 깨뜨린다는 핀잔을 들을 때 몹시 힘들었다. 술을 못 먹는다는 이유로 비웃음을 받는 것도 참기 어려웠다. 교회 다니기에 술 안 마신다고 대답하면 "내 친구가 장로인데 술 잘 마시더라"라는 둥, "나도 교회 다니는데 술은 죄가 아니다"라는 둥 회유 방법도 다양했다. "술 안 마시고 어떻게 사회생활 하겠니? 그렇게 유달리 튀면 조직생활하기 어려워" 같은 협박까지 받았다. 그래도 회식은 근무의 연속이라는 명제 하에 회식 자리는 꼬박꼬박 참가하며 시련과 극복 사이에서 술자리를 견뎌내고 있었다. 그러던 어느 날, 또 회식이 있었다. 모두 술을 따르고 팀장의 첫 건배사를 기다리고 있을 때였다. 갑자기 팀장이 내게 말했다.

"오늘 기분도 꿀꿀한데, 기도 한번 하고 회식하자. 방선오, 기도해!"

'엥?!'

생각지도 않은 팀장의 갑작스럽고 엉뚱한 지시에 깜짝 놀라 맥주와 색깔을 맞추려고 콜라와 사이다를 섞어놓은 유리잔을 놓칠 뻔 했다. 이런 회식 자리에서 기도라니! 몇 번 고사했지만 불신자인 팀장의 간곡한(?) 부탁이 이어졌다. 그날 팀장 기분이 좀 우울했던 모양이었다. 할 수 없이 내가 회식 기도를 드리고 난 다음에야 팀장이 건배를 제안

——일터에서 소금이 되고 빛을 내려면

했고 회식이 시작되었다. 그날 내가 한 기도를 녹음했다면 참 좋았을 텐데 스마트폰이 없던 시절이라 아쉽기만 하다. 방선오는 그렇게 술 안 마시는 그리스도인으로 낙인찍혔던 거다. 회식에서 대표기도를 하고 나서 하나님께 감사 기도를 드렸다.

"예수 믿는 사람으로 잘 찍히게 해주셔서 감사합니다."

회식 자리에서 술 안 마셔도 되는 직원으로 인정받았고, 회식 자리에서조차 기도할 수 있는 사람으로 인정받은 것이 감사했다.

임원 시절 어느 날, 평소 친한 팀장이 나를 찾아와 흥미로운 이야기를 들려주었다. 자기 팀에 이상한 팀원이 한 명 들어왔다는 이야기였다. 팀 회식을 할 때 그에게 술을 권했더니 받지 않더라는 것이다. 교회는 다니지만 술은 곧잘 받아 마시던 친구였는데 그날따라 술을 마다하기에 왜 그러냐고 물었단다. 그러자 "개종했습니다"라는 대답이 돌아왔다고 한다.

"아니, 너 원래 교회 다니잖아. 무슨 종교로 개종했는데?"

대답이 이랬다고 한다.

"네, 술 마시는 기독교인에서 안 마시는 기독교인으로 개종했습니다. 오늘부터 술 안 마시려고 하는데, 팀장님이 좀 도와주십시오."

팀장은 불신자였지만, 그 팀원의 멋진 말에 감동 받아 더 이상 술을 권하지 않았다고 했다. 그리고 회사에서 신우회 리더로 알려진 내게 달려와 그 이야기를 전한 것이었다. 나는 그가 참 멋진 고백을 했다고 생각했다. 술자리의 분위기를 깨지 않으면서도 자기 신앙의 정체성을 드러낸 지혜로운 고백에 박수를 보냈다.

한두 번 거절하는 해프닝으로 술자리의 문제가 모두 해결되는 것은 아니다. 술자리는 항상 부담스럽고 난해하다. 술 문제는 계속 고민거리요 장애물일 것이다. 그러나 내가 하나님을 두려워하는 자로서 정체성을 고수할 때, 하나님은 내 노력을 기쁘게 받아 주시고 다양한 방법으로 지키시고 인도하신다.

무엇에 의존하고 있는가?

어찌 생각하면 회식 자리에서 더 중요하고 어려운 문제는 술이 아니라 인간관계인지도 모른다. 상사와 동료와의 관계를 원만하게 유지하려는 것이 회식의 목적이니 말이다. 일터에서 그리스도인으로서 정체성을 드러내려 할 때 술과 담배 같은 것 못지않게 사람과의 관계, 특히 윗사람과의 관계를 어떻게 하느냐가 더 심각한 문제일 수 있다. 회식 자리의 술도 사람을 의식해 거절 못하는 경우가 어쩌면 더 많을 것이다.

사실 일터에서 우리를 가장 힘들게 하는 문제는 사람과의 관계다. 특히 윗사람과의 관계는 쉽지 않다. 상사와 관계가 틀어지면 모든 것이 힘들게 된다. 그만큼 윗사람의 영향력은 크다. 그러기에 상사에게 잘 보이려 애쓰고 좋은 관계를 맺어 우수한 평가를 받으려는 노력은 당연한 것이다. 손금이 지워질 만큼 아부하거나, 상사의 일거수일투족에 온 촉각을 곤두세우고 상사 눈에 들 만한 일에 몰두하기도 한다. 자신만의 끈과 줄과 빽을 구축하려는 것이다. 그걸 나무랄 수는 없다.

상사와 좋은 관계를 유지하려는 자세는 바람직하다. 하지만 거기에 매달리고 의존하는 순간 인간관계는 우상이 되어버리고 만다. 교회에서 입으로는 하나님이 주님이라고 고백하지만, 실제 일터에서는 사람이라는 빽과 줄이 주님이 되는 것이다.

그리스도인의 정체성은 무엇을 하느냐 하지 않느냐에서 우선 드러난다. 그 정체성은 무엇을 두려워하며 무엇에 의존하는가에 따라 더 확실히 드러나게 마련이다. 내가 누구를 삶의 우선순위에 두는가? 하나님을 최우선순위로 생각하는가? 아니면 세상의 줄과 빽을 더 우선하는가? 무엇에 의존하고 매달리는지에 따라 그리스도인으로서 정체성 유무는 결정되고 확인된다.

내가 교육팀장을 맡고 있을 때 모시던 부사장님은 회사 내에서 실세로 통하던 분이었다. 그 분에게 잘 보인 사람들은 승승장구하고 있었기에 모두들 실세 부사장의 생각과 뜻이 무엇인지 촉각을 곤두세울 수밖에 없었다. 같이 점심식사 하는 자리에 부름 받아 가는 것조차 뿌듯하게 생각했다. 나 역시 임원 승진을 앞두고 있을 때여서 그 분에게 잘 보이긴 해야겠는데, 별로 친하지 않아 걱정이었다. 원래 손을 비비거나 아부하는 데 달란트가 없어 겉으로는 안달하지 않았지만, 마음속으로는 뭘 해서라도 잘 보여 연말 인사 발령에 좋은 소식이 있기를 바랐다.

하나님은 그 부사장님께 의지하려는 나의 마음을 꿰뚫어 보셨다. 어느 날 아침 큐티에서 부사장님께 복음을 전하라는 말씀을 주셨다. 인간적으로 잘 보여야 하는 부사장님께 난데없이 복음을 전하라고 하시니 참으로 난처했다. 왜냐하면 부사장님은 청년시절에는 신앙생활을 열심히 했으나 지금은 교회와 담을 쌓고 살면서 기독교에 비판적인 시각을 가진 분이었기 때문이다. 신앙에 대한 얘기를 잘못 꺼내면 그나마 갖고 있던 그 분과의 얄팍한 관계마저 흔들릴 것 같았다.

몇 개월 지나면 임원 승진 발표인데, 굳이 지금 들어가서 복음을 전해야 할까? 조금 더 기다렸다가 하면 안 될까? 몇날 며칠을 고민하고 또 고민했다. 결국 결단했다. 내가 쓴 책을 포함해 몇 권의 기독교서적을 사 들고 부사장님 방에 들어갔다. 업무 보고를 할 일도 별로 없었기에 그냥 책 선물 좀 드리러 왔다고 하면서, 다시 교회 다니시면 좋겠다고 권면했다. 다행히 부사장님은 좋다 싫다 내색 없이 무표정하게 내 선물을 받으셨다.

부사장님이라는 사람의 줄에 매달리기보다 하나님이 하라고 하신 대로 순종했다는 생각에 마음은 후련했다. 하지만 괜한(?) 짓으로 연말 승진은 물 건너간 게 아닌가 하는 생각도 들어 찜찜했다.

그 해 말, 나는 임원으로 승진했다. 얼마 후 실세였던 부사장님은 어떤 문제로 갑작스레 회사를 사임하게 되었다. 이런 일련의 과정을 통해 모든 인사 발령의 권한은 사람이 아니라 하나님이 갖고 계심을 내게 보여주셨다. 몇 년 후 그 부사장님이 급성 심근경색으로 별세하셨다는 소식을 들었을 때, 하나님이 왜 나에게 복음을 전하라고 하셨는지 알게 되었다. '내가 좀 더 간절하게 복음을 전했다면 어땠을까?' 하는 안타까운 마음이 들었다. 동시에, 유한한 사람의 빽이 아니라 영원한 하나님 빽을 믿고 살아야 함을 다시 확실히 깨닫게 되었다.

우리는 일터에서 사람들과 좋은 관계를 맺어야 한다. 특히 윗사람을 대할 때는 주님께 하듯 깍듯하게 존경심을 갖고 대해야 한다. 그런 좋은 관계는 일터사역을 하는 데 귀중한 밑거름이 된다. 그러나 관계성에만 매달리면, 다시 말해 사람의 줄과 빽에 연연해 윗사람이 하나님 자리를 대체하는 순간, 관계는 위험한 우상이 되고 만다. 그러므로 상사를 바라볼 때는 그 뒤에 계신 하나님을 보아야 한다. 우리가 바라보아야 할 분은 오직 한 분, 나의 인생의 주인 되신 예수 그리스도뿐이시다. 이런 태도가 그리스도인이 붙들어야 할 정체성의 한 측면이다.

세상에서 그리스도인으로서 정체성을 지키고 드러내는 데 걸림돌이 되는 일이 어디 주초 문제나 대인관계뿐이겠는가? 한두 가지가 아니다. 세상에 흔한 비기독교적인 관행과 전통은 기독교적 정체성을 지키려는 그리스도인에게 지뢰밭이나 다름없다. 그래서 우리는 종종 관행이라는 이름으로 자행되고 있는 불합리한 행동과 절차, 그리고 전통이라는 말로 미화되는 비상식적인 상황들을 대할 때 고민하게 된다. 더구나 그런 행위가 내게 맡겨진 업무에 포함되거나 지시사항이라면 정말 심각해진다. 그리스도인으로서 그런 상황을 어떻게 대처해 나갈 것인가? "마음에 거리끼면 하지 않으면 될 거 아니냐?"라고 조언할 수 있지만, 일터의 상황은 그리 간단하지도 호락호락하지도 않다. 그러기에 매순간 하나님께 기도하면서 하나님의 지혜와 도우심을 구해야 한다.

일터에서 정체성을 지키기가 곤란해지는 장벽은 관행과 전통 말고도 워낙 다양하다. 그 많은 장벽 중에서 주일을 지키지 못하는 문제는 관행과 전통이라는 세상 풍조에 비하면 상대적으로 매우 일상적인 문제라고 할 수 있다.

주일에 예배드리고 안식하는 성수주일은 그리스도인의 정체성에서 기본 중의 기본이다. 하지만 주일에도 평소처럼 아침부터 저녁까지 일해야 할 경우라면 주일에 예배드리기가 쉽지 않다. 주5일 근무가 일반화된 지 오래이지만, 현실에는 아직 주일에 쉬지 않는 일터가 많은 탓이다. 많은 그리스도인이 일터 때문에 주일이 되어도 편한 마음으로 예배드리지 못한다.

그리스도인이 정기적으로 말씀을 보지 않고 예배조차 드리지 않으면 신앙성장이 정체되고 아예 믿음을 잃어버릴 수 있다. 정체성이 사라지는 것이다. 따라서 성수주일, 특히 주일에 잠시라도 짬을 내 예배드리는 일은 정체성 유지를 위해 결코 양보할 수 없다. 문제는 "그러면 어떻게 할 것인가?"이다. 대안이 필요하다는 말이다. 성수주일을 못하는 직장은 무조건 때려치우고 나오라고 하는 게 대안일까? 아니다. 그러면 그런 직장에 다니는 그리스도인의 생계도 문제이고, 병원, 교통기관, 콜센터, 언론사 등 주일을 지키기 곤란한 일터에는 예수 믿는 사람이 남아나지 않을 것이다. 그렇다면 어떤 대안이 필요할까? 성수주일에도 현실적이고도 신앙적인 대안, 이른바 창의적 대안이 필요하다.

원용일 목사는 그리스도인의 정체성에 대해 이야기할 때 창의적 사고방식을 강조한다.[18] 세속 문화 가운데 일할 때 격리되지 않고도 구별되면서 본질에 충실한 대안(alternative)을 제시하는 것이 중요하기 때문이다. 그것이 쌓이다 보면 세상 문화를 대체할 수 있는 대안(countermeasure)이 만들어진다고 했다.

나는 성수주일의 문제에 부딪힐 경우 갈등만 하고 있을 것이 아니라 가능한 창의적 대안을 찾음으로써 정체성을 지킬 필요가 있다고 생각한다.

주일을 지키기 위한 창의적 대안은 단순한 데서부터 찾을 수 있다. 그런 일터를 다닌다면 주일에 점심시간을 이용해 일터에서 가까운 교회를 찾아 예배드리거나 퇴근 후에 저녁예배를 드릴 수도 있다. 이것도 저것도 안 되면 혼자서 나만의 예배시간을 가지면 된다.

회사에서 주말 야유회를 간 적이 있었다. 그때 나는 관리 부서에 근무하고 있어서 행사를 준비하고 진행해야 했다. 토요일까지 모든 준비를 하고 주일 아침에라도 빠져나오려 했지만 그럴 상황이 되지 못해 안타까웠다. 주일 아침에 일찍 일어나 혼자 행사 장소인 펜션에서 약간 떨어진 시냇가를 찾아가 바위틈에 앉았다. 찬양을 드리고 기도했다. 바람에 흔들리는 나뭇잎이 서로 부딪히는 소리가 졸졸 흐르는 시냇물 소리와 어울려 하나님의 창조 솜씨를 드러내고 있었다. 그날 이른 아침, 자연 속에서 홀로 드렸던 짧은 예배는 하나님의 임재를 느끼고 체험하게 해주어 참으로 은혜로웠다. 항공사의 경우 운항과 객실 승무원 신우회는 운항하는 해외도시에서 체류할 때 예배드릴 수 있는 교회에 대한 정보를 공유하고 격려함으로써 동료들이 예배드릴 수 있는 여건을 마련하려고 노력한다. 그것마저 안 될 경우를 대비해 별도로 시간을 마련하여 신우회가 자체 예배를 드리기도 한다. 어려운 상황을 극복하고 주일예배를 드리다 보니 심령이 갈급해져 함께 부르는 찬양이 더 뜨겁고 기도소리도 높아진다.

나는 이런 여러 사례들을 보면서, 교회가 주변 지역의 직장에 주일성수를 하기 어려운 성도들이 있다면 그들이 별도로 예배드릴 수 있는 시간이나 장소를 지원하는 역할을 하면 좋겠다는 생각을 종종 했다. 주일에 등록한 교회에 출석하지 않아도 되고 성수주일을 가볍게 여겨도 된다는 말이 결코 아니다. 많은 신앙인이 성수주일을 경시하다 신앙을 잃고 마는 경우를 너무나 많이 보았다. 할 수 있으면 주일은 지켜야 한다. 하지만 그럴 수 없는 사람들을 배려하자는 뜻이다.

성수주일을 할 수 없는 직종은 선교지나 다름없다. 더 많은 믿음의 일꾼들을 훈련시켜 선교사로서 파송해야 할 중요한 영적 전투 현장이다. 이런 현장에서 창의적 대안(creative alternative)을 도출하고, 더 나아가 문화를 변화시키는 강력한 대안(powerful countermeasure)을 창조해낼 수 있다.

굴복할 것인가, 극복할 것인가?

지금은 많이 바뀌었지만, 아직도 특별한 사업을 시작하거나 새로운 기계를 도입할 때마다 고사를 드리는 직장이 제법 많다. 고사 드리는 것이 마음에 안 든다고 미신적인 직장 분위기를 성토하거나 직장을 뛰쳐나올 수 있겠는가? 세상의 관행과 전통에 해당하는 고사 드리는 시간에 믿음의 식구들이 모여 회사를 위해 기도하는 것도 창의적 대안이 될 수 있다.

한 그리스도인 부서장이 회사에서 새로운 사업을 시작할 때 돼지 머리 고사 행사를 주관하는 책임자가 되었다. 그가 신앙 양심에 부담이 되어 고민하며 기도하는 가운데 과감하게 테이프 커팅하는 의식으로 대체하고 축하 케이크의 촛불을 부는 방식으로 행사 형태를 바꾸었다고 간증했다. 간증을 듣는 입장에서는 간단하고 쉬워 보이지만, 자칫 잘못하면 불명예스럽게 사표를 던질 수밖에 없는 상황이 닥칠 수도 있었다. 당사자에게는 엄청난 결단이요 순종이므로 박수를 보내고 싶다. 독특한 사례다. 그런 창의적 대안을 통해 세속 문화 속에서 신앙의 정체성을 고수하면서도 변화를 일으킬 수 있다.

술자리 회식을 다양한 문화생활이나 봉사활동 시간으로 전환하는 시도도 바람직하다. 함께 영화나 연극을 보러갈 수도 있고 스포츠를 즐길 수도 있다. 마음이 맞으면 불우한 이웃을 위한 김장 담그기나 연탄 나르기 등 다양한 봉사활동을 같이 할 수도 있다. 그럴 때 자녀들을 초청해 봉사점수도 받게 하고 봉사하는 기쁨을 맛보게 할 수도 있다. 그러면 직원 가족끼리도 친밀한 관계를 맺을 수 있다. 실제로 대한항공신우회에서 주관하는 다양한 주말 봉사에 믿지 않는 직원도 참여하고 그들의 가족들도 함께 했다.

'남들이 다 그렇게 하는' 상황에 굴복해 그냥 남이 하는 대로 다 따라할 것인가? 아니면 그냥 때려치우고 회사를 나올 것인가? 그리스도인으로서 정체성을 지키기 어려워 고민할 때가 바로 창의적 대안이 필요한 때다. 창의적 대안을 양다리 걸치기로 오해하지 않았으면 좋겠다. 음식 문제에서 창의적 대안을 제시했던(단 1:12,13) 다니엘이 하루 세 번 기도하는 것에 대해서는 대안 없이 죽음을 선택하지 않았는가(단 6:9,10).

우리는 일터에서도 하나님과 동행하기 위해 그리스도인으로서 정체성을 지키고 나타내야 한다. 그럴 때마다 하나님께 지혜를 구해야 한다. 기도 응답으로 주시는 지혜와 판단력으로 매순간 결단하고 실천하는 훈련이 언제나 필요하다. 정체성을 유지하고 드러내며 사는 일은 간단하지 않지만, 이것은 일터사역자로서 출발에 불과한 것이다. 정체성이 없으면 융화도 없다. 그건 그저 세상과 같아지는 동화(同化)일 뿐이다.

● 일터나눔 _9장

① 크리스천의 정체성은 사람보다 하나님을 두려워하는 데서 드러난다. 일반상식이나 세상방식대로 살면 편한데 하나님을 두려워하여 세상과 다르게 생각하고 판단하고 행동할 때 크리스천의 정체성이 나타난다. 일터에서 내가 크리스천의 정체성을 드러내야 할 영역에 어떤 것들이 있는지 함께 생각해보자.

② 일터에서 미신적인 상황(고사) 등에 처하거나 비신앙적이라고 생각되는 업무를 지시 받은 적이 있는가? 그 당시 그것을 어떻게 처리했는지 나눠보고, 크리스천의 정체성을 고수하기 위해 다르게 반응할 수 있는 창의적 대안은 없는지 생각해보자.

—— 정체성의 용기는 믿음에서 나온다

융화의 섬김으로
어울리고 화목하라

일터에서 그리스도인의 정체성을 부각하는 건 일터사역자의 기본이자 최우선 과제이다. 그러나 정체성만 붙잡고 있으면 세상에서 고립되고 만다. 일터에서 함께 일하는 사람들과 융화해야 한다.

융화란 서로 어울려 갈등 없이 화목하게 됨을 의미한다. 융화하려면 때로는 조금은 원치 않는 일이라도 해야 할 필요가 있다. 예를 들어 회식 자리나 노래방에서 정체성을 지킨답시고 굳은 표정으로 앉아 있기만 하면 분위기가 어떻게 되겠는가? 노래를 못하면 탬버린이라도 쳐야 한다. 술은 안 마시고 '안주 빨'만 세우더라도 술자리에 끝까지 함께하면서 술 취한 동료의 하소연은 물론 주정(酒酊)까지도 들어주어야 한다. 나는 이런 걸 '융화사역'이라고 말한다(히 12:14).

탬버린 사역과 광 팔기 사역

나는 노래방이 생겼을 때 하나님께 감사드렸다. 별 감사를 다 드린다고 생각하겠지만, 노래방이 생기기 전까지는 1차 회식을 가까스로 마쳐도 2차, 3차로 농도 진한 술집에 연이어 끌려가 꿔다놓은 보릿자루처럼 앉아 있어야 했다. 그게 너무 싫었다. 그런데 노래방이 생기고 나자 2차는 무조건 노래방에 가서 열심히 노래만 부르면 되니 부담 없고 좋았다. 그래서 감사한 마음에 노래방 탬버린 사역에 헌신할 수 있었다. 탬버린 사역은 술을 안 마셔도 얼마든지 할 수 있고 함께 노래하고 즐거워하며 흥을 돋궈주는 귀한 사역이다.

　고스톱 판에서 광 팔기 사역도 중요한 사역 중의 하나였다. 요즘엔 고스톱을 많이 안 쳐서 사라진 사역이지만, 과거엔 1차 회식을 마치면 상 치우고 고스톱 판을 벌이는 경우가 많았다. 그때 옆에서 광 팔고 훈수를 두는 기가 막힌 사역이다. 나는 어릴 적부터 그림 그리기를 좋아해 흰 종이만 있으면 그림을 그리다 보니 아름다운 산수화로 구성된 화투 48장을 다 그린 적이 있었다. 그래서인지 화투가 친근하게 느껴졌다. 광 팔기 사역은 어릴 때부터 준비된 융화사역이었나 보다.

　회식 술자리에서 꼭 필요한 주정 청취도 놓치지 말아야 할 융화사역이다. 술이 거나하게 들어가면 했던 얘기를 반복하는 주정이 시작되는 사람이 있다. 마음을 열고 그 주정을 경청하며 받아주는 건 참으로 귀한 사역이다. 많이 취한 경우 혀가 꼬여 무슨 말을 하는지 모를 때도 있지만, 주의를 집중하고 듣다보면 동료의 마음을 읽게 된다. 그러면 그들과 더 가까워지고 친밀한 관계를 가지게 된다.

들어주는 사역은 언제 어디서나 중요하다. 전쟁터에서는 위생병이 무전기를 통해 살려달라는 동료의 아우성을 들어야 달려가서 상처를 치료할 수 있다. 세상은 잘 듣는 사람을 애타게 기다리고 있다. 술자리 사역의 백미인 주정 청취사역을 통해 우리는 동료들의 속마음을 들여다 볼 수 있다. 믿는 친구들이야 술 없이도 속마음을 다 내놓고 교제하고 기도제목을 나누는 데 익숙하지만, 세상 사람들 대부분은 술이 들어가야 비로소 속마음을 터놓게 된다. 나는 주정 청취사역을 통해 직원들의 마음을 읽게 되면서 직원들의 필요를 읽고 분별하는 리더십도 생기게 되었다. 사실 술에 취한 사람은 자기는 취했는데 상대방이 취하지 않은 상황을 탐탁치 않게 생각한다. 그러나 함께 자리를 같이해서 진심으로 그들과 시간을 같이 보내다 보면 이런 평가도 듣게 된다.

"팀장님이 술도 마시지 않으시면서 이렇게 끝까지 우리와 즐겁게 함께 해주셔서 고맙습니다."

이런 인사를 받으면 뿌듯해지고 융화사역의 보람을 느끼게 된다.

비단 술자리만 융화사역의 자리는 아니다. 개인주의를 넘어 이기주의가 판치는 살벌한 일터 현장에서 상대방의 마음을 읽어주려고 노력하는 모습은 신뢰감과 친밀감을 느끼게 한다.

술자리를 다 마치고 집까지 바래다주는 드라이브 사역은 융화사역의 마침표다. 요즘은 대리운전이 흔해서 드라이브 사역의 가치가 사라져버렸지만, 회식을 마치고도 혼자 정신 말똥말똥해서 동료들을 집까지 데려다주는 사역은 융화사역의 꽃이었다.

믿음의 정체성을 가지고 융화하는 사역을 하다 보니 재미있는 일도 일어난다. 1차 회식을 마치고 2차 술자리까지 간 시각이 밤 12시 무렵이었다. 신혼이었던 한 직원이 전화를 걸더니 옆에 있던 나에게 바꿔주었다. 전화를 받아보니 그의 부인이었다. 부인이 내 음성을 들더니 됐다고, 안심이라고 말했다. 그리스도인인 내가 함께 하고 있는 장소라면 그리 문란하거나 문제 있는 장소는 아닐 거라는 걸 확증했기 때문이다. 이런 건 '회식장소 안전 인증사역'인 셈이다.

독일에서 주재상사원들의 성경공부를 인도할 때였다. 말씀 공부를 마치면 다들 골프 얘기로 꽃을 피우곤 했다. 하지만 그때까지 골프를 치지 않았던 나는 멀뚱멀뚱 보고 있기만 하며 외톨이가 되곤 했다. 그래서 그들과 어울리기 위해 골프를 시작했다. 기호 스포츠인 골프가 주님이 기뻐하시는 융화사역으로 업그레이드되는 기회였다.

할 수 있는 한 좋은 관계를 맺어라

일터에서 만나는 모든 사람들과 융화하고 좋은 관계를 맺는 일이 언제나 말처럼 쉽지는 않다. 가깝게는 함께 일하는 동료와 상사를 비롯해 타부서 상사와 직원들, 조금 더 나아가서 관계된 협력업체 직원들과 고객에 이르기까지 우리가 접해야 하는 모든 사람들과 화평한 관계를 유지하려면 모든 상황이 변함없이 순조롭게 전개되어야 한다. 그런데 요즘처럼 불확실한 시대에는 외부환경이나 내부여건이 갑작스럽게 변화할 수 있다. 상황 변화는 우리가 맺고 있는 관계에 큰 영향을 주는데, 주로 부정적인 영향을 미치게 된다.

회사가 잇단 사고로 전사적 경영 쇄신이 필요하다고 판단해 경영쇄신추진단이 발족된 적이 있었다. 경영쇄신방안 마련이라는 과제를 도출하기 위해 각 부문의 대표자들이 회의실에 처음 모일 때였다. 회의

도중에 다른 부문의 대표가 여객 부문을 비판하며 나를 몰아세웠다. 추진단이 일하는 3개월간 한마음이 되어 머리를 맞대도 부족할 판에 비판을 받으니 마음이 확 상했다. 여객 부문 안에서는 껄끄러운 관계가 별로 없었기에 나름 대인관계에 자부심이 있었던 나는 더 화가 났다. 내가 화가 나 있는 걸 잘 아시는 하나님께서 그를 축복하라고 하셨다. 축복하는 대상이 내 축복을 받을 사람이 아니라면 그 축복이 다시 내게 돌아올 테니 그저 축복하라는 것이었다. 그래서 아침 기도시간에 마음에도 없는 축복을 그냥 뱉어냈다. 그러자 내 마음이 조금씩 열리는 것을 느꼈다. 그 프로젝트가 끝날 즈음 나를 비난하던 그와 친밀한 사이가 되어 있었다.

직장생활을 하는 동안 관계 맺기에서 성공만 한 건 아니다. 실패한 경우도 많았다. 고객서비스실장을 맡았을 때 직원들과 첫 만남에서 고객은 왕이므로 고객의 필요를 사전에 파악해 최대한 충족시키도록 하자고 목에 힘을 주어 강조했다. 그런데 3년간 해당 업무를 맡으면서 다양한 분야에서 불량고객, 문제고객, 진상고객들을 직간접적으로 대하게 되자 왕이라고 생각했던 고객에 대해 실망이 쌓여갔다. 고객과 좋은 관계를 유지하고 끝까지 배려하고 도와야 하지만, 지나치게 괴롭히는 고객들에 대해서는 마음을 닫아버리기도 했다.

해외지점 근무시절에 한 여행사가 단체를 유치해서 가격과 조건을 협의하던 도중 갑작스럽게 예약 취소를 요구했다. 취소 이유를 물어봐도 답이 없었다. 한 사람이라도 더 유치해야 목표를 달성할 수 있던 비수기라 어렵사리 그 단체의 리더 연락처를 입수해 예약 취소 이유를 물었다. 여행사가 비협조적이고 약속을 잘 지키지 않는다는 것이었다. 단체 수요가 유실되는 걸 보고만 있을 수 없어 우리가 직접 처리

—— 일터에서 소금이 되고 빛을 내려면

해서 도와주겠다고 나섰다.

며칠이 지나 그 여행사 사장이 사무실에 들이닥쳤다. 항공사가 여행사 수요를 빼앗아갔다고 노발대발했다. 그동안 여행사 사장과의 좋은 관계를 감안해 자초지종을 설명해도 들으려고 하지 않았다. 항공사가 여행사 고객을 빼앗아간다고 여기저기 투서도 했다. 그러니 도대체 무슨 일이냐며 본사와 지역본부에서 확인 전화가 오고 정신이 없었다. 이렇게까지 되니 그 여행사 사장에 대한 분노와 미움이 생겨 더 이상 좋은 관계를 유지할 수 없었다. 그래서 그 분과 거래 관계를 끊었다. 큐티할 때도 갑자기 욱 하는 마음이 올라와 묵상하기가 쉽지 않았다. 혹시라도 교민 모임이나 행사에서 마주치면 외면했다. 결국 귀국할 때까지 그와 화해하지 않았다. 지금 돌아보니 귀국하기 전에라도 찾아가 화해하고 풀었으면 어땠을까 하는 아쉬운 마음이 든다.

일터사역자로 살아가고자 한다면 할 수 있는 한 모든 사람과 좋은 관계를 맺고 융화하는 것이 참으로 중요한 기초 공사요 사역을 위한 굳건한 인프라 구축이다.

● 일터나눔 _10장

① 나는 회사 상사와 동료와 후배들과 어떤 관계를 맺고 있는가? 성경은 할 수 있거든 모든 사람으로 더불어 화목하라(롬12:18)고 한다. 현재 내 주변에 나와의 관계가 무너졌거나 삐걱거리는 사람이 있는지 돌아보고 그들과의 관계를 회복하기 위해 무엇을 할 수 있을지 생각해보자.

② 일터에서 만나는 고객이나 함께 일하는 동료와의 관계에서 융화를 이룬 성공담이나 이루지 못한 실패담을 나눠보자.

정체성 더하기
융화는 영향력

아프리카에 파송된 선교사가 선교사로서의 정체성을 가지고 아프리카의 원주민 문화 속으로 들어가 얼굴에 까만 칠도 하고 짚으로 치마를 만들어 입고 그들과 뒹굴 때 그들에게 복음이 전해지고 선한 영향력이 발휘되듯이, 일터의 사역자들은 그런 방식으로 일터에서 영향을 끼치는 사역을 감당해야 한다. 정체성과 융화가 함께 이루어지면 그런 영향력은 쉽게 끼칠 수 있게 된다. 이 개념의 공식을 영어로 다시 써보면 다음과 같다. I(Identity) + H(Harmony) = I (Influence). 그래서 나는 '정체성 더하기 융화는 영향력'을 영어 단어 줄임말로 'I.H.I.'라고 말한다.

정체성에 융화를 더해야 영향력이 나온다

한 친구가 업무에 열심이고 부지런하긴 한데 매번 진급에서 떨어지곤 했다. 확인해보니 상사의 평가는 좋은데 동급평가와 하향평가에서 점수가 좋지 않았다. 알고 보니 이 친구가 점심시간이나 쉬는 시간만 되면 무조건 동료와 후배를 붙들고 묵상한 말씀을 나누고, 저녁시간에는 아무에게도 교제를 허락하지 않고 자기가 속한 선교기관이나 신우회 공동체에서 자기만의 신앙생활에 몰두하다 보니 조직 내에서 왕따가 된 것이었다.

그와 면담을 해보니 참으로 순수하고 바른 신앙 정체성을 가진 친구였다. 그를 진급시켜주면서, 이제부터 주변 사람들 속에 들어가 그들과 융화하고 가까워지라고 강하게 권면했다. 그래야 하나님이 기뻐하시는 선한 영향을 끼칠 수 있게 되고 능력 있는 전도도 되는 것이라고 일러주었다. 그렇게 함으로써 일터사역자로서 균형을 잡으라고 강조했다. 정체성과 융화와 영향력에 대해 들려준 것이다.

정체성에만 치우치면 세상에서 하는 일이 모두 가치 없고 영적인 사역만 가치 있는 것이라고 착각할 수 있다. 그래서 회사를 떠나 목회자의 길을 가려는 사람도 있다. 직장생활을 하다 목회자가 되는 사람이 다 그렇다는 말은 아니다. 그 결정이 하나님의 뜻과 섭리를 따른 것이라면 바람직하겠지만, 만일 그렇지 않다면 세상에서 도피하는 모습으로 비쳐질까 우려된다. 반면 융화에만 몰입하면 금세 세속화되고 만다. 융화가 지나치면 일터에서 그리스도인인 것을 숨기고 그냥 주일의 종교생활자로 묶여버리는 불행한 결과를 초래할 수도 있다. 그러기에 우리는 예수님을 믿고 하나님을 두려워하는 성도로서의 정체성을 드러내고 세상 속에 들어가되 그들과 사귀고 함께 어울리는 일에 조화와 균형이 있어야 한다. 그럴 때 선한 영향력을 끼칠 수 있게 된다. 우리의 착한 행실을 보고 하늘에 계신 아버지께 영광을 돌리게 하려면(마 5:16) 우리의 행동을 교회와 성도들 사이에서만 아니라 세상 사람들도 볼 수 있어야 하기 때문이다.

정체성을 붙들고 융화한 결과

내가 처음 팀장이 되었을 때 나를 괴롭혔던 술자리 회식문화를 조금이라도 바꿔보려 했다. 특히 1차 회식을 마치고 헤어져도 몇몇 직원들끼리 따로 모여 바람직하지 못한 2차와 3차로 이어지는 것을 보면서 2차 노래방까지는 사수하기로 했다. 2시간 정도 노래방에서 미친 듯이 탬버린 사역을 하고 어깨동무하며 파이널 송까지 부르고 헤어졌는데, 다음날 후기를 들어보면 몇몇 직원들이 또 3차로 농도 짙은 술집에 갔다고 했다. 그래서 하루는 1차 저녁식사와 2차 노래방을 거쳐 3차 나이트까지 사수했다. 4차로 감자탕 집에 도착했을 때는 새벽 2시경이었다. 그들도 어느 정도 술이 깬 상태여서 조심스럽게 말을 꺼냈다.

"다음에는 회식 대신 우리 회사 근처에 있는 장애인 마을을 방문해서 봉사하는 건 어떨까?"

"좋지요. 다음부터 그렇게 하지요!"

내가 4차에 걸쳐 충분히(!) 같이 놀아준 것에 감동했는지 모두 좋다며 기꺼이 동의했다. 그래서 다음 주 토요일에는 신우회가 가끔 방문했던 샬롬의 집(장애인 마을)을 팀원들과 함께 방문해 청소와 빨래와 목욕 봉사를 했다. 그 후로도 몇 번 더 봉사활동을 계속 하였다. 팀원들은 오랜만에 가치 있는 일을 하고 있다고 느꼈는지 스스로 뿌듯해 했다. 팀워크를 다지는 데도 큰 공헌을 했다. 만약 내가 팀원들과 술자리 융화사역을 하지 않고 업무 회의만 하다가 일방적으로 주말에 봉사활동을 가자고 제안했다면 어떻게 됐을까. 나쁜 일 하자는 것도 아니고 팀장이 하자고 우기니 마지못해 따라오기는 했을 것이다. 하지만 마음에서 우러나는 봉사는 하지 않았을 것이고 팀워크에 별 도움도 되지 않았을 것이다. 그러나 술도 안 마시는 팀장이 1,2차도 아니고 새벽 시간 4차까지 함께 하는 것을 보며 감동하고 있을 때 그리스도인의 정체성을 가지고 봉사활동을 제안한 결과, 모든 팀원이 마음을 열고 함께 봉사활동을 할 수 있었다.

토파스 대표로 발령을 받아 와서도 직원들과 융화하려고 노력했다. 대표가 술자리에서 함께 부어라 마셔라 하지는 못하기에 항상 직원들에게 미안한 마음이 있었다. 그래서 축구클럽에 가입하고 탁구클럽에도 참여했다. 그라운드에서라도 함께 공을 차며 땀 흘리며 친해지고, 탁구채를 휘두르면서 융화하려고 힘쓴 것이다. 지금도 나는 회식 자리에서 술을 마시지 않는 것에 대해 동료들에게 미안한 마음을 갖는다. 술을 마시지 않는 것이 우월한 입장에 선 것처럼 비쳐져서는 안 되기 때문이다. 그런 마음이 나로 하여금 융화사역에 힘쓰게 했던 것 같다.

'토봉이'라고 하는 봉사모임도 만들었다. 토봉이는 토파스봉사회의 약자로 서대문 소재 고아원인 선덕원에 가서 청소해주고 아이들과 놀아주는 사역을 했다. 많은 동호회원이 주로 먹고 노는 데 시간을 보낸 기존 모임 방식보다 낫다고 평가했고, 자기보다 어려운 사람을 돕고 섬기다 보니 스스로 대견스러워했다. 토봉이는 매월 봉사활동을 했는데, 내가 사임한 후에도 계속 하고 있다. 벌써 5년이나 지속되어 서울시장으로부터 표창을 받았다는 얘기를 전해 듣고 감사했다.

일터의 복덩이가 된다

선한 영향력을 미친다는 것은 결국 나의 존재 자체가 일터에서 '복덩이'가 되는 것이다. 요셉이 애굽에 팔려갔을 때 주인 보디발이 여호와께서 그와 함께 하심을 보며 그의 범사에 형통하게 하심을 보았다. 그를 가정 총무로 삼고 자기 소유를 그의 손에 전부 위탁하기까지 했다(창 39:2-4). 요셉이 자기만의 선민의식으로 이방인과 섞이지 않고 정체성만 고집했다면 어떻게 되었을까.

요셉은 낯선 땅 애굽의 일터에서 거룩(정체성)과 동시에 화평(융화)을 좇았다. 그래서 요셉은 보디발에게 복덩이(영향력)가 되었다. 요셉 같은 직원은 여기저기서 서로 보내달라고 아우성치게 된다.

신우회에 한 자매가 있었다. 당시 고위 경영층의 비서 자리가 공석이 되어 각 현장 부서에서 실력과 센스를 갖춘 적임자들을 추천받았는데 그 자매가 선택되었다. 모셔야 할 분이 까다롭고 모시기 힘들기로 정평이 난 분이라 그랬는지 비서들이 오래 버티지 못하곤 했다. 그래서 인사부에서도 몇 번에 걸친 면접을 통해 대상자를 신중하게 골랐는데 그 자매가 선택된 것이었다. 못하겠다고 하면 취소될 수도 있었는데, 자매는 고난의 임지로 담대히 들어갔다.

마음이 깨끗하고 순수할 뿐 아니라 눈물도 많은 자매인데, 잘 버텨낼 수 있을까 싶어 모두 우려했다. 신우회에서도 그 자매가 어려운 자리를 잘 감당할 수 있게 해달라고 기도했다. 그런데 그 자매가 3년 동안 비서직을 잘 감당했다. 일반적으로 6개월에서 1년이면 장수했다고 하는 그 자리를 넉넉히 견뎌낸 것이다. 사연을 들어보니 눈물도 많이 흘리고 예기치 못한 어려움도 겪었지만, 그 누구도 힘들다는 그 자리를 그렇게 오래 견디며 멋지게 섬긴 것이다. 모두 놀랐다. 특히 인사부가 가장 놀랐다. 인사부조차 그 어려운 직임을 3년이나 잘 감당할 수 있었던 힘이 그 자매의 신앙에서 나온 것을 알게 되었다. 그 후로 어려운 비서직 대상자를 선택할 때 반드시 기독교 신앙이 있는지 여부를 확인하게 되었다.그 자매가 화려한 사역이나 외부로 드러나는 활동을 하지는 않았다. 그러나 조직 속에 들어가 믿는 성도로서 정체성을 유지하면서 섬겨야 할 경영층을 주께 하듯 헌신적으로 섬기고 희생적으로 모셨을 때, 놀랍게도 선한 영향력을 미치게 된 것이다. 우리 주님께서 그 복덩이 자매를 보면서 얼마나 기뻐하셨을까? 얼마나 자랑하고 싶으셨을까?

토파스 대표이사로 발령받게 돼 함께 일했던 선후배 동료들과 환송 회식을 했다. 그때 한 믿지 않는 선배가 이런 얘기를 했다.

"너를 보면 참 신기하다. 술도 못 마시고 줄도 빽도 없고 '비빌' 줄도 모르는데, 모든 게 술술 잘 풀리는 걸 보면 정말 하늘에서 누군가 밀어주시는 것 같다."

처음에는 나를 칭찬해주는 말 같아 우쭐했지만, 되씹어보니 특별한 능력이나 역량도 없다는 말 같아서 조금 씁쓸했다. 하지만 그 선배가 나를 통해 하나님의 손길과 인도하심을 볼 수 있었다는 사실에 감사드렸다. 일터사역자를 통해 하나님의 도우심의 손길이 믿지 않는 사람에게도 언뜻언뜻 보인다면 참으로 아름다운 영향력이라 아니할 수 없다.

복의 통로가 된다

선한 영향력은 내가 '복의 통로'가 되는 것으로 나타난다. 아브라함이 갈대아 우르를 떠날 때 하나님이 나타나 말씀하신다.

²내가 너로 큰 민족을 이루고 네게 복을 주어 네 이름을 창대하게 하리니 너는 복이 될지라 ³··· 땅의 모든 족속이 너로 말미암아 복을 얻을 것이라 하신지라 _창 12:2,3

일터사역자는 일터에서 복의 통로가 되어야 한다. 내가 그 부서에 있어서 부서가 복을 받고, 함께 하는 동료가 잘 되고 함께 하는 프로젝트가 성공적으로 진행되어야 한다.

명지대 법인사무국에 오니 풀어야 할 과제와 문제들이 산적해 있었다. 하나님께서 간섭하시고 개입하지 않으시면 안 된다고 생각했다. 그래서 기도하기로 마음 먹고 직원들에게 아침기도모임을 제안했다. 일방적 지시가 아니라, 현재 우리의 상황과 문제들을 해결하려면 기도가 필수라고 설명하면서 함께 기도하자고 제안했다. 법인직원들은 다 크리스천이라 내 설명에 수긍했고 함께하기로 했다. 그렇게 법인사무국의 아침기도모임이 시작되었다.

내가 이 아침기도모임에서 한 가지 확실히 붙잡았던 것은 하나님께서 나를 이곳으로 부르셨으니 나를 통해 복을 부으실 것이라는 믿음, 다시 말해 나를 복의 통로로 사용하시리라는 뻔뻔스러운 확신이었다. 내가 하나님께 꼭 붙어 있으면 하나님의 복이 나를 통해 흘러가게 되리라고 믿었다. 그래서 지금도 직원들과 함께 기도의 끈을 이어가고 있고 놀라운 변화의 기적들을 조금씩 체험하고 있다.

복음이 전파된다

일터사역자의 영향력은 '복음 전파'로도 이어진다. 어느 주일 오후 예배를 마칠 즈음 믿지 않는 직장 후배로부터 연락이 왔다. 교회에서 만나고 싶다고 했다. 최근 얼굴 표정이 조금 어두워졌다고 느꼈지만,

그냥 눈인사만 할 뿐 서로 바빠 자주 대화하지 못했던 친구였다. 그날 전화 속의 목소리는 상당히 갈급한 것 같았다. 만나보니 자기가 모시는 상사와의 관계가 너무 힘들고 괴로워 어떻게 해야 할지 모르겠다고 말했다. 그래서 고민하던 중에 내 생각이 났다는 것이다. 나한테 다 털어놓지 않으면 못 견딜 것 같아 무작정 교회까지 달려왔다며 눈물까지 보였다. 사내에서 능력 있고 인정받는 친구가 몹시 절망하는 모습을 보며 안타까웠다. 그래서 그 자리에서 간절히 기도해주었다. 모든 상황을 주관하시는 하나님만 믿고 다시 신앙생활을 할 것을 권유했다. 몇 개월 뒤, 그 친구는 해외 지점으로 발령받아 출국했다. 물론 해외에서 신앙생활을 시작할 수 있었다. 주변 동료들과 친밀한 관계를 유지하고 있으면 복음 전파의 기회는 언제든 오게 된다.

김광석 장로님(전 GPTI 원장)의 골프 미니스트리는 융화를 통해 복음을 전하는 귀한 사례이다. 나는 계백장군(계속해서 100 수준의 핸디캡을 유지하는 사람)이라 골프를 즐기지 않지만, 비즈니스 현장에 있다 보면 종종 골프를 치게 된다. 김 장로님은 골프 약속이 정해지면 자청하여 자기 차로 동반자들을 픽업한다. 가만히 앉아 기다리고 있으면 픽업해 준다는데 마다할 사람이 없다. 모두 고마워한다.

세 명을 픽업해 차 안이 꽉 차면 다음부터는 장로님 마음대로다. 준비한 카세트테이프나 CD를 튼다. 그러면 누구나 잘 아는 (고) 김자옥 권사나 윤형주 장로의 간증이 나온다. 일단 차 안에 탄 사람은 테이프를 통해 들려오는 간증을 듣지 않을 수 없다. 그야말로 복음의 가두리 양식장이 된다. 때로는 세 명의 믿음의 동역자들이 믿지 않는 친구 한 명을 골프에 초청해 게임하는 내내 자연스럽게 개인의 간증을 나누고 복음을 들려주는 골프 사역을 멋지게 한다. 융화를 통해 자연스럽게

———— 정체성 더하기 융화는 영향력

복음을 전하는 복음 전파의 아름다운 모습이다.

전도받은 직원이 선교사가 되다

신우회에 신실한 형제가 한 명 있었다. 그 형제는 부서 내 직원들에게 복음으로 다가가는 데 뛰어났다. 그가 새로 전입해온 직원에게 복음을 전했다. 복음을 전해 받은 전입 직원은 예수 그리스도를 영접했고, 선배인 그 형제의 지도를 받아 지속적으로 일대일 양육을 받았다. 그러던 어느 날, 양육 받던 그 후배 직원이 회사를 그만 둔다는 소식을 들었다. 깜짝 놀라 확인해 보니 그 후배가 전임 선교사로 헌신하고 훈련 받기로 했다는 것이다. 그 후 그 직원의 가족은 선교훈련을 마치고 인도로 파송 받아 활발하게 사역하였다.

일터는 일을 하는 곳이지 복음을 전하는 곳이 아니라고 말하는 사람도 있다. 그러나 일터는 복음이 전파되기에 아주 좋은 현장이다. 일터에서 복음을 전파한 것이 한 사람의 영혼을 구하는 것으로 끝나지 않고, 멀리 인도까지 복음을 들고 나가는 선교사역으로까지 연결되는 것을 체험하게 되었다.

복음 전파가 반드시 전도라는 멍석을 깔아야만 되는 것은 아니다. 일대일로 사영리를 전하거나 전도집회에 초대할 수 있으면 좋겠지만, 그렇게 하지 않아도 우리가 일터에서 그리스도인의 정체성을 가지고 함께 아파하고 고민하면서 친밀한 관계를 맺어가는 융화에 힘쓸 때 그리스도인으로서 영향력이 생겨나고, 그 결과 복음이 자연스럽게 전파되는 것을 보게 된다.

정체성과 융화와 영향력은 일터사역자로서 살아가는 크리스천 직

정체성과 융화가 함께하면 영향력이 생긴다.

업인이 반드시 염두에 두어야 할 중요한 요소들이다. 이 세 가지가 삼각형 연결고리처럼 선순환되어야 하는 것이다. 그럴 때 비로소 일터 사역자로서 원활하고 원만한 삶을 살아갈 수 있다.

● 일터나눔 _11장

① '정체성+융화=영향력' 공식에서 최종 영향력은 복음전파로 열매 맺는다. 일터에 복음을 전하기로 마음먹고 기도하는 영혼을 적어보자. 말과 혀로만 아니라 행함과 진실함으로 사랑하라고 했는데, 전도는 말과 혀로도 해야 복음이 전파됨을 기억하고, 어떻게 복음을 전할지 계획을 세워보자.

② I＋H＝I 공식을 실천하는 과정에서 실패한 경험이나 성공한 경험에 대해 서로 나눠보자.

4부

일터사역자의
세 가지 역할

청지기, 군사,
종으로 산다

베드로의 일터에 찾아오시고 일터의 문제에 개입하신 예수님은 스스로 죄인임을 고백하며 엎드린 베드로를 일터사역자로 임명하셨다. 고기 잡는 어부였던 베드로를 사람 낚는 어부로 부르신 것이다. 그렇다면 일터사역자로 부름 받은 그리스도인은 베드로처럼 자기 직업과 일터를 버리고 영혼 구원하는 일에 매진해야 하는 것인가? 세리 마태는 세관을 떠나 풀타임 사역자로 일하라고 부르신 반면, 삭개오는 세관장으로 계속 일하면서 일터사역자로 살도록 하셨다. 바울의 경우는 풀타임 사역자인 동시에 천막 만드는 일에 종사한 텐트메이커였다. 일하면서 복음을 전한 자비량 선교사였던 것이다.

—— 일터사역자의 세 가지 역할

무슨 직종, 무슨 직업을 선택하느냐는 하나님의 부르심에 따라 다를 수 있다. 같은 점은 모든 성도가 일터에서 일터사역자로 부르심을 받았다는 사실이다. 그러면 어떤 자세가 일터사역자로 사는 모습인지 명확하게 이해하기 위해 S로 시작하는 세 가지의 키워드로 정의해보자. 일터사역자는 청지기(Steward), 군사(Soldier), 그리고 섬기는 사람, 곧 종(Servant)처럼 살아가는 사람이다. 이 키워드는 직장사역연구소의 자료를 참고한 것이다.

첫째, 청지기(Steward)로 산다

하나님의 사람은 일터에서 그리스도의 일을 감당하는 청지기가 되어야 한다. 윌리엄 디일은 청지기란 우리가 이 세상에 아무것도 가져오지 않았고 죽을 때 아무것도 가져갈 수 없으며, 또한 우리가 가진 모든 것이 실제로는 하나님의 것이며, 우리는 단지 하나님의 대리인 자격으로 소유물을 사용하도록 위탁 받은 것이라고 말했다.[19] 그러므로 나에게 주어진 모든 일은 주인 되신 하나님께서 맡기신 일이며, 나에게 주어진 삶 역시 주인이 맡기신 생명이라고 고백하며 살아야 한다.

월급쟁이(샐러리맨)는 직장 상사가 시키는 업무와 주어진 책임을 감당하고 그 대가로 급여를 받는 사람이다. 그런데 고용주나 상사가 보기에 성실하지 못한 월급쟁이도 있다. 월급쟁이가 다 나쁘다는 말이 아니다. 요즘은 책임도 지지 않고 농땡이나 피는 월급쟁이가 많아 그냥 자기 책임이라도 다하는 평범한 월급쟁이도 참 귀하다. 그러나 우리는 월급쟁이 수준을 뛰어넘어 청지기가 되어야 한다. 청지기는 일터 조직과 업무 뒤에 계시는, 참 주인 되신 하나님을 의식하고 사는 사람이다. 그러므로 하는 일의 목적과 의미가 다르다. 태도는 당연히 다를 수밖에 없다.

둘째, 군사(Soldier)로 산다

일터사역자는 영적 전투의 현장인 일터에서 그리스도의 좋은 군사가 되어야 한다. 우리가 싸워야 할 전투가 많다. 세상권세 잡은 사탄이 판치는 세상에서 악에 빠지지 않도록 기본적으로 영적인 싸움을 해야 한다. 그래서 우리 사령관이신 하나님께서 갑옷(엡 6:14-17)도 만들어 주셨다.

심리적 전투도 해야 한다. 세상 사는 게 왜 이리 힘들고 고되냐고 고민하고 있다면 심리전을 하고 있는 것이다. 성령님의 위로하심과 말씀의 격려로 심리전을 감당해야 한다. 매주 월요일마다 월요병과 싸우고 진급 때가 되면 불안과 초조와 싸워야 한다. 요즘 젊은이들은 취업과 불확실한 미래로 인한 두려움과 싸우기도 한다. 세속 문화 속에 살고 있으므로 세속화라는 적과 문화전쟁도 해야 한다.

우리는 잘 풀리면 잘 풀리는 대로 습관적으로 나태해지고 편안과 안락을 추구하는 존재다. 반대로 잘 안 풀리면 안 풀리는 대로 머리를 굴리면서 세속화되어간다. 그러므로 세속화라는 적은 쉬지 말고 부지런히 싸워야 할 대상이다. 윤리적 전투도 우리를 괴롭히는 전투의 하나이다. 선한 양심을 거스르는 생활 방식과 관례라는 미명하에 자행되는 비윤리적 행위들을 끊임없이 거부해야 한다.

군사에게 필요한 또 하나의 중요한 자질은 명령에 복종하는 것이다. 일터사역자 세바스찬 트레거는 이렇게 말한다.[20]

"원치 않는 부대나 참호에 배치될 때 나를 무시한다고 발끈한다면 그것은 군사의 모습이 아니다. 군사는 대장의 명령대로 행동한다. 특정지역에 배치된 이유를 모르거나 자신의 임무가 전체 전투계획과 어떻게 연관되는지 온전히 이해하지 못해도 명령에 복종한다. 이처럼 그리스도인은 하나님의 백성 중에서 일반 병사로서 복무하는 것에 만족하는 법을 배울 필요가 있다."

셋째, 섬기는 자(Servant)로 산다

일터사역자는 사역의 현장인 일터에서 그리스도의 충성된 종이 되어야 한다. 지나가는 모든 사람에게 굽실거리라는 말이 아니다. 서비스맨은 상대방에게 비굴하거나 무작정 무릎 꿇는 사람이 아니다. 상대방의 필요를 찾아 그것을 충족시켜주는 사람이다. 마찬가지로 일터사역자는 일터와 관련된 사람들의 필요를 찾아 채워주어야 한다. 상대방의 처지와 상황에 관심을 두어야 하는 것이다.

섬김이라는 건축물을 세우는 데 가장 필수적인 인프라는 좋은 관계를 맺는 것이다. "할 수 있거든 모든 사람으로 더불어 평화하라"(롬 12:18)라는 말씀대로 동료와 상사와 후배와 거래처와 고객들과 좋은 관계를 맺어야 한다. 말로는 쉬워 보이지만, 사실 가장 힘든 일이 좋은 대인관계를 유지하는 것이다. 하지만 대인관계라는 삶의 바탕이 옥토처럼 준비될 때 그 위에 비로소 섬김과 봉사가 심겨지고 꽃을 피우고 열매를 맺게 된다. 좋은 대인관계가 좋은 동역관계로 발전할 수 있고 복음을 전하는 통로가 되는 것을 나는 너무나 많이 경험했다.

예수님이 베드로의 일터에 찾아와 그를 일터사역자로 부르셨듯이,

예수님은 오늘도 모든 주님의 자녀들을 각자 속한 일터에서 청지기로, 군사로, 섬기는 자로 살아가는 일터사역자로 부르신다. 그러나 우리는 마치 타작마당의 기드온처럼 이렇게 반응한다.

"저는 아직 그 정도까지는 아니에요. 일터에서 저 혼자 하루하루 버티기도 힘든데 무슨 청지기에 군사에 섬기는 사역자입니까?"

그러나 하나님은 겁쟁이 기드온을 고작 300명의 군사와 함께 수십만 명의 미디안 군대를 무찌른 용사로 세우셨다는 사실을 잊지 말자. 하나님이 일단 하겠다고 하시면 아무도 못 말리니 말이다. 게다가 우리는 우리가 원했든 아니든 이미 주님이 부르신 청지기요 군사요 섬기는 종이다. 그 부르심에 따라 순종하면 되는 것이다.

그러면 청지기, 군사, 섬기는 사람의 모습은 각각 어떠해야 할지 좀 더 자세히 생각해보도록 하자.

● 일터나눔 _12장

① 내가 일터사역자라고 생각하면 부담을 느낄 수 있지만, 사역자라는 부담감이 오히려 우리 신앙을 보호하고 지켜준다. 단순히 월급을 받는 샐러리맨이 아니라 사역자라는 의식을 가질 때, 내 생각과 말과 행동에서 영적으로 깨어 있게 된다. 사역자의 세 가지 역할(청지기, 군사, 종) 중에서 내가 잘 하고 있는 영역은 무엇이며 약한 영역은 무엇인지, 구체적 상황과 함께 설명해보자.

② 오스 힐먼은 "모든 일터에서 일하는 사람들이 그들의 일과 삶을 하나님이 주신 거룩한 소명으로 이해하고 체험하도록 세우는 데 초점을 맞추는 사역"이라고 일터사역을 정의했고, 방선기 목사는 "일터의 크리스천이 성경적 직업관을 가지고 일하면서, 일터에서 삶을 통해 신앙을 드러내며 복음을 전하는 것을 목적으로 하는 사역"이라고 정의했다. 그렇다면 당신은 당신의 일터에서 일터사역이 무엇이어야 한다고 정의하겠는가?

―― 일터사역자의 세 가지 역할

청지기가 관리하는
세 가지 영역

청지기 정신을 품는 것은 일터사
역자의 기본자세이다. 나는 청지
기의 모델로 나의 증조할아버지 방만준의 이야기를 빼놓을 수 없다.

평안북도 선천에 방 씨들이 모여 사는 집성촌이 있었다고 한다. 그 집성촌에 살던 방만준은 누가 초청하지도 않았는데 동네 작은 교회의 집회에 스스로 참석해 말씀을 듣고 예수님을 영접하게 된다. 제사를 안 드리고 차례도 지내지 않는 불효자로 낙인찍히면서 친척과 가족들로부터 배척당하고 모진 고초와 박해를 당하였다. 결국 집성촌에서 쫓겨나 밭도 논도 없이 경제적으로 어려운 생활을 이어가게 되었다. 그러다가 누군가 이거라도 해보라며 빌려 준 땅이 산등성이에 있

149

는 돌짝밭이었다. 아무도 농사지을 땅이라고 생각하지 않을 그 땅을 방만준은 갈아엎기 시작했다. 새벽부터 일어나 부지런히 돌을 캐내고 부드러운 흙이 나올 때까지 파고 일구다 보니 돌짝밭이 옥토가 되었다. 심은 곡식들은 풍작을 내기 시작했다.

청지기의 모델, 방만준 할아버지

방만준이 하는 일이 잘 풀리자 해코지하는 이웃도 있었다. 심지어 방만준의 집터에 불을 지르기도 했다. 그러나 하나님의 초자연적인 기적으로 재난은 면할 수 있었다. 이웃 사람들은 방만준을 지켜주시는 초월적인 존재가 있음을 깨닫고 놀라워했다. 방만준에게 밭을 빌려주면 풍작을 거두니 너도 나도 땅을 빌려주기 시작했다. 경제적으로 회복되기 시작했다. 그 모습을 지켜본 집성촌 어른들도 방만준을 인정하고 다시 집안에 받아들였다.

방만준은 아침 일찍 일어나 새벽기도를 드린 후 바로 일터로 나가는 부지런한 사람이었다. 한 시간도 허투루 쓰지 않고 성실히 생활했다. 그의 손을 거치면 돌짝밭도 옥토가 되고 쓸모없는 땅이 풍성한 소출을 내는 땅으로 변하게 되었다. 방만준은 일터에서 주님께 하듯 성실하고 부지런하고 열심히 일했다. 자신이 일하는 곳이 하나님의 성전이며, 하는 일이 하나님이 맡기신 사역임을 알고 청지기의 삶을 실천한 분이었다. 물론 교회 일도 열심히 했고 온 집안을 복음화하였으며, 자녀들의 신앙교육도 훌륭하게 해냈다.

방만준의 삶을 보고 배워 그대로 실천한 사람이 그의 손주인 방지일 목사님이다. 방지일의 아버지, 곧 방만준의 아들 방효원 선교사가 중국 초대선교사로 나가는 바람에 항상 할아버지 곁에서 사랑과 귀여움을 받으며 살았던 방지일은 할아버지의 성실과 부지런함을 체득했다. 닳아질지언정 녹슬지 않겠다고 항상 힘주어 말씀하시던 큰아버지 방지일 목사님의 고백은 그의 할아버지 방만준에게 물려받은 선물이었다.

나의 증조할아버지 방만준이야말로 일터사역자의 삶을 사신 분이다. 방만준이 가는 곳이 어디든 어떤 영역이든, 그곳은 하나님의 전이되었다. 그곳에서 하나님의 전을 맡은 청지기처럼 성실하고 부지런하게 일함으로써 일터사역자의 첫 번째 자세인 청지기적 삶을 몸소 실천한 분이다. 한마디로 일터사역자의 전형이었다.

마틴 루터는 우리들이 청지기로서 일하는 동기가 이웃 사랑임을 강조하면서 이렇게 말했다고 한다.[21]

"주기도문으로 우리는 오늘 일용할 양식을 하나님께 간구한다. 하나님은 우리에게 일용할 양식을 주시되, 곡식을 심고 거두는 농부, 밀가루로 빵을 만드는 사람, 혹은 식탁을 차리는 사람을 통해 그렇게 하신다."

방 씨 집안은 증조할아버지 방만준을 가문의 아브라함이라고 부른다. 나는 증조할아버지 방만준과 큰아버지 방지일 목사님의 청지기적삶을 조금이라도 흉내내며 살아가고 싶다.

할 수 있는 최선의 열심을 내라

2003년에 내가 오래 기다리던 MBA 유학 발령이 났다. 회사에서 부장급을 대상으로 하는 사내 경영관리 교육에서 우수한 성적을 내면

——청지기가 관리하는 세 가지 영역

USC(미국 남가주대학) MBA를 보내준다고 약속했는데, 2년이 넘도록 아무런 조치가 없어 포기하고 있었다. 그런데 인사부에서 MBA 유학 준비를 하라고 통지가 왔고, 그때부터 영어와의 싸움이 시작되었다. 생전 처음 보는 GMAT라는 시험을 4개월 동안 준비해 커트라인 570 점을 넘겨야 했기 때문이다. 엄청 두꺼운 GMAT 연습책자를 받아보니 영어문법과 독해만 아니라 수학문제까지 있었다. 고등학교를 졸업하고 대학에 입학했을 때 제일 반가웠던 게 수학이 없어진 것이었는데, 이제는 영어로 수학을 풀어야 하는 심각한 과제가 떨어진 것이다. 더구나 당시 맡고 있던 마케팅 팀장 업무를 수행하면서 주말까지 짬을 내 공부해야 하는 상황이었으므로, 영어와의 전쟁은 참으로 힘들고 고통스러운 과정이었다.

한 달 정도 공부한 후 연습 책자에 첨부된 CD로 수차례 시험을 본 결과는 460점에서 470점 사이였다. 학교에서 요구하는 수준과 거리가 멀어도 너무 멀었다. 토요일 오전 근무를 마치고 GMAT 학원을 가서 시험 노하우를 터득하려고 했지만 시간이 너무 부족했다. 3개월 정도 지난 후 GMAT 공식시험을 치른 결과는 530점이었다. 내가 받을 수 있는 최대한의 점수를 받았으니 학교 측에 받아달라고 사정했으나 대답은 "노"(No)였다.

입학 여부 결정이 한 달 남게 되자 마음은 시커멓게 타 들어갔다. 만일 이번 기회에 합격선을 넘기지 못하면 유학 발령이 취소될 뿐 아니라 사내에서 부끄러운 사례가 될 것이었다. 간절히 기도했다. 하나님께서 대학 졸업 후 유학을 원했던 내 간절한 기도에 응답하셔서 이렇게 MBA 유학을 갈 기회를 주셨으니 길도 열어달라고 간구했다.

하지만 GMAT 책을 펴놓고 공부를 하기 시작하면 너무나도 높은

벽에 한숨이 나왔다. 마지막 GMAT 시험 전날은 잠도 오지 않아 거의 뜬 눈으로 밤을 새우고 시험장으로 갔다. 아내와 어머니에게 간절한 기도 지원을 부탁하고 치른 시험 결과는 600점! "할렐루야" 소리가 터져 나왔다. 상상하지도 못했던 점수였다. 그 점수는 하나님께서 보너스로 주신 선물임을 알았기에 감격하며 하나님께 찬송과 영광을 돌렸다. 그리고 미국 로스엔젤레스에 있는 USC(University of Southern California)의 집중(Intensive) MBA 과정에 입학하게 되었다. 급여와 별도로 체류비를 포함해 1년간 약 1억 원 정도의 비용을 회사에서 제공해주는 것이므로 엄청난 혜택이었다. 지금도 회사에 진심으로 감사한 마음을 가지고 있다.

입학시험도 어려웠지만, 가서 해야 할 공부는 더 힘든 것이었다. 엄청난 분량의 공부를 해야 한다는 이야기를 미리 들었기에 한국을 떠나기 전부터 염려가 되었다. 2년 코스를 1년에 마쳐야 하기 때문이었다. 아침부터 저녁까지 계속되는 수업과 수업 후에 진행되는 팀별 그룹 과제, 그리고 매일 아침마다 풀어야 할 퀴즈는 악명이 높아 미국 학생들도 몹시 부담스러워 하는 코스다. 그런 곳에 40대 중반의 '노친네'가 겁도 없이 입학했던 것이다.

아니나 다를까, 현지의 MBA 공부는 그리 녹록하지 않았다. 경영학에 대해 아무것도 모르는 40대가 대부분 경영학 전공자인 20-30대 청년들과 경쟁해야 하는 상황이었다. 더구나 1년간 56학점을 취득하는 집중 과정이라 매일 9시부터 저녁 5시까지 강의가 지속되었고, 주말에는 다음 주에 공부할 것을 미리 읽고 준비하거나 그룹 스터디를 하느라 일주일이 공부하는 시간으로 꽉 찼다. 주말에도 새벽부터 일어나 밤 12시까지 책을 붙잡고 공부하는 내 모습은 마치 공부기계 같왔다. 아침마다 치러야 하는 퀴즈시험을 준비하고 수많은 사례연구를 읽느라 월화수목금금금 공부 공장이 가동되었다.

하지만 무슨 일을 하든지 마음을 다하여 주께 하듯 하라는 골삼이삼 말씀(골 3:23)은 MBA 공부에도 적용해야 했기에 부지런히 공부했다. 다른 학생들보다 나이가 많고 영어실력이 떨어지고 경영학 기본 지식도 부족했기에 오로지 이 말씀만 붙잡고 열심히 공부했다. 그 결과 '베타 감마 시그마'라는 우등상을 받게 해주셨다. 40대 학생이 여러 국가에서 온 기라성 같은 60명의 젊은 학생 중에서 우수상을 탈 수 있었던 것은 청지기 의식으로 부지런히 성실하게 공부한 자녀에게 주신 하나님 아버지의 상급이었다고 고백한다.

청교도들은 하나님의 소명에 입각해 부지런히 일했다. 리처드 스틸은 "예배를 빙자해서 반드시 해야 할 일을 태만하지 말라"고 했고, 토마스 쉐퍼드는 "하나님께서 당신에게 영적이고 천상(天上)적인 분야의 일을 맡겨주셨을 때 세속적인 생각이 꼬리를 문다면 죄를 짓는 것이듯, 사회에서 일하도록 하셨을 때도 영적인 생각 때문에 마음을 빼앗겨 고민한다면 이 또한 큰 죄다"라고 말했다. 지금 일터에서 나에게 주어진 일에 성실하고 부지런히 감당하는 것이 하나님이 기뻐하시는 청지기적 삶의 태도라는 뜻이다.

청지기가 관리하는 대상

청지기는 주인의 소유를 대신 맡아 관리하는 자이므로 관리할 대상이 있어야 한다. 청지기의 능력이 인정되고 신뢰할 만하면 관리할 대상이 점차 확대된다. 그래서 요셉은 보디발의 노예로 팔려왔지만 시간

──일터사역자의 세 가지 역할

이 지나면서 가정 총무가 되어 가정 경제를 도맡아 관리하는 청지기가 되었다. 다음 내용 역시 '직장사역연구소'의 자료를 정리한 것인데, 일터사역자인 우리가 청지기로서 관리해야 할 대상을 M으로 시작하는 세 가지 영어 단어로 구분한 것이다. 재물(Money), 의미(Meaning), 사명(Mission)이다.

첫째, 청지기는 재물(Money)을 잘 관리한다

성경은 우리에게 재물과 하나님을 겸하여 섬기지 말라고 가르친다. 재물을 우상 삼지 말라는 것이다. 생활하는 데는 분명히 돈이 필요하지만(전 10:19) 돈을 사랑함이 일만 악의 뿌리가 된다는 사실(딤전 6:10)을 항상 기억해야 한다.[22]

돈에 대해 가장 중요한 성경의 가르침은 '자족'이다. 비천에 처할 줄도 알고 풍부에 처할 줄도 알아 일체의 비결을 배웠다고 고백한 바울(빌 4:12)의 자족을 배워야 한다. 하나님께서 맡겨주신 재물을 중요하게 관리하되 그것에 매이거나 좌우되지 말아야 한다.

요즘 청년들은 직업을 선택할 때 연봉을 먼저 고려한다. 그러고 나서 업무가 무엇인지 또는 내 적성에 맞는지 따져본다. 순서대로 보면 '돈-일-나'이다. 그렇게 되면 말 그대로 돈 때문에 일이 난다. 그래서 방선기 목사는 그 순서가 '나-일-돈'이어야 한다고 말한다.[23] 우선 내 적성과 역량이 무엇인지 살펴보고 나에게 맞는 일을 찾아보면 돈은 그 결과로 주어지는 것이 되어야 한다는 것이다.

돈은 내가 주인일 때는 귀하고 쓸모 있지만, 돈이 주인이 되면 폭군이 된다는 말이 있다. '나-일-돈'일 때 돈은 참으로 충직한 종이 되지만 '돈-일-나'로 바뀌는 순간 엄청난 재난을 초래할 수 있다.

청지기는 돈을 관리하되 돈이 주인이 되지 않도록 항상 깨어 있어야 한다. 크리스천이 돈의 청지기로서 기준과 원칙을 잃지 않는 방법은 간단하다. 내 돈이 내 것이 아니며 하나님께서 맡기신 것임을 알고 하나님의 것을 올려드릴 줄 아는 것이다.

독일 프랑크푸르트에서 근무하다 이웃나라 오스트리아 비엔나로 발령받은 다음에는 지점장이 되어 한층 업그레이드된 근무 여건과 환경을 누리게 되었다. 두 나라 공히 독일어를 사용하여 아이들도 적응하는 데 전혀 문제가 없었다. 나 역시 순조롭게 적응할 수 있었다. 독일에서 살던 집이 너무 협소해 이번에는 아내와 함께 사전 답사를 해서 조금 더 넓은 집으로 이사했다. 좋은 교회를 소개 받아 말씀을 통해 은혜를 받을 수도 있었다.

비엔나에서 적응해가던 어느 날 아침 큐티에서 잘 아는 말씀이 눈에 들어왔다. 잠언 3장 9절과 10절 말씀이었다. 대학부 시절 제자훈련할 때 눈 감고도 줄줄 암송했던 구절이었다.

"네 재물과 네 소산물의 처음 익은 열매로 여호와를 공경하라 그리하면 네 창고가 가득히 차고 네 포도즙 틀에 새 포도즙이 넘치리라."

암송했던 반가운 구절인지라 눈을 감고 암송했다. 그런데 암송 중에 하필이면 발령 받아 이사하는 과정에서 프랑크푸르트의 교회에 드리지 못한 십일조 생각이 났다.

4월 중순에 프랑크푸르트에서 비엔나로 이전하면서 급여의 일부는 독일 지점에서, 일부는 오스트리아 지점에서 받았다. 그러다 보니 프랑크푸르트 한인교회에서 매월 드리던 십일조를 내지 못하고 비엔나 한인교회에 와서 비엔나에서 받은 급여에 대한 십일조만 드린 것이다. 부모님으로부터 십일조에 대한 훈련을 받았기에 당시 한국에서 일부 지급되던 급여에 대한 십일조는 국내의 모교회인 성도교회에 꼬박꼬박 내고 있었다. 그런데 독일에서 하지 못하고 지나간 십일조 생각이 난 것이다.

일반적으로 이사를 하고 나면 새로운 물품을 장만해야 하기에 당시에는 생활비를 빠듯하게 운영하고 있었다. 그런데 비록 내지 않은 십일조이지만 지나간 것까지 내야 한다니 부담이 생겼다. 그러면서 '꼭 이렇게까지 율법적으로 십일조를 내야 하나?' 하는 생각이 들었다. 그래서 머리를 흔들며 그냥 지나쳐 버렸다. 하지만 하나님께서는 언제나 그러셨듯이, 매일 아침 큐티에서 지난번 큐티 묵상을 다시 기억나게 하셨다. 며칠 동안 그렇게 계속 괴롭히셨다. 과거에도 몇 번 그런 경험이 있었기에 이번에도 하나님께 일찌감치 항복하고 십일조를 내기로 결심했다.

결심한 날 아침, 독일 프랑크푸르트 한인교회에서 친했던 집사님께 전화를 걸었다. 내가 내야 할 십일조 액수를 얘기하면서 송금할 계좌번호를 물었다. 그 집사님은 내 말을 듣고 매우 반가워하셨다. 지난주 그 교회 제직회에서 선교사 추가 지원에 대해 협의한 결과 불가리아 선교사 한 분을 신규로 지원하기로 했단다. 그런데 매월 지원하기로 한 선교헌금 액수가 내가 언급한 십일조 액수와 같다는 것이었다. 내 헌금이 불가리아 선교헌금의 첫 마중물이 된 것을 축하하며 감사의 인사를 전했다. 프랑크푸르트 한인교회에 빼놓은 십일조를 송금하면서 마음이 뿌듯했다. 동유럽 선교에 조금이라도 기여할 수 있다니 감사했다.

만일 내가 그 십일조를 하지 않고 그냥 넘어갔다면 어땠을까? 물론 십일조를 하지 않았다고 하나님이 삐치셔서 마른하늘에 날벼락을 때

리시거나 길을 걸어갈 때 갑자기 아스팔트가 튀어 올라와 내 이마를 치게 하시진 않으실 것이다. 하나님이 돈이 없거나 재물이 필요한 분이 아니시기 때문이다. 하지만 이런 뿌듯한 은혜의 체험과 감사의 제목은 놓치게 되었으리라.

놀라운 일은 그 다음에 일어났다. 3개월 후 독일지점에서 연락이 왔다. 독일에서 사전에 지불한 소득세금에 대한 환급액을 송금할 테니 알고 있으란다. 갑자기 내가 드린 십일조 생각이 났다. '하나님께서 그 금액을 갚아주시려나?' 하는 생각이 문득 들었다. 나중에 송금된 환급액을 보니 내가 내지 않았다가 뒤늦게 냈던 십일조 금액의 10배에 해당되는 큰 금액이었다.

둘째, 청지기는 일에 의미(Meaning)를 부여한다

루터가 주어진 역할을 다하는 책임 차원에서 직업의 소명을 강조했다면, 칼빈은 하나님이 각 사람에게 특별한 재능과 능력을 주셨으므로 은사를 사용한다는 차원에서 직업의 의미를 강조했다.[24] 나를 부르신 일터에서 의미를 찾는 작업은 청지기에게 반드시 필요한 과정이다.

나는 가끔 일터사역 강의를 하기 전에 이렇게 물어본다.

"100억 원 복권에 당첨되면 어떻게 하시겠습니까?"

겉으로 솔직하게 표현하지는 않지만, 복권에 당첨되면 지금 하던 일을 그만두고 싶다는 마음을 누구에게서나 읽을 수 있다. 왜일까? 그만큼 지금 하는 일에서 돈과 상관없이 의미를 느끼지 못하고 있기 때문이 아닐까?

방선기 목사는 일에서 의미를 찾기 위해 스스로에게 두 가지 질문을 하라고 권한다. 첫째 내 직업이 이웃에게 유익이 되는가? 둘째, 일터에서 내 일을 즐기고 있는가?[25] 청지기로서 일터사역자는 이 두 가지 질문에 대해 "네"라고 대답할 수 있기 위해 고민하며, 자신을 살펴보고 하나님께 물어보기도 해야 한다.

대한항공에서 일할 때 십여 년 넘게 한 번도 연락이 없던 친구들이 내게 전화하는 일이 종종 있었다. 대부분 항공권 좌석이 없으니 도와달라는 얘기였다. 도와주면서도 짜증이 나고 이용당하는 것 같아 기분도 별로였다. 그런데 친구들의 요구를 직업의 의미 찾기에 대입해 보니 내 업무가 이웃에 유익을 주고 도움이 된다는 생각을 하게 되었다. 내 일에서 의미를 찾을 수 있었던 것이다.

그런데 일반적으로는 일을 하면서 의미를 느끼는 경우는 많지 않다. 사회가 분화되고 업무도 세분화되면서 일의 의미를 찾기 힘들어졌기 때문이다. 내가 하고 있는 업무가 이웃에게 어떤 유익을 주고 있는지 추적하기 어려우리만치 복잡한 사회가 되었다. 하지만 굳이 따져보지 않더라도 내 일이 도덕적, 윤리적으로 문제만 없다면 누군가에게 분명히 유익을 주고 있다. 그 의미를 찾아가고 발견하려는 노력이 필요하다. 일에서 의미를 발견하면 재미가 생기고 일을 즐길 수 있게 된다. 일에서 의미를 발견하는 비결은 사실 멀리 있지 않다. 그 일을 주께 하듯 하면 되는 것이다(골 3:23).

어느 목사님이 미국 유학시절에 체험한 간증을 들었다. 돈 없이 유학을 갔기에 닥치는 대로 아르바이트를 하고 있었는데, 어느 날 교학팀에서 아르바이트 자리가 있다고 연락이 왔다. 반가운 마음에 주소를 받아 들고 현장에 가보니 할머니 한 분이 기다리고 계셨다. 그동안 했던 아르바이트는 주로 청소나 식당 주방 보조 같은 것이었는데 가정집이라 의아했다. 목사님을 기다리고 있는 일은 집 내부를 칠하는 페인팅이었다. 그 집에 들어가 보니 벽과 천장이 깨끗하게 칠이 돼 있어 더 이상하다는 생각이 들었다. 할머니가 말했다.

"다른 곳은 내가 알아서 다 페인트칠을 했는데 창틀은 복잡하고 어려워 전문가가 필요할 것 같아 불렀어요."

그 목사님은 한 번도 페인트칠을 해본 적이 없었다. 게다가 가장 복잡하고 어려운 창틀에 칠을 해야 하는 참혹한 상황에서 뭐라 핑계할수도 없었다. 할머니는 쇼핑을 하고 오려는지 2,3시간 후에 돌아오겠다고 하더니 차를 몰고 나가버렸다. 목사님은 답답한 마음에 기도를 했다. 평소 묵상하던 골로새서 3장 23절 말씀을 읊조리면서 주님께 하듯 간절한 마음으로 창틀에 페인트를 칠했다. 3시간 후 돌아온 할머니가 칠이 끝난 창틀을 보며 말했다.

"역시 전문가라 다르네요. 만족해요. 수고했습니다."

청지기의 기본자세는 능력보다 태도다. 태도가 올바르면 능력도 따라오게 된다.

내가 장로로 섬기는 성도교회에 관리집사님이 있다. 이분은 교회의 보배이다. 무슨 일이 일어나도 도망가거나 겁내는 일이 없다. 주일에 일을 부탁해놓고 다음 주에 교회에 가보면 부탁했던 일이 반듯하게 마무리되어 있는 것을 보고 놀라곤 한다. 그것도 외부 용역업체에 맡기면 비용이 많이 드니 스스로 문제를 분석하고 솔루션을 도출해서, 필요한 자재만 외부에서 구입하고 자신이 직접 작업한다. 더 놀라운 것은 전기, 설비, 건축, 수리, 보수, 설치 같은 교회 건물의 장치와 설비의 모든 분야에서 두루 너끈하게 일을 처리해내는 것이다. 그래서 교인들은 그를 맥가이버 집사님으로 부른다. 한번은 내가 그에게 물었다.

"예상치 못한 일이 생기거나 기계가 고장 나면 짜증나지 않으세요?"

그가 대답했다.

"어떻게 해결할지 생각하기 시작하지요."

그가 그렇게 여러 분야에서 전문가가 된 것은 주님께서 주신 달란트와 역량 때문이기도 하겠지만, 그것보다 교회의 무슨 일이든 자기 일처럼, 주님께 하듯 열린 마음과 적극적인 자세와 태도로 일하기 때문이다. 그의 태도가 역량과 달란트를 업그레이드시키고 그를 맥가이버로 성장시켰다고 믿는다. 나는 전국 교회 관리집사 역량 경진대회가 있다면 이분이 꼭 출전하도록 권면해서 자랑스러운 금메달을 따게 하고 싶다.

새로운 아파트에 전입하면서 리모델링 공사를 한 적이 있다. 김 실장이라는 분을 소개받아 화장실과 부엌, 천장과 벽 내장 공사를 부탁했다. 조금 비싼 것 같았으나 김 실장이 가격 협상을 원치 않았고 워낙 일을 잘 한다는 소문만 믿고 맡겼다. 결과는 놀라웠다. 인부들과 같이 작업하기도 했지만, 일을 맡기고 갈 경우 돌아오면 반드시 공사한 결과를 점검했다. 품질 검사를 한 것이다. 자기 마음에 들지 않으면 다시 시공하도록 지시했다. 물론 다시 확인하고 또 점검했다. 공사를 부탁한 우리가 보기에도 괜찮은 것 같은데, 본인의 판단과 기준에 미치지 못하다고 생각되면 비용과 관계없이 인부와 자재를 다시 투입해서 마무리 작업을 잘 해주었다.

김 실장에게는 리모델링 공사가 단순한 공사가 아니라 자신의 예술작품이었다. 자기에게 주어진 모든 일을 자기 작품이라고 생각하니 혼신의 힘을 기울였던 것이다. 김 실장이 비록 예수를 믿는 분은 아니지만 그 분이 일하는 자세는 골삼이삼 그 자체였다. 혹시 아파트 리모델링을 원하는 분이 있다면 자신있게 권해 드리고 싶다.

작가 도로시 세이어즈(Dorothy L. Sayers)는 교회가 성도들에게 능력의 중요성을 강조하지 않는다고 비판하면서 이렇게 말했다.[26]

"교회가 유능한 목수에게 해주는 말이란 게 고작해야 일 끝내고 술 마시지 말고 주일마다 교회 나오라고 권면하는 것이 전부다. 하지만 교회가 그 목수에게 정말 해줘야 할 말은, 그의 신앙생활에서 가장 중요한 일이 훌륭한 탁자를 만드는 것이라는 사실이다."

'교인들이 세상에서의 사역에만 몰두한다면 누가 교회의 사역을 도와줄 것인가?'라고 염려할 필요는 없다. 세상을 향해 사역하는 것이 자신의 소명이라고 믿는 그리스도인 가운데 자기 교회에서 열심히 봉사하지 않는 사람은 거의 없으니 말이다.

오스 힐먼은 일터의 증인이 갖추어야 할 첫 번째 자질을 탁월한 업무능력이라고 지적하면서 이렇게 말했다.[27]

"기독교인들이 탁월한 업무능력을 발휘하지 못하면 일터에서 그리스도의 영광이 실추될 수밖에 없다. 우리는 모든 일을 예수님의 이름으로 주님께 하듯 해야 한다(골 3:17). 사람들의 존경을 받기 위해서는 탁월한 업무능력을 발휘해야 한다. 물론 탁월한 업무능력이 사람들을 그리스도에게 인도하는 가장 중요한 수단은 아니다. 하지만 업무능력이 탁월하지 못하면 쉽게 불신을 살 수밖에 없고 결국에는 그리스도를 전할 수 있는 기회가 박탈된다. 우리는 필요할 경우라면 오 리를 가자고 해도 십 리를 가주고, 주변 사람들을 섬기기 위해 최선을 다하며 다른 누구보다 일을 잘 할 수 있어야 한다."

나사렛 사람들은 '아버지 요셉과 아들 예수'라는 상표가 붙은 책상이나 걸상을 사용하면서 그 상품에 대해 어떤 평가를 내렸을까? 청년 예수가 성경 읽고 기도하며 3년간의 공생애를 준비하느라 아버지 요셉의 눈을 속여 가며 침대와 가구를 대충 대강 만들었을까? 그러지 않으셨을 것이다. 나사렛에서 최고의 가구를 만드셨을 것이다. 최우수 목수였을 예수님을 상상하면서, 오늘도 나에게 주어진 일터에서 최고의 전문가로 인정받게 되기를 기대해본다.

셋째, 청지기는 사명(Mission) 의식을 마음 깊이 품는다

일터는 생육하고 번성하고 땅에 충만하고 땅을 다스리라고 하신 하나님의 창조 명령(창 1:28,29)과 모든 족속으로 제자를 삼아 아버지와 아들과 성령의 이름으로 세례를 주라고 하신 복음 전파 명령(마 28:19-20)이 실천되고 성취되는 곳이다. 일터에서 하나님이 맡겨주신 사명이라 생각하고 일할 뿐 아니라, 일터에서 일을 통해 만나는 영혼들을 사랑으로 대하고 복음을 전파하는 것이 청지기의 책무이다.

때로는 제한된 공간과 시간 때문에 업무 수행과 복음 전파를 동시에 하지 못할 때가 더 많다. 1년간 선교훈련을 받고 독일 발령을 받았을 때 마음속으로 선교사역에 대한 꿈을 품었지만, 매일 야근하고 본사가 요구하는 과제에 대한 스트레스 때문에 가까스로 생존하는 수준의 신앙생활을 했던 적이 있다. 일터사역자로서 아무것도 못했지만 이 과정을 통해 나를 낮추고 겸손하게 만드신 것 같다. 그럼에도 불구하고 사역에 대한 꿈과 부담은 놓지 않았다. 하나님은 결국 여러 가지 방법으로 복음을 위해 일하게 하시고 이를 통해 풍성한 열매를 맛보게 하셨다. 일터사역자는 청지기로서 사명의식을 내려놓지 말아야 함을 알게 된 과정이었다.

일터사역을 이야기할 때 성경에서 많이 찾게 되는 인물은 요셉, 다윗, 다니엘, 느헤미야이다. 그들의 일터사역을 보면서 많은 것을 배우고 깨달을 수 있기 때문이다. 그들은 당시 환경에서 보면 세상이라는 무대의 주인공이었다. 요셉은 총리대신이었다. 다윗은 왕이었다. 다니엘은 총리대신이었다. 느헤미야는 왕의 비서실장이었다. 그런데 성경을 보면 조연으로도 멋지게 일터사역을 한 인물을 많이 만나게 된다. 아합 왕 밑에서 궁궐 관리를 맡고 있던 궁내대신 오바댜와 아람의 나아만 장군 밑에 있던 여종 같은 사람들이다.

아합 왕은 우상을 섬기던 이스라엘 왕 중에서도 최고로 악한 왕으로 꼽는다. 바알과 아세라 우상의 선교사 역할을 했던 아내 이세벨과 함께 하나님을 경외하는 선지자들을 멸절시켰고 엘리야 선지자까지 죽이려고 했던 불신앙의 아이콘이었다. 그런 아합을 측근에서 모시던 사람이 바로 궁내대신 오바댜였다. 그는 여호와를 지극히 경외하는 자로서 이세벨이 여호와의 선지자들을 멸할 때 선지자 100명을 굴에 숨기고 떡과 물을 먹였다(왕상 18:3,4).

여호와를 지극히 경외하는 오바댜가 어떻게 우상숭배자 아합 왕과 이세벨 밑에서 일할 수 있었을까? 그는 신앙에 맞지 않는 지시를 받았을 때 어떻게 했을까? 자기가 추구하는 가치와 완전히 다른 상사를 모시면서 받은 스트레스와 고통을 어떻게 감내하며 살았을까? 이런 질문들을 하다 보니 오바댜는 세상 속에서 일하는 모든 믿는 사람들에게 새로운 감동과 가르침을 주는 대상이 되었다.

나아만 장군의 여종은 나아만이 이스라엘과 전쟁했을 때 자기 아내를 위해 포로로 잡아온 여종이었다. 나아만이 나병에 들었을 때 그 여종은 "우리 주인이 사마리아에 계신 엘리야 선지자 앞에 가면 병이 나을 것"이라고 여주인에게 귀띔한다. 여종의 얘기를 들은 여주인은 남편 나아만에게 알렸고, 나아만은 즉시 사마리아로 떠나게 된다. 놀라운 것은 여종의 한마디에 아람 왕국의 제2인자가 '해외 출장'을 갔다는 사실이다. 이스라엘에서 붙잡혀 온 노예가 우상을 섬기는 아람의 최고위층 부부에게 영향을 끼친 것이다. 비록 작은 여종이지만, 그 여종의 이야기를 묵상하면서 그가 어떻게 불신 상사에게 영향력을 발휘할 수 있었을까 궁금해지기 시작했다.

오바댜와 여종에게는 공통점이 세 가지 있다. 첫째, 불신 상사를 모시고 살았다는 것이다. 둘째, 일터의 문제 해결에 대한 열정이 있었다. 셋째, 하나님의 뜻이 일터에 흘러 들어가는 통로 역할을 했다.

오바댜나 나아만의 여종의 일터는 신앙 정체성을 고수하며 살기에 그리 호락호락하지 않은 곳이었다. 그럼에도 불구하고 그들은 거기서 자신을 청지기로 보내신 하나님의 뜻을 이루며 멋지게 사역을 감당하였다.

그들에게도 성격이 거지(!) 같은 불신상사를 모시는 일이 그리 쉽지는 않았을 것이다. 신앙과 가치에 위배되는 지시를 받았을 때는 크게 고민되었을 것이다. 그랬기에 하나님께 기도하며 창의적 대안을 구하지 않았을까 상상해본다. 무조건 흑백논리로 모 아니면 도가 아니라, 주어진 상황 속에서 최선과 최적의 방안을 찾기 위해 기도하고 고민하며 살았을 것이다.

그들은 일터의 문제와 장애물에 대해 관심을 가졌고, 이를 해결하기 위한 열정으로 간절했다. 그랬기에 오바댜는 아합 왕과 같이 가뭄을 해갈할 수 있는 물 근원을 찾으러 온 나라를 돌아다녔다. 여종은 자신의 주인인 나아만의 나병에 관심을 갖고 그 병이 치료되길 간절히 바랐다. 하지만 오바댜가 여주인에게 엘리야의 존재를 얘기하는 것은 상당히 위험천만한 일이었다. 만일 엘리사를 만나러 갔다가 치료받지 못하고 돌아온다면 괘씸죄로 죽을 수도 있었다. 그럴 정도로 일터의 문제 해결을 위한 열정으로 가득 차 있었다.

오바댜는 물 근원을 찾으러 나갔다가 엘리야 선지자를 만나게 되고 아합과 엘리야가 만나는 가교 역할을 하게 된다. 3년간 내리지 않은 비를 내리시려는 하나님의 뜻이 이스라엘 땅에 흘러 들어가는 복의 통로가 된 것이다. 나아만은 엘리사를 만나 나병만 치유 받은 것이 아니라 여호와 하나님에 대한 신앙을 갖게 된다(왕하 5:15-17). 여종이 하나님의 치유와 구원의 길을 전달하는 복의 통로 역할까지 한 것이다.

모든 일을 주께 하듯 하라

존 맥스웰은 "소명이란 주께서 주신 재능을 사용해서 그분의 계획에 따라 영원히 의미 있는 방법으로 일하라고 부르시는 하나님의 개인적인 초청이다"라고 말했다.[28] 우리가 그런 소명을 가졌다면 우리도 오바댜와 여종의 공통점을 붙들어야 한다. 일터가 아무리 힘들고 고되고 탈출하고 싶은 곳이라 할지라도 일터에서 기도하면서 창조적 대안을 모색하고, 일터의 문제를 해결하며 일터를 개선하려는 열정을 품어야 한다. 동시에 내가 일터에 있음으로 하여 하나님의 뜻과 축복이 흘러 들어가는 통로임을 자각하고 그곳에서 살아가야 한다. 그것이 청지기의 모습이다.

진 에드워드 베이스는 소명의 원리는 인생에서 평범한 일을 특별한 의미가 가득한 것으로 볼 수 있도록 도와주는 것이라고 했다.[29] 따라서 상황과 여건이 아무리 어렵고 힘들어도 소명 속에 계시는 그리스도를 보면서 살아야 한다.

세바스찬 트레거는 이렇게 말했다.[30]

"자신이 그다지 원하지 않는 곳에서 일한다고 해서 너무 낙심하지 말자. 하나님이 우리를 그곳에 배치하신 데는 다 이유가 있다. 나중에 우리를 다른 곳에 배치하실지도 모른다. 우리가 익힌 기술을 다음 직장에서 유용하게 사용할 수도 있다. 중요한 것은 지금 하나님께서 맡기신 일을 잘 해내는 것이다."

이 대목에서 이 말씀이 생각나지 않을 수 없다.

> [5]종들아 두려워하고 떨며 성실한 마음으로 육체의 상전에게 순종하기를 그리스도께 하듯 하라 [6]눈가림만 하여 사람을 기쁘게 하는 자처럼 하지 말고 그리스도의 종들처럼 마음으로 하나님의 뜻을 행하고 [7]기쁜 마음으로 섬기기를 주께 하듯 하고 사람들에게 하듯 하지 말라 _엡 6:5-7

● 일터나눔 _13장

① 청지기의 모토는 '골삼이삼'(골 3:23)이다. 무슨 일을 하든지 주께 하듯 해야 하는 3M 영역(Money, Meaning, Mission) 중에서 나에게 개선이나 변화가 필요한 부분이 무엇인지 생각해보자.

② 아합왕의 궁내대신 오바댜와 나아만 장군의 여종의 상황(어려움과 고민)을 상상해서 나눠보자. 그것을 각자의 일터 상황과 비교해보고, 우리가 배우고 적용할 점을 찾아보자.

—— 청지기가 관리하는 세 가지 영역

일터의 군사가
맞붙을 상대

회사에는 상달고사(上達告祀)라는
것이 있다. 그때마다 안타까웠다.
'회사의 상황이 어렵고 힘들 때는 하나님께 기도해야 하는데….' 그러
나 그건 신자들의 생각일 뿐이다.

10월이 되면 어김없이 상달고사를 지냈다. 그럴 때면 신우회 지체
들은 새벽 일찍 회의실에 모여 회사를 위해 기도했다. 직원 시절에는
그냥 참여하지 않으면 그만이지만, 임원이 되고 나니 행사에 참석하
라는 공식 안내를 받게 됐다. 부담이 커지기 시작했다. 하지만 고사에
참석해 절을 하지 않는 것보다 차라리 참석하지 않는 편이 나을 것 같
았다. 총무부 담당자에게 내 입장을 피력한 후 행사에 불참하고, 같은

시간에 신우회 기도모임을 갖고 회사를 위해 기도했다.

일터를 축복하는 영적 전투

계열사인 토파스 대표이사로 발령받아 사무실을 옮기니, 그 빌딩에서
는 상달고사를 새벽 일찍 시작해 다른 계열사들도 연이어 실시하고
있었다. 그 빌딩에 상주하는 계열사 대표들과 임원들이 1층 로비에 모
여 상달고사를 지낼 때가 되었다. 나 역시 계열사 대표이기 때문에 고
사에 참석해야 하는 처지였다. 부담되고 걱정도 되었지만, 회사의 미
래를 미신적인 것에 건다는 것에 안타까운 마음을 감출 수 없어 고사
를 주관하고 진행하는 빌딩 관리회사 대표이사에게 내 마음을 설명해
드렸다. 내 신앙 양심상 고사에 참석할 수 없으며, 대신 같은 시간 교회
새벽기도회에 참석해 그룹사를 위해 기도하겠다고 말씀드렸다.

고사 당일 아침, 평소처럼 새벽기도회에 가기 위해 엘리베이터를
탔는데 갑자기 작동이 멈췄다. 새벽 5시 20분경이라 비상벨을 눌러
도 아무런 회신이 없었다. 거의 10분 동안 엘리베이터에 갇혀 있다
가 뒤늦게 달려온 경비원의 도움으로 엘리베이터에서 탈출할 수 있었
다. 시계를 보니 새벽기도회 참석은 어려워져 회사로 곧장 출근했다.
도착했을 때 막 고사가 시작되고 있었다. 나는 사무실로 올라가 의자
에 앉아 회사를 위해 기도하기 시작했다. 그리고 깨닫게 되었다. 하나
님은 고사가 진행되는 현장에서 회사를 위해 축복기도를 하기 원하셨
던 것이다. 그 자리에서 회사를 축복함으로써 나만의 영적 전투를 치
러야 했던 것이다.

우리의 일터는 때로 영적 전쟁의 현장이 되곤 한다. 그때는 하나님

의 군사가 되어 전투를 치러야 한다. 그 전투의 대상은 믿지 않는 사람들이 아니다. 눈에 보이지 않는 대상이다.

> [12]우리의 씨름은 혈과 육을 상대하는 것이 아니요 통치자들과 권세들과 이 어둠의 세상 주관자들과 하늘에 있는 악의 영들을 상대함이라 [13]그러므로 하나님의 전신 갑주를 취하라 이는 악한 날에 너희가 능히 대적하고 모든 일을 행한 후에 서기 위함이라
>
> _엡 6:12,13

　미신적인 행사나 고사만 영적 전쟁 현장이 아니다. 일터는 어디나 사탄 마귀가 우는 사자 같이 두루 다니며 삼킬 자를 찾는 살벌한 영적 전쟁터이다. 때로는 비리를 보고도 못 본 척 눈감고 세상 방식으로 살아야 성공할 수 있다고 위협한다. 교회에서 배운 대로 살면 큰 일 난다고 협박한다. 그런 의미에서 술은 문화와 기호의 문제이기도 하지만 동시에 영적인 문제이기도 하다.

　술자리가 세상 문화에 굴복하고 세상 방식에 좌우돼 세상과 사람을 의존하게 만드는 통로가 되면, 술은 더 이상 기호의 문제가 아니다. 우리가 의뢰해야 할 하나님을 대체하는 우상이 되어버리는 것이다. 그러므로 일터사역자는 항상 깨어 있어 영적 군사로 준비되어야 한다. 때로 주님과 함께 고난을 감수해야 하고 세상 방식으로부터 뛰쳐나와 다르게 생활해야 한다. 바울은 디모데에게 이렇게 권면했다.

> [3]너는 그리스도 예수의 좋은 병사로 나와 함께 고난을 받으라 [4]병사로 복무하는 자는 자기 생활에 얽매이는 자가 하나도 없나니 이는 병사로 모집한 자를 기쁘게 하려 함이라 _딤후 2:3,4

── 일터사역자의 세 가지 역할

그리스도 군사의 심리적 전투

70대 어머니와 40대 아들의 대화다. 아들이 말했다.

"어머니, 오늘은 교회 가기 싫어요."

어머니가 이유를 물어보자 아들이 이렇게 대답했다.

"첫째는 주일에 늦잠 좀 자고 싶은데 일찍 일어나야 하니까 싫고, 둘째는 장로님의 기도가 너무 길고, 셋째는 성가대의 불협화음이 마음에 들지 않아요."

그랬더니 어머님은 정색하면서 아들에게 교회에 가야 하는 이유를 세 가지 꼽아주었다.

"첫째, 교회는 사람 보고 가는 곳이 아니니까 가야 한다. 둘째, 예배는 선택사항이 아니라 필수의무이므로 가야 한다. 셋째, 네가 그 교회 담임목사이니까 가야 한다."

인터넷에서 읽은 재미있는 글이다. 일은 누구에게나 힘들고 고통스럽다는 이야기이다. 대부분의 목사님들은 기쁨과 감사로 주일예배시간을 보내겠지만, 목사님들에게조차 주일에 감당해야 하는 예배와 각종 예식이 힘들고 스트레스일 수 있다. 사람이 범죄한 결과, 노동은 타락의 영향을 받아 힘들고 고통스러운 것으로 전락해버렸기 때문이다. 성경은 타락이 노동에 미친 영향을 이렇게 묘사하고 있다.

[17]아담에게 이르시되 네가 네 아내의 말을 듣고 내가 네게 먹지 말라 한 나무의 열매를 먹었은즉 땅은 너로 말미암아 저주를 받고 너는 네 평생에 수고하여야 그 소산을 먹으리라 [18]땅이 네게 가시덤불과 엉겅퀴를 낼 것이라 네가 먹을 것은 밭의 채소인즉 [19]네가 흙으로 돌아갈 때까지 얼굴에 땀을 흘려야 먹을 것을 먹으리니 네가 그것에서 취함을 입었음이라 너는 흙이니 흙으로 돌아갈 것이니라 하시니라 _창 3:17-19

일터의 군사가 맞붙을 상대

우리는 일터에서 우리에게 주어진 스트레스와 고통과 심리적 압박감과 싸워야 한다. '예수 믿으면 마음속에 평안과 감사가 넘쳐야 하는데, 왜 나는 직장에서 먹고 사는 게 이렇게 힘들고 고통스러운가?'라는 의문이 생기곤 한다. 그러다 보면 수십 년 믿은 내 신앙의 연약함과 한계에 대해 자괴감이 생기고 더 좌절하고 절망하게 된다. 그러나 이런 현상이 죄의 결과이며 우리의 땀과 고통이 타락의 결과임을 알게 된다면, 주어진 상황을 그대로 받아들이고 그로 인한 심리적 스트레스와 싸울 수 있게 된다.

금요일 저녁이 되면 괜히 마음이 들뜨지만 주일 오후가 되면 마음이 무겁고 월요일 아침에는 월요병과 싸워야 한다. 나는 대표이사가 되면 조직 내에서 상사 신경 쓸 필요가 없을 것이므로 월요병이 사라질 것이라고 생각했다. 그렇지 않았다. 월요병은 더 심해졌고 일터의 스트레스는 변함 없었다.

김현철 목사는 군사(warrior)와 겁쟁이(worrier)를 대비해 설명한다.[31]

"그리스도인이 되면 무작정 낙관주의자가 되어 두려움과 불안과 염려를 못 느끼는 게 아니다. 사망의 음침한 골짜기에서도 주님이 함께하심을 믿기에 믿음의 칼로 두려움과 불안과 염려를 잘라버리고 담대해지는 것이다."

일터에서 심리적 전투를 싸우면서 우리가 의지해야 할 것은 성령님의 도우심과 위로와 격려하심이다.

어느 날 마음이 울적했다. 큐티도 안 되고 아침에 출근해도 우울한 마음이 풀리지 않았다. 내가 지금까지 무엇을 위해 달려왔는지 알 수 없어 절망하고 외로움을 느끼기도 했다. 출근해서 1,2시간이 지났을까, 전화벨이 울렸다. 오랜만에 듣게 되는 어느 부서 직원의 목소리였다. 왜 전화했느냐고 물으니 그냥 내가 생각나서 전화했단다. 그래서 그동안 어떻게 지냈는지 서로 인사를 나누고 전화를 끊었다. 그런데 그 전화가 나의 우울함과 외로움을 말끔하게 씻어주었다. 치열하게 심리전을 싸우는 중에 성령님께서 나에게 주신 능력의 선물이었다.

고된 업무와 야근으로 지쳐 맥없이 절망하고 고뇌하는 그리스도인에게 이정규 목사는 예수님의 초청장을 대신 전한다.[32]

"지금 내게로 오라."

"하지만 주님, 저는 지금 짜증과 염려가 폭발 직전입니다."

"알고 있다. 그러니 지금 내 안에 거하라!"

"어떻게 그럴 수 있나요? 저는 방금까지도 일에 치이다, 상사와 부하직원 욕하다, 가족에게 짜증 부리다, 탐욕 부리다, 예수님에게마저 원망을 늘어놓고 있었습니다. 제 기분이 조금 더 나아지거나 거룩해지면 그때 주님께 가겠습니다."

"아니다! 나는 너의 유일한 구원이고 피난처란다. 네가 내 안에서 안식을 얻지 못하면 어디에서도 쉴 수 없다. 그러니 내게 오라. 바로 지금!"

예수님의 초청을 받아들일 때, 살벌하고 치열한 일터의 심리전에서 승리할 수 있음을 기억하자.

그리스도 군사의 윤리적 전투

IMF시절에 갑작스런 해외여행 수요 감소로 회사가 비상 상황이 됐다. 그래서 해외의 주요 보직까지 없애는 상황에도 불구하고 해외 근무를 하고 있던 나는 부장으로 진급까지 하여 사람들의 부러움을 사며 귀국했다. 귀국 후 얼마 지나지 않아 본사 팀장으로 발령받았다. 해외 근무기간 중에 여러 번 말씀을 통해 일터사역자로 세워주시겠다는 약속을 주셨기에, 하나님의 연이은 복 주심에 감사하며 신우회 사역에도 힘쓰리라 마음 먹고 있었다.

팀장이 되니 회사카드가 주어졌다. 정해진 한도까지 쓸 수 있는 법인카드였다. 다른 팀장들이 법인카드를 어떻게 사용하는지 알아보았더니 상당히 자유롭게 사용하고 있었다. 나는 주로 야근할 때나 오전에 회의한 다음 참석자들과 점심식사를 하는 데 사용했다. 해외근무에서 판촉비 사용에 대한 훈련을 확실히 받고 왔기 때문에 더 이상 재정에 대한 유혹과 싸움은 없을 거라고 자신했다. 그런데 이 법인카드가 다시 나를 흔들고 유혹하기 시작했다. 월말이 되어 법인카드 사용한도가 조금 남았을 때는 더욱 그랬다.

당시는 청년부 부장집사일 때라 청년들과 만날 일이 많았다. 청년들이 찬양 연습이나 드라마 연습을 할 때 피자를 사주거나 연습 후에 함께 식사를 해야 하는 상황이 많았다. 그런데 지불하기 위해 지갑을 꺼내면 항상 두 개의 카드가 보였다. 첫째는 내 개인카드이고 둘째는

나는 그리스도의 군사로서
영적 싸움을 싸운다!

——— 일터사역자의 세 가지 역할

법인카드였다. 당연히 개인카드를 꺼내야 했지만 남은 사용한도를 채우기 위해, 또 우리 청년들도 잠재적인 회사 고객이라고 스스로 우기면서 법인카드를 꺼내곤 했다. 마음속으로는 이렇게 합리화했다.

'귀한 청년들에게 밥을 사주는 건 하나님이 기뻐하시는 일인데 그정도는 할 수 있는 거 아닌가? 다른 팀장들은 회사와 관계도 없는 개인 일에 쓰기도 하는데, 그래도 나는 나라의 기둥인 청년들의 양육과 훈련을 위해 쓰는 거니까 거기에 비하면 떳떳한 거야.'

다시 하나님께서 개입하기 시작하셨다. 아침마다 큐티에서 나를 괴롭히셨다. 나는 항변했다.

"이건 해외근무 시절 판촉비와 다른 겁니다. 하나님이 회사 생활을 잘 모르셔서 그러신 것 같은데, 저는 상당히 건전하게 잘 쓰고 있는 겁니다. 다른 사람들 보세요. 왜 저만 가지고 이렇게 못 살게 구세요?"

몇 번이나 대꾸하고 반항도 해보았다. 그러나 하나님은 여러 가지 형태로 말씀하시며 경고하고 꾸짖으셨다. 나는 마침내 손을 들었다.

"하나님, 알겠습니다. 제가 치~사해서 이 법인카드 안 쓰겠습니다. 됐습니까?"

하나님은 그렇게 법인카드 쓰는 일을 훈련시키고 가르치셨다.

임원이 되니 법인카드 사용 한도액이 늘어났다. 대표이사가 되었을 때는 더 늘어났다. 하지만 이미 하나님께서 훈련시키신 게 있어서 법인카드는 대부분 내 지갑 속에서 할 일 없이 놀고 있을 때가 많았다. 요즘은 공직자의 법인카드 사용이 사회적 이슈가 되어 전체적으로 깨끗하고 투명하게 사용하는 것이 일상화되고 있지만, 당시는 그렇지 못했기에 하나님께서 내가 믿는 자로서, 특히 일터사역자로서 그렇게 다르게 살도록 가르치신 것을 깨닫게 된다.

일터사역자가 항상 싸워야 하는 문제는 '남들이 다 그렇게 하고 세상에서는 그렇게 하는 것이 지혜롭고 효율적이라는 비윤리적 상식과 경험들'이다. "너희는 이 세대를 본받지(conform) 말고 마음을 새롭게 함으로 변화(transform)를 받아 하나님의 선하시고 기뻐하시고 온전하신 뜻이 무엇인지 분별하도록 하라"는 로마서 말씀(롬 12:2)은 우리가 싸워야 할 전쟁의 방식을 잘 보여준다.

이 세대가 사는 방식과 세상이 추구하는 포맷(format)에 한번 들어가면 안전하고 편하고 효율적이다. 그렇게 사는 데 익숙해지고 처음에 느끼던 죄책감도 조금씩 사라지고 만다. 그러면 세상의 포맷에 맞춰(conform) 살아가게 되는 것이다. 그러나 하나님의 말씀을 통해 마음이 새롭게 되면 하나님 말씀이 편안하던 세상의 포맷과 달라 껄끄럽고 부담스럽게 되는 것이다. 그래서 하나님이 원하는 포맷으로 조금씩 변화시키다 보면 하나님의 뜻을 깨닫고 분별하게 되는 것이다.

일터에서는 윤리적 전투가 치열하게 펼쳐진다. 그리스도인이 세상의 빛과 소금이 되느냐 짐과 부끄러움이 되느냐는 이 싸움에서 판가름 난다. 말씀을 주야로 묵상하고 말씀으로 무장하는 일터사역자는 영적 전투에서 이기는 군사로 살아갈 수밖에 없다.

● 일터나눔 _14장

① 일터에서 싸워야 할 전투는 영적 전투, 심리적 전투, 세속문화와의 전투, 윤리적 전투 등 다양하다. 그 중 최근에 내가 싸웠던 전투는 어떤 것이었는지 나눠보자. 전투하는 군사로서 내가 보강해야 할 전투 영역은 무엇인지도 생각해보자.

② 군사에게 중요한 사명 중의 하나는 '견디기'이다. 각자의 일터에서 참고 견디고 기다려야 할 영역이나 상황이 있다면 나눠보고 서로를 위해 기도하자.

———— 일터사역자의 세 가지 역할

섬기고 대접하는 사람이 된다

일터사역자는 비즈니스 세계에서 섬기는 자가 되어야 한다. 사람을 섬기려면 먼저 내가 만나는 사람들과 관계부터 잘 맺어야 한다. 그러자면 대접해야 한다. 밥을 사라는 것이다. 대접과 접대는 다르다. 접대가 거래 관계에서 이익을 기대하는 일이라면, 대접은 순수하게 좋은 관계를 맺으려는 섬김이다. 그런 대접을 통해 섬기지도 않으면서 좋은 관계를 맺으려는 건 욕심이다. 식사 대접은 앞에서 말한 융화사역의 기본 방법이기도 하다. 그래야 기초가 된 정체성과 연합해 영향력을 가지게 되니 말이다.

식사를 대접하면서 자연스럽게 복음을 전하는 방법으로 창안한 것이 '3대 1 점심사역'(lunch ministry)이다. 3명의 일터사역 동역자가 1명의 전도대상자를 초청해 함께 식사하면서 교제를 나눈다. 점심사역을 위해 준비할 것은 나를 포함한 동역팀과 조용한 식당이면 충분하다. 3명의 동역팀을 모으기 곤란하면 2명도 좋다. 실제로 이 점심사역을 해보면 얼마나 즐겁고 유익한지 모른다. 선한 영향력을 끼칠 수 있고 비즈니스에 유익할 뿐 아니라 그 자리에서 복음을 전할 수도 있다.

3대 1 점심사역 진행법

동역팀은 매월 돌아가면서 각자 지인 1명을 점심시간에 초청해 식탁 교제를 나눈다. 저녁시간은 초청자나 피초청자나 서로 부담을 느낄 수 있기에 가급적 점심시간을 이용한다. 초청한 사람이 식당을 정하고 그날의 식비를 지불한다. 피초청자가 어떤 모임인지 사전에 안내받기도 하지만 무방비 상태로 오기도 한다.

식당에서 만나면 우선 명함을 교환하며 서로를 소개한다. 피초청자에게 양해를 구한 다음 식사기도로 식사를 시작하고 이런 저런 얘기를 나누다 보면 피초청자도 자기가 여기에 왜 초청됐는지 자연스럽게 눈치를 채게 된다. 왕년의 주일학교 시절에 교회 한번 안 다녀 본 사람이 거의 없다 보니 자연스럽게 신앙에 대한 생각과 현재의 마음 상태를 털어놓게 된다. 가족 상황이나 근무하는 일터 사정과 업계 상황도 대화를 통해 알게 된다. 시간이 짧다보니 보다 원활한 대화를 위해 피초청자의 가족 상황이나 근황에 대해 사전에 공유하고 기도로 준비하는 것도 도움이 된다.

대화를 나누다 피초청자의 마음이 많이 열렸다고 생각되면 잠깐 양

——일터사역자의 세 가지 역할

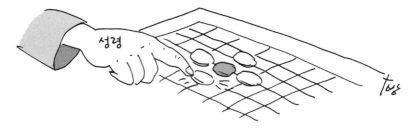

3:1 lunch ministry

3명이 포위(!)하면 성령님이 마무리!

해를 구하고 사영리나 브리지 같은 전도지를 꺼내 직접 복음을 전한다. 한 명이 복음을 전할 때 나머지 2명은 옆에서 조용히 기도해주면 된다. 피초청자의 마음이 아직 열리지 않았다고 생각되면 식사를 마치고 그의 문제나 고민거리들을 경청한 다음 함께 간절히 기도하고 축복하며 점심사역을 마친다.

점심사역에서 반드시 복음을 전해야 한다는 강박관념을 가질 필요는 없다. 누군가 자기의 문제를 위해 기도해주고 축복해주는 걸 마다하는 사람은 지금까지 한 명도 없었다.

짧은 점심사역이지만 결과는 놀랍다. 어떤 이들은 그 짧은 시간에 마음이 열려 그 자리에서 복음을 듣고 주님을 영접한다. 어떤 사람은 바로 다음 주부터 가족과 함께 교회에 출석했다. 진로에 대해 고민하던 사람이 그 다음날 처음 만난 내 사무실을 찾아와 고민 상담을 하기도 했다. 승진을 위한 기도를 부탁했던 사람이 승진한 후 기도 덕분이라며 감사하다고 다시 찾아온 적도 있다. 비록 짧은 시간이지만 성령님께서 역사하시면 눈물까지 흘리며 기도를 요청하는 경우도 있다.

이런 점심사역이 즐거워 많을 때는 여섯 팀까지 운영해본 적이 있다. 그러면 매주 새로운 사람을 만나게 된다. 매번 만나는 새로운 사람들의 얼굴과 상황을 잊지 않기 위해 모임 장면을 '셀카'로 찍어 모인 사람들과 메신저로 공유하고, 사무실에 돌아오면 그날 나눈 대화 내용을 점심사역 노트에 기록하고 또 기도한다.

점심사역에 초청받은 이들도 나를 포함한 동역팀 사람들과 새로운 인맥을 만들 수 있어 자신의 비즈니스에 도움이 될 것이다. 무엇보다 점심사역을 통해 새로운 사람들을 지속적으로 만나고 교제할 수 있다는 사실이 가장 기쁘고 감사하다.

점심식사 후에는 동역팀이 영적 후속 서비스 차원에서 피초청자의 기도제목을 기억하고 계속 기도할 뿐 아니라, 복음과 관련된 내용을 담은 이메일을 정기적으로 발송하여 그의 마음을 열고 신앙의 길로 나아가도록 도와준다. 초청자는 그 대상의 이후 상황이나 변화를 동역팀에 공유한다. 메신저나 이메일로 신앙을 권면하는 글을 보내고 기도해주는 '영적 후속 서비스'를 통해 피초청자가 교회 출석을 시작하는 경우도 많았다. 그러면 그를 2,3개월 후에 다시 초청해 축하 케이크의 촛불을 붙게 하고 신앙서적도 선물하면서 축하하고 함께 기뻐했다.

그동안 나와 함께 하던 동역팀 중에는 자체적으로 새로운 점심사역팀을 구성한 사람도 있었다. 구성원이 각자 자신을 중심으로 점심사역팀을 새롭게 구성하고 지속적으로 확대한다면 일터 현장에서 복음의 동심원은 넓어지고 그리스도인의 영향력은 점차 확대될 것이다. 새로운 사람을 만나 관계도 넓히고 복음도 전하고, 꿩 먹고 알도 먹는 일석이조의 점심사역에 독자 모두를 초청하고 싶다.

섬김을 위한 관계 인프라

섬기는 자로서 일터사역자가 제일 먼저 돌아봐야 할 덕목은 뭐니 뭐니 해도 좋은 대인관계를 유지하는 것이다. 하루는 나를 포함한 3명의 점심사역 동역팀 중 한 명이 전도하고 싶은 직원을 초청해 식당에 모였다. 초청 받은 직원과 인사를 나누는데 분위기가 이상했다. 나중에 알고 보니 초청받은 사람이 우리 동역팀 중 다른 한 사람과 별로 좋은 관계가 아니었다. 분위기를 띄워보려고 노력했지만 서로 어색한 두 사람이 있는 상황에서 한계가 있었다. 신앙에 대한 얘기를 꺼내면 오히려 분위기를 악화시킬 것 같아 회사와 업계 이야기만 하다 헤어졌다. 그날의 점심사역은 실패였다. 일터사역자는 좋은 대인관계를 갖는 것이 참으로 귀한 자산임을 새삼 느낄 수 있었다.

좋은 대인관계는 좋은 섬김을 위한 중요한 인프라다. 관계의 인프라가 갖춰지지 않으면 때로는 섬김 사역까지 역효과를 일으킬 수 있다. 좋은 관계만 가지고 있다고 해서 섬김이 잘 되는 것도 아니다. 실제로 시간과 마음과 정성을 다해 섬겨야 한다.

항공기 운항사고 중 CAT(Clear Air Turbulence)라는 게 있다. 쉬운 말로 마른하늘에 날벼락처럼 갑자기 기압이 떨어져 항공기가 뚝 떨어지거나 크게 요동치는 경우를 말한다. 순항중일지라도 반드시 안전벨트를 매라는 승무원의 방송 안내가 그래서 필요하다. 그런데 바로 그런 사고가 일어났을 때 한 고객이 안전벨트를 매지 않고 있어 크게 다친 일이 있었다. 그때 나는 고객서비스실장이었다. 회사를 대표해 병원을 방문하여 환자와 가족에게 사과드리고, 완전히 회복될 때까지 성심껏 치료를 돕겠다고 말씀드렸다. 마침 사고를 당한 고객뿐 아니라 그의 아내와 온 가족이 믿음의 가정임을 알게 되었다. 나 역시 교회

장로임을 밝히고 회복을 위해 간절히 기도드렸다.

　매달 정기적으로 신우회 지체들과 함께 병실을 방문해 그 환자를 위한 예배를 드렸다. 신우회는 매일 아침마다 그를 위해 기도하면서 받은 말씀을 나눴다. 찬양팀 리더와 같이 병실에 가서 뜨겁게 찬양도 했다. 신우회 지체들이 방문해 환자의 마비된 부분에 안수하고 간절히 눈물로 기도했다. 환자뿐 아니라 그의 아내도 우리의 뜨거운 마음과 헌신적인 섬김에 눈물로 감사를 표현했다. 그렇게 한 달도 거르지 않고 2년이나 계속 정기적으로 방문했다. 환자의 상태가 완치되기 어려워 보상 협상이 어려울 거라고 우려했으나, 환자와 가족은 신우회의 정성어린 섬김에 감동하여 서로 붙잡고 울기도 했고, 감사하게도 보상 협상도 원만하게 마무리되었다.

　어떻게 생각하면 굳이 그러지 않아도 됐다. 그냥 사무적이고 행정적으로 사고 승객 핸들링 절차에 따라 말 그대로 '처리'만 하면 되는 일이었다. 그러나 하나님은 우리로 하여금 그 환자와 가족을 섬기기를 원하셨고 아름다운 결말로 인도하셨다. 나는 지금도 종종 그 환자의 이름을 부르면서 기도한다. 하나님께서 치유해주시고 회복시켜주셔서 가족과 함께 교회에서 예배드릴 수 있기를 바라면서 말이다.

　우리를 섬기는 자로 부르신 하나님은 우리가 주변 사람들의 아픔을 위로하고 고통을 경감시키며 그 필요를 채워주기를 원하신다. 그러기 위해 내 이익만 챙기고 내 일에만 집중하기보다 눈을 들어 다른 사람들의 필요를 돌아보고 관심을 가져야 한다.

각각 자기 일을 돌볼뿐더러 또한 각각 다른 사람들의 일을 돌보아 나의 기쁨을 충만하게 하라 _빌 2:4

바울의 이 권면을 일터에서도 동일하게 실천하고 적용해야 한다. 월급만 받으면 됐지 바쁘고 분주한 세상에서 뭘 그렇게 오지랖 넓게 사느냐고 비아냥거릴 수도 있겠다. 그러나 이런 섬김과 봉사 후에 주시는 하나님의 복과 은혜는 월급보다 값지고 귀한 것임을 고백하지 않을 수 없다.

회사 일에도 섬길 일이 있다

섬김과 봉사는 일터의 업무에도 적용할 수 있다. 신입사원 시절 예약과에 첫 발을 내딛고 처음 한 일이 예약과 매뉴얼을 정자로 대필하는 일이었다. 이른바 대필사역이었다. 예약과에서 근무한 지 2년이 지난 후에는 실적 분석 보고서와 회의자료 작성을 주로 하는 판매관리과로 발령이 났다. 그곳에서도 대필사역은 계속되었다. 내 책상에 플러스 펜이 남아나지 않을 정도로 쓰고 또 썼다.

매월 지점들의 전체 실적을 세분해 실적표와 그래프를 그리고 분석하는 실적 분석 보고서 작성은 내 소관 업무였다. 그런데 종종 내 부서의 업무뿐 아니라 지점장 보고나 본사 보고가 필요한 경우에는 다른 부서로 불려가 대필을 하곤 했다.

선배님이 연필로 끄적이며 대강 쓴 내용을 정자로 또박또박, 그것도 한자로 변환해 쓰다 보면 어느새 10쪽짜리 보고서가 만들어졌다. 그런데 그 내용이 대리와 과장을 거쳐 부장님까지 올라가다 보면 수정하고 보완할 것들이 수두룩해진다. 그러면 수정된 보고서를 다시 받아 짜깁기를 했다. 짜깁기가 불가능할 정도로 수정해야 하는 페이지는 그냥 다시 썼다. 그렇게 하다 보면 10쪽의 보고서를 완성하기 위해 적어도 그 3배인 30쪽은 대필해야 끝낼 수 있었다. 경영층 보고서는 급하게 진행해야 한다. 그래서 퇴근 시점에 지시를 받아 대필사역을 하다 보면 심야에 퇴근하기 일쑤였다.

나는 회사에 들어와 이런 일을 하리라고 생각하지 못했다. 그때마다 마음속에 짜증과 스트레스가 밀려왔다.

"내가 이런 일 하러 이 회사 왔나?"

한숨을 쉬며 푸념하곤 했다. 그렇게 판매관리 업무를 4년 넘게 했다. 아마도 4년간 대필한 A4용지가 수천 장은 되지 않을까 생각된다. 1986년부터 팀별로 PC가 1대씩 배포돼 자판으로 입력해 보고서를 만들기 시작했고, 수정할 게 있으면 파일을 불러내 수정할 수 있는 마술 같은 일이 벌어지게 되었다. 그러면서 나의 대필사역은 역사 속으로 사라져 버렸다.

그런데 뒤돌아보니 아무 의미 없어 보이는 정서(正書) 대필사역을 하면서 하나님께서 나에게 베풀어주신 은혜가 있었다. 타 부서의 대필 부탁을 들어주면서 그들로부터 '남의 일을 잘 도와주는 괜찮은 친구'라는 좋은 평가를 받은 것이다. 자발적이거나 능동적으로 하지 못했음에도, 그 일이 다른 사람을 섬기고 타인의 필요를 채워주는 그리스도인의 정체성을 세우는 데 의미 있게 쓰임 받은 것이다.

"무릇 징계가 당시에는 즐거워 보이지 않고 슬퍼 보이나 후에 그로 말미암아 연단 받은 자들은 의와 평강의 열매를 맺느니라"(히 12:11)는 말씀처럼 대필이 처음에는 아무 의미 없어 보이고 고되고 단순한 업무였지만, 그 업무를 통해 그리스도인의 정체성을 세워나가게 하시고 조직에서도 인정받게 하셨다. 서로 치고받는 경쟁의 원리만 작용하는 각박한 세상에서 내 것을 포기하고 타인의 필요를 채워줄 때 그리스도인의 정체성은 드러나게 된다는 것도 알게 되었다.

때로 의미 없고 쓸데없어 보이는 하찮은 일을 섬기듯 하게 될 때, 그 업무를 통해 인도하시는 하나님의 손길을 찾아보면 좋을 것 같다. 다윗의 물맷돌 연습이 골리앗을 때려눕히는 무기가 된 것처럼, 지금은 잘 모르겠다 싶은 하찮은 일도 언젠가는 크게 쓰임 받을 것이다. 아무도 하기 싫어해서 얼떨결에 맡았던 IT T/F 팀장 경력이 20년 후 토파스 대표이사 발령에 쓰임 받게 되었다. 토파스 대표이사 경험은 대학교 살림을 경영하는 사무처장으로 일하는 데 쓰임 받고 있다. 어떻게든 도망쳐보려고 했던 내 직장생활에서의 모든 경험은 청년들에게 일터와 소명에 대해 나누는 강의의 내용과 주제가 되어 쓰임 받고 있다. 이 책도 그 경험의 선물이다.

● 일터나눔 _15장

① 저자는 3:1 점심사역의 기쁨과 열매에 대해 설명하고 있다. 함께 점심사역을 할 수 있는 나 외의 2명의 동역자들이 회사 내 또는 주변에 있는지 살펴보자. 기도하면서 그들에게 다가가 함께 점심사역을 해보자고 제안해보자.

② 사람들과 좋은 관계를 유지하는 것은 사역의 기본 인프라 작업이다. 내 주변에 껄끄럽고 소원한 관계의 사람(동료,상사,고객,거래처 등)이 있다면 어떻게 관계를 회복할 수 있을지 생각해보자.

5부

일터사역자를
성장시키는
종합비타민

일터사역자를
지키는
신앙공동체

　　　　　　　　　　　　　나는 대학부 시절에 훈련 받은 게
　　　　　　　　　　　　있어서인지 어딜 가든 성경공부
모임이나 기도모임을 만든다. 대한항공에 입사했을 때도 믿음의 식구
들을 만나 첫 부서인 예약과에서 성경공부모임을 만들었다. 매주 수
요일 점심시간마다 말씀을 나누고 교제했다. 각처에 흩어져 신앙을
고수하는 형제자매들과의 만남을 통해 위로와 격려를 주고 받았으며
회사와 직원들을 위해 기도하기도 했다. 입사 초기에는 하루라도 빨
리 회사를 떠나 공부를 계속할 기회를 노렸지만, 결국 그 성경공부모
임이 유학을 포기하고 회사에 계속 남게 한 원인이 됐다. 신우회를 통
해 나를 일터로 보내신 하나님의 뜻을 깨달았기 때문이다. 성경공부

　　　　　　　　　　　　　—— 일터사역자를 성장시키는 종합비타민

모임은 신우회로 발전했으며, 내가 일터사역자로 살아가도록 이끌고 성장시키는 모체가 되었다. 일터의 신앙공동체가 나를 일터사역자로 설 수 있도록 지켜준 것이다. 대한항공신우회는 나에게 너무나 소중한 공동체이며 특별히 귀한 경험을 많이 하게 해주었다. 회사를 떠난 지금도 신우회 후배들과 교제를 이어가고 있다.

나를 지켜주는 신앙 공동체

하나님은 우리가 어디에 있든 홀로 있는 것을 바람직하게 여기지 않으신다. 따라서 신앙공동체는 교회에만 국한해선 안된다. 일터에도 필요하다. 아담에게 하와를 주셔서 가정을 이루게 하셨듯이, 일터에서도 공동체를 형성해 믿음의 동역자들과 교제를 나누며 믿는 사람의 도리를 좇아가기를 원하시는 것이다. 일터의 신앙 공동체가 바로 신우회다. 신우회는 나의 33년간 직장생활에서 신앙을 지켜주고 보호하며 신앙인으로서 정체성을 유지하는 데 도움을 주었다. 전도한 초신자에게 교회 문턱이 높다고 생각될 때는 먼저 신우회로 인도해 주님을 소개했고, 청년시절에 뜨거웠던 신앙을 잃어버리고 미지근한 선데이 그리스도인으로 전락해버린 동료들이 신우회에서 변화되는 경우도 있었다.

직종에 따라 신우회에 참석하고 싶어도 하지 못하는 직원도 많았다. 그래서 회사 밖에서 신우회로 모인 적도 있었다. 대한항공에는 사업장에서 가까워 그런지 일산에 거주하는 직원들이 많은 편이다. 우리 가족이 일산에 사는 동안 주변에 사는 직원들만 따로 모임을 가졌다. 본사에 근무하면서도 바쁘고 불규칙한 일정으로 신우회에 참석하지 못하는 형제들 중에 일산에 거주하는 형제들을 따로 모은 것이다. 그들과 일산성경공부모임을 진행했다. 서로 집이 가깝다 보니 시간과 장소에 제한 받지 않고 모일 수 있어서 더 풍성한 모임이 됐다. 이 모임에서 한 가정의 불임을 위해 기도했는데, 거의 10년 만에 아기를 갖게 되는 응답의 기쁨도 누렸다.

나의 경우 믿음의 공동체는 신우회에 국한되지 않았다. 독일에서 야근을 밥 먹듯 하며 월화수목금금금 격무에 시달렸을 때도 주재상사 성경공부모임을 만들었다. 한인교회 여집사님들이 초보신자인 남편들의 신앙을 위해 성경공부모임을 만들어달라고 제안했기 때문이다. 너무 바빠서 부담스러웠지만, 영적으로 말라가는 나 자신이 살기 위해서라도 여집사님들의 제안에 순종하기로 했다. 각자 바쁜 일정이었지만, 내가 비엔나로 발령받아 떠나기 전까지 1년간 한 주도 빠짐없이 늦은 밤에 모여 말씀을 공부했다. 그 모임을 유지할 시간이 부족해 늘 벅차고 힘겨웠지만, 결과적으로는 영적으로 답답했던 나를 붙잡아주었다. 비엔나 근무 시절엔 한인교회 담임목사님의 제안으로 청년제자 훈련모임을 만들어 유학생 위주였던 교회에서 청년 리더를 훈련시켰다. 독일에 있을 때보다 여유가 생겨 거의 1년간 매주 유학생들을 만났다. 체계적인 신앙 훈련을 받아본 적이 없는 청년들이 성장하는 모습을 보면서 큰 위로와 격려를 받았다. 지금도 그들과 종종 연락하는데, 이제는 모두 각처에서 귀한 리더가 돼 열심히 섬기며 봉사하고 있어 기쁘다.

여행업계 기도회

일터의 신앙공동체는 각자 다니는 직장을 뛰어넘어 업계로 연결되기도 한다. 토파스 대표이사로 발령받은 다음 첫 행보는 각종 여행사와 국내 취항 항공사를 돌아다니면서 인사드리는 것이었다. 수백 개가 넘는 여행사를 다 방문하는 것은 불가능하기에 대형 여행사와 항공사부터 하나씩 방문하기 시작했다. 항공사에서 30여 년을 근무했지만 주로 본사 위주로 근무했기에 실제 판매 현장의 거래처를 방문한 일은 별로 없었다. 업계와 친분을 가지려면 술이 중요한 수단이 되는데, 술을 마시지 않기에 점심식사 위주로 인사를 드렸다. 이미 30여 년간 대한항공에서 술 안 마시는 장로로 알려져 여행업계 대표들도 그런 사람으로 인정해주셔서 감사했다.

업계를 방문해보니 하나님께서 각 처소에 준비해놓은 믿음의 식구들이 있음을 발견하게 되었다. 항공사와 여행업계의 대표나 중요한 보직을 맡기까지 나다나엘처럼 어렵게 믿음을 지키며 살아온 분들을 만나니 매우 반가웠다. 30년 전 대한항공 안에서 홀로 성경공부모임을 하다가 주변에 다른 모임을 인도하는 리더를 만났을 때처럼 기뻤다. 그래서 회사 안에서 신우회로 모이는 것처럼 업계 다른 회사의 동역자들과 매월 한 번 점심 때 만나 업계 정보와 서로의 기도제목을 나누기로 했다. 그 모임의 이름을 '여기회'(여행업계 기도모임)라고 지었다.

매일 아침 여기회 지체들에게 직장사역연구소에서 나오는 일터의 말씀묵상을 이메일로 나누었다. 그 말씀에 입각하여 각자의 일터를 돌아보게 되면서, 속해 있는 사내 신우회에 대한 비전을 받게 되었다. 신우회에 대해 갈급한 마음은 있었으나 어떻게 해야 할지 몰랐는데, 여기회를 통해 서로의 상황과 고민을 나누면서 일터마다 신우회 모임이 부흥하기 시작했다. 아직은 어설프고 비정형적인 모임이지만, 여행업계의 회사마다 신우회가 활성화되면서 그들도 일터사역자로서 비전을 품기 시작한 것이 감사하다.

업계의 신우회들이 매월 연합하는 모임도 생겼다. 시내의 교회를 빌려 매월 1회 주중 저녁에 모여 찬양하며 말씀을 나누고 기도하는 여행업계신우회 모임이 본격화된 것이다. 누가 조직을 만들자고 한 일도 아닌데, 어느새 매월 기도모임이 진행되고 있다. 연말에는 여행업계신우회를 이끌어주신 하나님께 감사드리는 연합예배를 드리기도 했다. 하나님이 여행업계의 주인이심을 선포하며 드린 첫해 연합예배에 120명이 참석했고, 다음해엔 150명이, 최근에는 170명이 참석했다. 그 예배에 참석한 업계 직원들은 몸담고 있는 여행업계에 이렇게 많은 주님의 제자들이 있는지 몰랐다며 기뻐하고 서로 반가워했다. 연합예배는 일터에서 복음을 전하기 원했던 동료들도 초청해 복음을 전하는 전도의 장이 되기도 했다.

이제는 여행업계를 떠나 학교로 왔지만 여기회 지체들과 계속 교제를 나누며 정기적으로 기도하는 모임에 꾸준히 참석하고 있다. 하나님께서 보여주신 업계의 복음화 비전을 함께 키워가고 있는 것이다. 각자 처한 상황과 비즈니스의 고충도 나눌 때면 정말 간절한 심정으로 서로를 위해 기도하게 된다. 그러면서 업계에 복음을 전하고 복음에 합당한 경영을 하는 것이 그리 쉽지 않다는 것을 많이 느낀다. 그러기에 서로 더 위로하고 격려하면서 진한 친교를 이어가고 있다.

항공신우회의 선배들

신우회에서 맺은 관계는 퇴직 후에도 이어진다. 토파스 대표이사를 사임하면서 평소 존경하고 가까이 지내던 대한항공신우회 선배들을 초청했다. 33년간 한진그룹에서 지켜주신 하나님의 은혜를 기억하고 감사하며, 먼저 일터를 떠난 분들의 삶과 경험을 듣기 위한 자리였다. 그 자리에서 항신회(항공신우회)라는 모임이 만들어졌다. 분기마다 모여 이야기를 나누는데, 이제는 직장을 다니지 않아도 각자 사역하는 곳에서 담당하고 있는 삶과 사역의 내용을 들으며 도전을 받고 따라야 할 본으로 삼기도 한다.

항신회에서 첫 손가락에 꼽을 만한 분이 GPTI(한국전문인선교훈련원) 원장으로 섬기셨고 최근 목사 안수까지 받으신 김광석 장로님이다. GPTI를 떠난 후 GPTI에서 훈련 받고 전 세계로 파송 받은 선교사들을 방문하며 치유 사역과 돌봄 사역을 하는 인생 후반(後半) 사역을 담당하고 있다. 최근에는 퇴직한 시니어(노년층) 성도들을 대상으로 인생후반사역을 디자인하는 말씀을 전하기 위해 세계 여러 나라를 돌아다니고 있다.

터키에 있는 시리아 난민들에게 IT 교육을 시켜 일자리를 창출하고 수입을 얻게 하는 사역을 담당하는 분도 귀감이 된다. 그 분이 신우회 회장일 때 말레이시아를 비롯해 수많은 나라들을 방문하는 비전트립 팀을 발족해 신우회원들이 다녀오도록 했다. 그곳에서 신년음악회와 전도집회 등 다양한 이벤트를 열어 복음을 전하는 일에 헌신했는데, 지금도 출석하는 교회 선교담당 장로로서 활발히 사역하고 있다. 자신이 근무했던 네팔과 방콕을 오가며 선교사역의 안내자 역할을 담당하는 분도 있다. 그의 성실하고 변함없는 섬김을 보면 큰 도전이 된다.

회사를 사임하고 모 대학 주차장에서 일하는 선배도 있다. 국내 최고 대학을 졸업하고 해외 지점장까지 거친 화려한 경력자이지만, 모든 경력을 감추고 6년 넘게 주차 업무를 담당하고 있다. 나이는 70을 향해 가고 있지만, 누구보다 성실하고 열심히 일하다 보니 주차 자동화로 인력이 대폭 감축되었음에도 불구하고 아직까지 일하고 있다. 주차 부스에서 직원들을 위해 중보기도를 하고 시간만 나면 성경을 읽어 벌써 몇 독이나 했는지 모를 정도라고 한다.

나는 이렇게 귀한 선배들을 종종 만난다. 하나님께서 신우회를 통해 만나게 하시고 같이 일하게 하셨을 뿐 아니라, 지금까지 서로 위로하고 격려하게 하심을 감사드린다. 세상은 100세 시대라고 하지만 하나님의 부르심을 받은 그리스도인에게는 은퇴도 사임도 없다. 소명이 바뀌었을 뿐이다. 바뀐 소명에 맞춰 내 시간과 마음과 육신을 지혜롭게 사용하면 된다. 그렇게 후반전을 멋지게 만들어가고 있는 일터의 신앙 선배들과의 만남이 귀하고 아름답다.

명지대 기도모임

33년간 대한항공과 토파스에서의 사역을 마치고 들어온 명지대학교는 하나님께서 나에게 허락하신 복된 일터다. 영적 전쟁터 같던 일터에서 어렵사리 기도모임을 만들고 힘겹게 신우회를 꾸려갔던 과거와 달리 명지대학교에는 이미 아침기도모임이 있었다. 명지대학교는 남가좌동 캠퍼스와 용인 캠퍼스로 나뉘어 있어 나는 월요일, 수요일, 금요일에는 용인 캠퍼스로, 화요일과 목요일에는 남가좌동 캠퍼스로 출근한다.

하루도 빠짐없이 매일 아침 8시 40분이 되면 각 캠퍼스 대회의실에서 기도회가 시작된다. 회의실에 들어서면 찬송가와 가스펠송이 울려 퍼진다. 함께 찬양하고 나면 목사님의 말씀 나눔이 이어진다. 들은 말씀에 따라 기도하고, 학교와 구성원들을 위해서도 간절히 기도하고 축도로 마친다. 하루도 빠지지 않고 참석하시는 총장님과 함께 학교

── 일터사역자를 성장시키는 종합비타민

의 모든 문제와 학교를 통해 배출되는 학생들의 미래를 위해 기도한다는 것은 참으로 감격적인 일이다. 일터에서 이렇게 마음껏 찬양하고 말씀을 나누고 통성기도를 할 수 있기를 얼마나 바랐던가. 하나님께서 내 기도제목을 들어주셨다.

명지대학교에는 도보기도회라는 것도 있다. 매월 1회 캠퍼스를 산책하면서 학교를 위해 기도하는 기도모임이다. 과거 학생운동이 과격했을 때 거친 시위대를 그리스도의 사랑으로 품고 하나님의 통치와 예수님의 사랑을 몸소 보여주기 위해 시작된 기도회라고 한다. 땅 밟기 하듯 캠퍼스 곳곳을 돌면서 학교와 구성원들을 위해 기도하는 도보기도회는 지금도 계속되고 있다.

매주 1회 점심시간에 교수기도회와 직원기도회가 열린다. 함께 일하는 동역자들이 모여 찬양하고 말씀을 나누며 기도하는 모임이 준비되어 있으니 나는 그냥 누리기만 하면 된다. 부활절이 되면 교수들이 팔을 걷어붙이고 학생들의 발을 닦아주는 세족식을 연다. 무릎을 꿇고 발을 닦아주면서 학생들의 기도제목을 듣고 간절한 마음으로 기도할 때마다 명지 신앙 공동체의 영적 저력을 느끼게 된다.

신앙공동체 모임이 주는 유익

이렇게 어디를 가나 성경공부모임이나 기도모임을 만들어 운영해왔다고 말하니 꽤 신앙 좋고 열정적인 사역자라고 평가하실지 모르겠다. 하지만 그런 모임에서 덕을 본 사람은 정작 나 자신이다. 그동안 어려운 상황에도 불구하고 만들고 운영해온 모임들이 거꾸로 내게 힘을 주었기 때문이다. 신우회와 각종 믿음의 모임은 하나님께서 준비해놓으신 선물이라고 고백할 수밖에 없다.

　일과 사역을 병행해야 하기에 벅차고 힘들어 눈물 흘릴 때도 있었다. 그럴 때마다 함께 울어주고 같이 기도해줄 수 있는 공동체를 준비해주셔서 위로하시고 새 힘을 공급해주셨다. 또한 내가 그런 모임의 식구들을 신앙으로 양육하도록 인도하셨다.

　내가 장로로 섬기는 성도교회에서는 가정공동체(구역모임의 다른 명칭)를 운영한다. 그 모임의 리더를 가장이라고 부르는데, 가장으로 섬기다 보면 매주 정해진 시간에 각자 바쁜 권속들을 독려하여 모임을 가지는 게 여간 부담스러운 일이 아니다. 이 모임에서도 내가 대단한 일을 하는 건 아니다. 가정공동체는 오히려 영적 전투 현장에서 싸우는 나를 위해 하나님께서 준비해놓으신 후원부대요 지원 병력이다.

　힘든 세상에서 믿는 자로서 홀로 버티기 힘들 때마다 하나님은 매 순간 여러 가지 모임을 만드셔서 나를 붙드시고 보호하셨다. 일터에 공동체가 필요한 이유는 이 말씀에서도 찾을 수 있다.

> 또한 너는 청년의 정욕을 피하고 주를 깨끗한 마음으로 부르는 자들과 함께 의와 믿음과 사랑과 화평을 따르라 _딤후 2:22

　그런데 성경에도 신우회가 있었을까? 다니엘서 2장 17,18절을 보자.

> [17]이에 다니엘이 자기 집으로 돌아가서 그 친구 하나냐와 미사엘과 아사랴에게 그 일을 알리고 [18]하늘에 계신 하나님이 이 은밀한 일에 대하여 불쌍히 여기사 다니엘과 친구들이 바벨론의 다른 지혜자들과 함께 죽임을 당하지 않게 하시기를 그들로 하여금 구하게 하니라 _단 2:17-18

──── 일터사역자를 성장시키는 종합비타민

다니엘에게는 일터에 문제가 생겼을 때 함께 기도할 동역자가 세명 있었다. 총 네 명이 신우회로 모여 일터의 문제를 주님께 올려놓고 기도했던 것이다. 그들의 기도모임을 '바벨론 정부종합청사 신우회'라고 말할 수 있지 않을까? 조금 다른 경우이긴 하지만, 에스더가 아하수에로 왕에게 나아갈 때 모르드개에게 자신을 위해 기도해줄 것을 요구한 일이 있었다. 그때 에스더를 위해 기도했던 사람들은 모르드개와 함께 일하던 '메데 바사 궁궐 신우회'라고 할 수 있겠다. 바울과 아볼로는 장막 만드는 기술을 가지고 함께 일하며 사역했다. 그것이 아마도 '장막업계 신우회'의 효시가 아니었을까 생각해본다.

공동체는 버팀목이다

이종필 목사는 공동체가 없는 인간은 마치 디딜 땅 없이, 쉴 곳 없이 날아다니기만 하는 새와 같다고 비유했다.[33] 공동체의 상실 상태에서 개인으로 존재하며 살아가는 현대인이 겪는 외로움과 불안의 문제는 교회 공동체가 책임져야 할 과제라고 말한다.

성부, 성자, 성령 하나님이 함께 교제하시는 삼위일체 하나님은 그분의 자녀들도 신앙공동체를 통해 성장시키시고 도우시고 인도하시고 보호하신다. 그러므로 우리는 교회에서는 물론이고 일터에서도 신우회와 같은 신앙공동체에 들어가야 한다.

이안 코피는 포로시대의 일터사역자였던 다니엘의 성공이 영적 유대관계에서 비롯되었으며, 그에게 버팀목과 같은 공동체가 중요했다고 이야기한다.[34] 일터의 신앙공동체가 신앙의 버팀목이라는 것이다.

"많은 사람들이 성공의 사다리에서 높이 올라갈수록 타협하고 잔꾀를 부리기 일쑤다. 그렇기 때문에 그리스도의 제자인 우리는 좋은 관계를 구축하여 서로를 책임지고 격려할 필요가 있다. 그런데 안타깝게도 사회적 지위가 높아질수록 영적인 버팀목이 약해지는 경향이 있다. 처음부터 신앙을 부인하지는 않지만, 더 급한 일 때문에 신앙이 우선순위에서 밀려나게 된다."

이종필 목사는 또한 "이 시대 하나님나라에 의미를 주는 교회 개척은 교회가 없는 지역의 사람들을 모아 예배당을 세우는 방식이 아니라, 다양하게 분화된 사회 구성원들 가운데 기존 교회의 복음사역 방식이 통하지 않는 새로운 세대와 대상에게 맞는 새로운 공동체를 세우는 것"이라고 했다.[35] 나는 일터의 신우회가 바로 그런 새로운 공동체의 대안이 된다고 확신한다. 그래서 일터사역에 관련된 강의를 할 때마다 후배들에게 반드시 신우회에 들어가라고 권한다.

"만약 사내에 신우회가 있다면 꼭 신우회에 참여하십시오. 마음에 들지 않는 구석이 보인다면 들어가서 조금씩 바꿔나가십시오. 그러나 일터에 신우회가 없다면 지금이 좋은 기회입니다. 당신이 직접 신우회를 만드십시오. 조직을 크게 만들 필요도 없습니다. 함께 기도할 수 있는 동료가 한 명이라도 있다면 단 둘이라도 기도모임부터 시작하면 됩니다."

신우회를 만들려면 교회에서처럼 회장, 총무, 서기, 회계 같은 조직이 있어야 한다고 생각하겠지만 처음부터 조직을 만드느라 고민할 필요는 없다. 일터에 함께 기도할 사람이 나 말고 한 명만 더 있다면 신우회는 시작된 것이다.

신우회는 무엇을 하는가?

일반적으로 신우회라고 하면 한 달에 한번 정도 모여 목사님을 모셔서 말씀 듣고 예배드리는 모임이라고 생각한다. 대한항공의 신우회는 흔히 알려진 그런 신우회와 조금 성격이 다르다. 높은 지위의 상사가 신우회에 나오면 많이 모이다가, 그 분이 떠나면 모임이 축소되는 인간적인 모임이 아니다. 지도하는 목사님도 없고 조직 체제도 느슨하다. 하지만 신우회가 추구해야 할 키워드(P.E.S.T.)는 잘 감당하고 있다. 'P.E.S.T.'라는 네 가지 키워드는 P(pray:기도), E(evangel:전도), S(service:섬김), T(training:양육)이다. 이것이 사실 신우회의 존재 목적이다. 신우회가 모여서 무엇을 하느냐고 묻는다면 이 네 가지로 답하면 된다. 이에 대해 나누고자 한다. 신우회를 섬기고 있거나 신우회를 만들려는 이들에게 도움이 되기를 바란다.

Prayer : 신우회는 기도한다

신우회는 믿음의 사람들이 모인 곳이므로 가장 우선순위에 두어야 할 사명이 기도다. 대한항공의 서소문 신우회 초기에는 주 1회 목요일마다 모이는 모임만으로는 아쉬워 회사 빌딩 맞은편에 있는 서소문교회 기도실에서 매일 아침 7시 반에 기도모임을 가졌다. 당시는 토요일도 오전 근무를 했으니 월요일부터 토요일까지 하루도 빼먹지 않고 몇 년간 계속 모였다. 회사를 위해, 직장동료와 신우회원들을 위해 기도했다. 이메일이나 SNS가 없던 시절, 급박한 기도제목이 생기면 전화를 걸어 기도부탁을 했다. 짧은 아침기도모임 시간이 하나님께서 베푸신 응답을 나누는 짜릿한 간증으로 언제나 풍성했다.

신우회의 기도대상은 세 가지 영역으로, 영어로는 모두 C로 시작해 3C라고 부른다. Company(회사), Co-worker(동료), Customer(고객)이다. 일반적으로 신우회가 놓치기 쉬운 기도제목이 회사를 위한 것이다. 대부분은 신우회원들의 개인적인 기도제목을 나누는 것으로 그친다. 그러나 신우회의 기도제목에는 회원들은 물론 신우회가 속한 회사와 그 안에서 함께 일하는 믿지 않는 동료와 고객과 거래처까지 포함해야 한다. 이 중에서 우선순위에 두어야 할 기도제목은 일터(company)를 위한 것이다.

대한항공신우회는 모이기만 하면 회사의 5대 기도제목을 놓고 기도했다. 안전 운항, 영업 풍년, 서비스 개선, 노사 화합 그리고 경영층의 복음화이다. 이것들을 위해 지금도 간절히 기도하고 있다. 특히 항공기 사고가 잦았던 시기에는 신우회가 안전 운항을 위한 특별기도회를 수차례 드리면서 간절한 마음으로 기도를 드렸다. 그 후 회사의 안전 운항 체제는 확고해졌고 사고는 자취를 감추게 되었다.

동료(co-worker)들을 위한 기도도 당연히 한다. 대한항공신우회에는 지금도 '월중모'(월요일 중보기도모임)가 있다. 매주 월요일에 회사와 동료를 위해 기도하는 모임이다. A4용지 여러 장에 빼곡히 적힌 회사와 동료들의 기도제목을 놓고 간절히 기도한다. 기도응답을 나눌 때면 기쁨과 감사가 넘친다.

승무원 출신의 자매가 암에 걸려 사경을 헤맨 일이 있었는데, 신우회원들이 다양한 모임으로 모일 때마다 그 자매를 위해 간절히 기도했다. 감사하게도 완치되어 신우회 모임에서 간증할 때 크게 기뻐하고 하나님께 영광을 돌렸다. '금자모'(금요일 자녀들을 위한 기도모임)도 있어 직원들의 자녀들을 위한 기도도 하고 있다. 회사를 나온 지금도 자녀에게 기도제목이 생기면 금자모에 알리고 기도를 부탁한다.

토파스 대표이사 시절 3년 동안 1000억 원 규모의 대형 IT 프로젝트를 진행할 때 토파스의 신우회인 '토기모임'(토파스기도모임)에서 매주 한 번 모여 회사 프로젝트의 성공을 위해 기도했다. 프로젝트가 순조롭게 진행되고 시장에 안착되었다.

고객을 위한 기도 역시 신우회의 중요한 기도제목이다. 협력사를 위한 기도도 이 기도의 영역에 포함하고 있다. 신우회의 기도 대상이 내부에서 외부로, 고객과 협력사까지 확대된다면 최근 문제가 되고 있는 대기업의 갑질은 자연스레 사라질 것이다.

오스 힐먼은 일터를 변화시키는 사역을 하는 기독교 기업체를 소개하면서, 그 회사의 특별한 직책으로 '중보기도 책임자'를 소개한다. 그의 일은 회사의 중보기도자들을 지휘하는 것이다. 대부분의 업무 시간을 회사와 직원과 고객과 다른 기업체와 도시 전체를 위한 중보기도에 할애하고 있다.[36] 이 직책을 CPO(Chief Prayer Officer)라고 부른다. 이런 직책은 기독교 기업에만 적용할 일이라고 생각해선 안 된다. 모든 일터에서 일하는 그리스도인과 신우회가 스스로 CPO 직임을 부여하면 된다. 스스로 회사와 고객과 직원과 거래처를 위해 간절히 기도하는 기도책임자가 되어 일터를 섬겨야 할 것이다.

Evangel : 신우회는 전도한다

신앙인에게 주어진 지상명령은 전도이다. 마태복음 28장 19-20절 말씀과 사도행전 1장 8절 말씀을 통해 주신 전도의 명령은 모든 신앙인에게 주어진 책임이며 사명이자 명령이다.

대개의 신우회가 전도하라고 하면 어깨에 띠 두르고 일터 주변에 나가 전도지를 나눠준다. 그렇게 해서라도 전도하는 것은 나쁘지 않다. 그러나 신우회가 추구하는 전도 대상과 방식은 본질적으로 그런 것이 아니다. 우선 함께 일하는 동료와 상대하는 거래처에 복음을 전해야 한다. 일터에서 복음을 전하는 일은 그리 쉽지 않다. 말과 혀로만 전도해선 안 된다. 행함과 진실함으로 해야 한다. 삶이 복음을 보여주어야 하는 것이다.

일터사역자는 자신이 생활하는 모습 자체가 복음을 전하는 일이라고 생각해야 한다. 삶이 따르지 못하고 말만 번지르르하면 오히려 복음 전파를 가로막는다. 물론 내 경험상 행함과 진실함만으로 복음이 전해지진 않는다. 착하고 경건한 모습으로 불신자가 복음을 받아들일 수 있는 '인프라'는 구축할 수 있겠지만, 실제로 복음이 전해지려면 입술을 열어 전해야 한다.

오스 힐먼은 불신자를 복음화하는 10/40창(적도에서 북쪽으로 경도 10도와 40도에 해당하는 지역, 아프리카에서 동아시아에 이르는 지역)뿐 아니라 또 하나의 창이 있다고 했다. 그것을 9/5창(9시부터 5시까지 근무하는 일터)이라고 명명하였다. 일터에 복음 전파의 새로운 기회가 있음을 강조한 것이다.[37]

직장생활을 하다보면 신우회에 참석하지 못하는 경우가 생긴다. 야근 때문에, 때로는 회식 때문이다. 그럴 때 신앙이 떨어졌다거나 열정이 식었다고 비난하거나 부담을 주지 않는다. 야근사역 잘하라고, 회식사역 잘 감당하라고 격려한다. 야근과 회식이 복음과 사랑을 전할 수 있는 9/5창의 통로가 될 것을 알기 때문이다.

어쨌든 전도는 쉽지 않다. 특히 일터에선 더 어렵다. 언젠가 일터에서 전도하지 못하는 이유를 적어보았다. 100가지도 넘게 적을 수 있을 것 같았다.

'내 신앙조차 홀로 서기 힘든 상황이라 전도까지 하기는 어렵다.'

'업무가 너무 많아 전도할 여유 자체가 없다.'

'일터에서 모범적으로 살아야 하는 것부터 부담스럽다.'

'부하에게 전도할 경우 종교압력이라는 반발이 우려된다.'

'일터에서는 업무가 우선이지 굳이 전도까지 할 필요는 없다.'

'말이 아닌 인격과 삶으로 전도하면 된다.'

이런 이유 말고도 전도하지 못하는 이유는 너무도 많다. 그런 모든 이유와 핑계와 합리화에도 불구하고 우리는 전도해야 한다. 이것은 선택의 문제가 아니라 순종하고 따라야 하는 예수님의 지상 명령이다 (행 1:8, 마 28:19,20).

대학시절 선교단체에서 뜨겁게 사역하다가 리더와 불화하여 그 단체를 나왔고 교회에도 적응하지 못해 결국 신앙을 잃어버린 회사 동료가 있었다. 나이는 나보다 많은데 입사는 훨씬 뒤에 한 후배였다. 하나님이 그에 대한 마음을 주셔서 복음을 전했다. 반응은 싸늘했다. 선교기관에서 산전수전 공중전까지 경험하고 배우고 훈련한 터라 성경에 대한 지식뿐 아니라 성경 암송까지 꿰뚫고 있었다. 그럼에도 불구하고 신앙에 대한 회의로 주(主)님을 떠나 주(酒)님에 올인한 상태였다. 그래도 수시로 만나 신앙 회복과 신우회 출석을 권유했다. 거의 2,3년을 그렇게 하다 내가 해외 발령을 받아 나가기 전에 마지막으로 권면했다.

"앞으로 50년 동안 형제를 위해 기도할 거예요!"

그런 뒤로 매일 아침 기도시간의 첫 기도제목은 그 형제의 이름이었다. 해외의 바쁘고 분주한 일정과 스트레스로 그가 어떻게 지내는지 알아볼 여유는 없었지만, 아침마다 부르짖은 내 기도제목의 첫줄

만큼은 달라지지 않았다. 4년간 해외근무를 마치고 돌아와 제일 먼저 확인한 일이 그 형제의 근황이었다. 혹시 신우회에 나오는지 확인해봤으나 그건 아니었다. 만나보니 그 사이에 믿는 자매를 만나 가정을 이루었고 아내를 따라 교회를 다니고 있었다. 반갑고 기쁘고 감사했다. 그 형제와 다시 일대일 큐티 나눔 만남을 시작했고 결국 신우회에 참석했다. 몇 년 후, 그가 신우회장이 되었다. 할렐루야!

부하직원 시절엔 상사에게 복음을 전하는 것은 언감생심 꿈도 꾸지 못했지만, 나중에 상사가 되면 부하에게 전도하는 건 쉬울 거라고 생각했다. 하지만 막상 상사가 되어 보니 그렇지도 않았다. 직원들에게 복음을 전하고 싶은 마음은 있었지만, 임원이 직원들에게 복음을 전하고 교회 다니자고 권유하면 종교탄압이라 우기며 노사문제가 될 수 있어 염려되었다. 그래서 직원 한 사람 한 사람에 대한 관심을 갖고 신앙인의 넓은 마음과 인품으로 대하다 보면 직원들이 나를 통해 하나님을 만날 수 있을 거라는 생각만 하고 있었다. 그런데 하나님은 내가 잘못 생각하고 있다고 가르쳐주셨다.

경영층으로부터 질책이 이어지고 어디로든 피할 데 없는 사면초가에 처했을 때였다. 아침 큐티에서 하나님께 간절히 매달리며 주님의 뜻이 무엇인지 물어보았다. 주님은 당신의 뜻을 이미 오래 전부터 반복해서 알려주었다고 말씀하셨다. 과거의 큐티노트를 살펴보았다. 내게 반복하여 강조해주신 하나님 뜻은 복음을 전하라는 것이었다. 더 이상 기다릴 이유도 여유도 없었다.

출근하면서 가장 먼저 출근하는 직원에게 복음을 전하겠다고 다짐하고 그날 제일 처음 사무실에 들어오는 형제를 불러 내 방 소파에 앉혔다. 그리고 사영리로 복음을 전했다. 그가 주님을 믿겠다고 영접 기도를 했다. 고3 때까지 학생부 임원까지 하며 열심히 신앙생활을 했지만 대학 다닐 때부터 교회 출석이 뜸해졌는데, 내게 전도를 받았으니 이제부터 다시 신앙생활을 해보겠다는 것이었다. 그는 그 주일 신우회 모임에도 참석했다. 복음성가를 부르면서 눈물 흘리고 영적 회복을 체험하는 모습을 보며 얼마나 감사했는지 모른다.

나는 그 후 부서 직원들을 'First Come, First Serve'(가장 먼저 출근하는 직원에게 먼저 복음을 전하는) 방식으로 매일 한 명씩 만나 복음을 전하기 시작했다. 직원들의 다양한 신앙 경험과 과거의 이야기를 나누며 감동적인 시간을 가졌다. 내가 상사로서 전도하지 않았으면 듣지 못했을 직원들의 간증과 고민과 문제들을 들으면서, 행함과 진실함뿐 아니라 말과 혀로도 전도해야 함을 뼈저리게 느낄 수 있었다.

너는 말씀을 전파하라 때를 얻든지 못 얻든지 항상 힘쓰라… _딤후 4:2

이 말씀은 전도 훈련기간이나 총동원 주일에만 적용되는 것이 아니다. 우리 일상의 일터에서 실천하고 순종해야 할 주님의 명령이다.

Service : 신우회는 섬긴다
신우회는 속한 일터의 조직을 위해 존재해야 한다. 일터에 도움이 필요한 부분이 보이면 섬겨야 하는 것이다. 대한항공신우회에는 '사나사'라는 모임이 있다. '사랑을 나누는 사람들'이란 뜻으로, 월요일 아침 출근 시간에 회사 정문에서 월요병으로 힘들어하는 동료들에게 시원한 음료를 건네며 힘내라고 인사한다. 이런 봉사도 신우회 사역 중의 하나다.

—— 일터사역자를 지키는 신앙공동체

대기업의 사회봉사가 중요해지던 때 총무부에서 사내의 사회봉사 모임(단체)을 조사한 적이 있었다. 수십 개의 사내 봉사단체가 등록했는데, 그 중 80-90퍼센트가 각 분야와 지역에서 신우회가 운영하는 모임인 걸 확인하고 깜짝 놀랐다. 사내 종교모임에 대해 그다지 우호적이지 않던 회사였지만, 그 뒤로는 신우회가 해외선교봉사를 갈 때도 적극적으로 지원하고 있다. 사실 대한항공에서는 신우회 발족 초기만 해도 모임을 공식화하거나 활동하는 모습을 드러내는 게 상당히 불편하고 부담스러웠다. 그런데 최근 그 회사에서 발간한 '지속가능 경영보고서'에는 직원들의 다양한 사회봉사 필요성과 사례를 언급할 때 '신우회'가 정식으로 등장하고 있다. 일터에서 신우회의 봉사와 섬김이 얼마나 중요한지 알게 된다.

Training : 신우회는 양육한다

신우회 발족 초기에 일반 영업 부문에서 일하는 신우들이 매주 목요일 저녁 7시경에 정동교회에서 모여 뜨겁게 기도하고 찬양하고 말씀으로 교제를 나누었다. 월요일부터 토요일까지는 매일 아침 7시 반에 서소문교회에 모여 아침기도를 한 다음 출근했다. 그러다 해외 발령을 받아 신우회의 파송을 받고 해외 생활을 시작했다. 4년간 해외 근무를 마치고 돌아왔을 때 제일 기대한 것은 신우회가 발전한 모습이었다. 하지만 안타깝게도 4년 전 모습 그대로였다. 오랜만에 보는 신우회원들이 반가웠지만 속으로는 아쉬웠다. 4년 전까지 나름대로 열심히 모임을 이끌고 섬겼지만, 후배들을 충분히 훈련하지 못한 결과였다.

다시금 전열을 정비하고 후배들을 돌보기 시작했다. 그동안 소강상태였던 목요성경공부모임을 재개하기 위해 6명의 리더를 선정해 매주 모였다. 그 모임에서 하나님께서 우리를 일터로 보내신 뜻과 사명을 다시 기억할 수 있었다. 다음세대인 후배 직원들을 초청하고 차기 리더로 훈련하는 일도 힘썼다. 지금은 회사를 떠난 지 꽤 오래되었지만, 그 후배들과 계속 관계를 유지하고 있다.

신우회의 '지속가능경영'을 위해서는 지체들을 영적으로 훈련하고 양육하는 작업이 병행되어야 한다. 다음세대가 하나님을 모르는 다른 세대로 타락해버렸던 사사기 시대를 반복하지 않기 위해서는 일터 공동체인 신우회에서도 끊임없이 훈련하고 양육해야 한다.

이상의 4가지 키워드(P.E.S.T.)가 모든 신우회에 적용되는 불변의 진리는 아니다. 신우회마다 특성이 있고 속한 일터의 상황에 따라 다를 수 있기 때문이다. 하지만 만일 신우회가 삐걱거리거나 원하는 방향으로 나가지 못하고 있다는 생각이 든다면, 신우회를 점검하고 균형을 잡는 데 필요한 기준은 될 것이다.

● 일터나눔 _16장

① 일터에 신우회를 만들기 위해서는 함께 기도할 한 사람만 찾으면 된다. 거창한 예배나 행사가 아니라 회사와 서로를 위해 기도할 수 있는 동역자를 만나게 해달라고 기도하라. 사내에 없다면 거래처나 자주 만나는 고객 중에서 동역자를 찾아보자.

② 강하고 담대했던 바울도 지치고 절망했을 때 디모데나 마가와 같은 지체들과의 만남과 교제를 통해 새 힘을 얻고 담대히 복음을 전하게 된다(행 18:5, 행 28:15). 교회 내의 공동체 외에 일터에서 영적으로 위로하고 격려할 수 있는 공동체(신우회)를 위해 기도하자. 신우회가 있다면 참여하고, 없다면 내가 주도적으로 만들어보자.

하나님과 동행하는
일터사역의 시작, 큐티

일터사역자로 살아오면서 날마다 하나님의 말씀을 통해 하나님과 영적인 교제를 나누는 큐티를 한 것이 얼마나 다행이었는지 절실하게 느끼고 있다. 일터의 그리스도인은 하나님과 날마다 동행해야 하며 매순간 하나님의 뜻을 묻고 찾아가야 하는데, 그 기본은 하나님의 음성에 귀 기울이는 것이다. 그러자면 가장 좋은 습관이 날마다 큐티, 곧 경건의 시간을 가지는 것이기 때문이다. 그런데 큐티는 습관이 되지 않으면 꾸준히 하기 어렵다.

큐티는 습관이어야 한다

아침에 일어나 세수나 양치질을 하는 것은 일상의 습관이다. 나는 어렸을 때 양치질이 하기 싫어 엄마한테 떼쓰고 칭얼댔다. 어떤 때는 세수 안 하겠다고 버틴 적도 있다. 그러나 성인이 되어서도 세수와 양치질을 안 하고 하루를 버티겠다면 큰 문제다. 주변에 악취를 풍길 것이고 치아는 썩어 들어갈 것이다. 그래서 어머니가 매일 아침마다 내게 양치질 습관을 훈련하신 것이다.

큐티도 양치질처럼 습관이 되어야 한다. 큐티 습관은 너무나 유익하다. 우선 나에게 유익하고 공동체에도 유익하다. 그 유익을 알고 나면 큐티를 놓지 않게 된다. 큐티가 모든 그리스도인의 일상에서 소중한 일부가 되기를 바란다. 일터의 직장인에게는 더 말할 나위가 없다.

큐티(Quiet Time)는 예수님의 습관에서 모범을 삼은 것이다.

> 새벽 아직도 밝기 전에 예수께서 일어나 나가 한적한 곳으로 가사 거기서 기도하시더니
>
> _막 1:35

예수님은 제자들과 함께 주무시다가도 새벽 일찍 일어나 조용한 곳을 찾아가셔서 하나님과 깊이 교제하는 시간을 가지셨다. 그렇게 하지 않아도 되는 하나님이신 예수님이 부지런히 하나님과 교제를 나누셨던 것이다. 예수님에게 큐티는 습관이었다.

> 예수께서 나가사 습관을 따라 감람 산에 가시매 제자들도 따라갔더니 _눅 22:39

나도 예수님과 선배들의 습관을 본받아 대학생 때 큐티를 시작하기

로 했다. 나는 한번 시작하면 성실하게 끝을 보는 성격이다. 선배들처럼 바인더노트를 구입해 매일 아침마다 읽고 묵상한 말씀의 교훈과 적용할 내용 등을 기록했다. 선배들은 말씀묵상을 한 다음 적용이 중요하다고 가르쳤다. 말씀대로 살기 위해 오늘 하루 어떻게 살 것인지 결심하는 것이 적용인데, 읽은 말씀을 내 삶에 적용하는 것이 그렇게 쉽지만은 않았다. 어쨌든 큐티는 날마다 하려고 노력했다.

나는 모태신앙이지만 매일 말씀을 대한 적은 없었기에 처음에는 큐티가 재미있고 신기했다. 큐티한 내용을 주일에 성경공부모임에서 나누면 선배님이 칭찬해주고 격려해주셔서 1년 동안 거의 하루도 빼먹지 않았다. 하지만 점차 지치기 시작했다. 매일 아침 일찍 일어나기가 힘들기도 하지만, 말씀을 읽고도 아무런 감흥도 없이 며칠 혹은 몇 주일을 지나다 보면 '내가 무슨 짓을 하고 있는 건가?' 하는 자괴감이 들기도 했다.

'큐티를 꼭 이렇게 율법적으로 해야 하는가?' "진리를 알지니 진리가 너희를 자유케 하리라"고 했는데, 큐티가 나를 자유케 하는 게 아니라 오히려 옥죄고 얽어매는 것 같다는 생각이 들었다. 그래서 한동안 큐티를 하지 않았다. 정말 편하고 자유로웠다. 그렇게 큐티 없이 몇 개월이 지났다. 그러자 찝찝해지기 시작했다.

'이렇게 안 하고 지내도 되는 건가? 그래도 큐티할 때는 짜릿한 말씀의 감동이라도 느끼고 적용거리를 실천할 때 감동도 진했는데….'

신앙생활이 맨숭맨숭해진 것 같았다. 몸은 편했지만 마음은 불편해지기 시작했다.

'맞아, 예수님도 큐티를 했는데 내가 뭐 잘났다고 안 하고 버티나?'

이런 생각이 쌓여 부담이 되자 급기야 큐티를 다시 하게 되었다.

——일터사역자를 성장시키는 종합비타민

다시 시도하기를 시도하라

하지만 큐티를 다시 시작하는 과정은 처음 시작할 때보다 더 어려웠다. 생각도 많아지고 복잡해졌다. 몇 개월 시도하다 또 큐티를 하지 않게 되었다. 주일예배 때 설교 듣기에 집중하고 대학부 그룹성경공부에 열심히 참가하면 될 거라고 스스로를 합리화했다. 굳이 아침마다 '큐티라는 율법'에 매여 '행복하지 않은' 신앙생활을 해야 할 이유가 없다고 잠정 결론을 내렸다.

그런데 설교를 통해 또 듣는 말씀이 성경에 등장한 믿음의 선배들은 정해진 시간에 하나님과 교제하고 기도하는 시간을 가졌다는 사실이었다. 다윗은 새벽마다 주님께 부르짖고 말씀을 통해 은혜 받았다고 시편 여러 곳에 기록하고 있다. 베드로와 요한은 정해진 기도시간에 하나님과 교제했다. 그런 말씀을 대할 때마다 다시 찝찝해졌다. 예수님도 새벽마다 하나님과 교제하셨다는 사실을 다시 맞닥뜨리면 여지없이 일탈을 접고 큐티로 돌아오곤 했다.

큐티를 놓치지 않겠다고 성경을 베개 머리맡에 놓고 잔 적이 있었다. 잠에서 깨면 바로 옆에 있는 성경을 펴고 엎드려서 말씀을 대한 적이 있다. 좋았을까? 절대 아니다. 큐티가 그야말로 조용한 시간(quiet time)이 되어 나를 다시 꿈의 나라로 끌고 가기 일쑤였다. 그래서 어느 순간부터 아침에 일어나면 먼저 세수하고 양치질한 다음 책상 앞에 앉아 큐티를 하기 시작했다. 큐티는 하나님과의 교제 시간이므로 창조주 하나님과의 만남에서 제일 중요한 것이 맑은 정신이라는 것을 알았기 때문이다.

직장생활을 하다보면 바쁜 일과로 아침 큐티 시간을 놓칠 때가 종종 있다. 그러면 점심시간이나 밤에 잠들기 전 여유시간을 이용해 그날의 큐티를 '때우기도' 했다. 하지만 큐티는 하루 시간 중에 제일 먼저 최우선으로 떼어놓아야 하는 시간임을 알게 하셨다. 바쁘고 분주한 직장을 다니면서 다른 요인에 영향 받지 않는 유일한 시간은 역시 새벽시간뿐이었다. 예수님도 새벽 밝기 전에 큐티를 하시지 않았는가.

그렇게 약 10여 년 엎치락뒤치락 큐티와 씨름했다. 그제야 큐티가 내 삶에 슬슬 정착되기 시작했다. 큐티가 말씀 읽고 요약하는 시간이 아니라 말씀과 기도로 하나님과 만나고 교제하는 시간임을 체득하면서 자연스레 삶의 일부가 되었다. 율법적으로 억지로, 우격다짐으로 하는 것이 아니다. 아침에 아침밥 먹고 양치질하는 게 자연스레 진행되듯이 자동적으로 하게 되었다. 잠에서 깨면 제일 먼저 하게 되는 아침의 첫 습관이 되었다.

나는 출장을 가거나 가족여행을 가도 다음날 아침 큐티할 장소와 시간을 정한다. 큐티가 내 모든 일정에서 최우선이 되어야 하기 때문이다. 하루 24시간 중에서 큐티할 시간을 뚝 잘라 떼어 놓으니 하나님께서 언제나 그 시간을 풍성하고 아름답게 해주신다.

교회의 새벽기도회와 개인 큐티가 조화를 이룬 적도 간혹 있었다. 어느 날 큐티에서 말씀을 묵상하고 적용하려는데 출석하는 교회(성도교회)의 새벽기도에 출석하라고 하셨다. 그 음성을 적용에 쓰면서 되물었다.

"그러면 저의 아침 큐티는 어떻게 하나요?"

하나님과 나만의 시간을 놓치고 싶지 않았기 때문이다. 하지만 하나님의 뜻이 있다고 보고 몇 년간 교회의 새벽기도회에 참석했다. 개인 큐티는 잠자기 전에 했다. 다행히 담임목사님께서 매일성경으로 큐티를 하시면서 새벽마다 그 말씀을 나눠주셨다. 말씀을 깊이 묵상

　　　　　　　　　　　　　　　—— 일터사역자를 성장시키는 종합비타민

큐티: 하나님과의 교제

나는 너랑 교제하려고 날마다 이 시간에 기다리고 있는데.

해 설교하시는 목사님이라 내가 취침 전에 묵상한 내용을 새벽기도회 때 목사님을 통해 또 들을 수 있었다. 기억하고 묵상하기에 더 좋았다.

큐티 정착을 위해 붙잡아야 할 5기

말씀을 묵상하고 말씀에 의지해 기도하며 하나님과 교제하는 큐티가 나에게는 이제 하루 중 가장 귀중한 시간이 됐다. 하지만 습관으로 정 착되기까지는 앞에서 고백한 것처럼 상당한 시간이 걸렸다. 큐티를 방해하는 생각과 돌발 상황이 너무 많았기 때문이다.

　'율법주의자가 되고 싶지 않으니 억지로 하지 않는다.'
　'밤에 할 일이 많아 늦게 잔다.'
　'아침시간에는 몽롱하고 피곤하고 졸려서 못하겠다.'

'누구는 큐티가 짜릿하다고 하는데 나는 그런 적이 없다.'

'그냥 맨송맨송해서 꼭 해야 하는 것인지 잘 모르겠다.'

'매일 주시는 말씀을 생활에 적용한다는 게 너무 부담이 된다.'

'잡생각과 걱정이 끊임없이 일어나 말씀에 집중하기 힘들다.'

'난해한 구절이 많아 읽어도 무슨 내용인지 모르겠다.'

'말씀에 대한 확신과 신뢰가 없다.'

'너무 바빠서 한가롭게 앉아 있을 여유가 없다.'

'그냥 마음에 와 닿을 때 하면 되지, 꼭 매일 큐티를 해야 하나?'

'그래서(앞의 이유들 때문에) 간절함과 갈급함도 사라진다.'

나는 "큐티가 습관이 되려면 어떻게 해야 하는가?"라는 질문을 자주 받는다. 그럴 때마다 답해주는 큐티 정착의 여덟 가지 원리가 있다. '붙잡아야 할 5기'와 '버려야 할 3기'이다. 개인적으로 30년 넘게 큐티를 해오면서 큐티를 삶에 정착할 수 있게 해준 원리들이다. 하나님과 더 친해지고 모태신앙의 설익은 믿음도 더욱 영글게 해주었다. 경험에서 우러나온 원리이기에 후배 일터사역자들에게 나누고 싶다.

붙잡아야 할 1기는 '기도'다

큐티는 기도로 시작해서 기도로 끝난다. "내 눈을 열어 기이한 것을 보게 해주옵소서"(시 119:18)라는 기도로 시작하고, 그날 주신 말씀을 묵상한 후 그 말씀대로 살게 해달라고 기도하고 마친다.

큐티를 처음 시작할 때는 큐티가 말씀을 읽고 묵상하고 기록하는 것이라고 배웠고 거기에 강조점을 두었다. 그런데 큐티가 정착될수록 기도시간이 길어졌다. 묵상할 때 떠오르지 않던 생각이 기도할 때 떠오르기 때문이다. 그래서 기도를 잠깐 멈추고 떠오른 생각을 기록하기도 한다. 매일 기도해야 할 중보기도 대상자들을 기억하며 기도하다 보면 갑자기 어제 일어난 일이 생각나 화가 나기도 하고 슬퍼지기도 한다. 그런 내 마음의 복잡한 움직임도 기도시간에 전부 올려드린다. 오늘 할 일과 회의와 만나야 할 동료나 고객이 생각나면 기도로 올려드린다. 어려운 일이 많을 때면 그저 하나님의 강권적인 도우심과 인도하심을 구할 수밖에 없다. 요즘은 아무래도 학교 일이 가장 앞선 기도제목이 되고 있다.

갈수록 기도할 제목이 많아지니 점점 기도시간이 늘어나고 큐티가 한 시간을 훌쩍 넘길 때도 있다. 그러면 출근시간을 맞추기 위해 기상시간을 조금씩 앞당기는 수밖에 없다. 그래서 우리 예수님도 새벽에 하나님과 교제하셨고(막 1:35) 시편 기자도 "아침에 주께서 나의 소리를 들으시리니 아침에 내가 주께 기도하고 바라리이다"(시 5:3)라고 기도한 것 같다.

붙잡아야 할 2기는 하나님에 대한 '기대'이다

처음 큐티를 시작했을 때는 재미있었다. 그 전까지는 설교를 듣는 것 외에 스스로 말씀을 생각하며 곱씹어본 적이 없었다. 따라서 큐티하며 새로운 것을 깨달을 때마다 말씀의 맛이 느껴졌다.

중고등부 때 그 해의 성경 1독 과제를 내주면 열심히 숙제하는 마음으로 읽었다. 그래서인지 하루 3장, 주일 5장을 때우기처럼 읽기 바빴고 별 감흥도 없었다. 그러나 큐티하며 읽는 말씀은 달랐다. 기대가 되고 때로는 흥미진진했다. 참 좋았다. 그래도 몇 개월 지나면 첫 감흥은 사라지고 의무만 남기 시작했다. 기대감이 사라지니 말씀의 맛도 사라지고 불어터진 라면처럼 느껴졌다.

── 하나님과 동행하는 일터사역의 시작, 큐티

말씀에 대한 갈급함과 기대가 사라지면 큐티가 부담스러워진다. 하지만 부담스럽더라도 계속 해야 한다. 그 시간을 매일 지켜야 한다. 우리가 날마다 먹는 식사가 언제나 감칠맛 나고 항상 환상적이지 않다. 그래도 집에서든 식당에서든 때에 따라 식사를 한다. 그래야 건강이 유지되고 연약한 환자라면 기력을 회복할 수 있기 때문이다. 따라서 기대하는 마음이 적더라도 하나님과 만나는 시간에는 그 자리에 가 있어야 한다. 그래야 하나님이 주시는 은혜의 단비를 매일 누릴 수 있다. 나는 하루 가운데 하나님과 교제하는 시간을 의무적으로라도 정해놓으면 하나님께서 그 시간에 나의 빈 구석을 채워주시는 체험을 너무도 많이 했다.

내가 일터를 옮길 때마다 하나님은 상황에 꼭 맞는 말씀으로 인도하셨다. 불안하고 허전한 상황에서 빈 것 같던 내 마음을 채워주셨다. 대한항공에서 토파스로 갈 때 그랬고, 토파스에서 명지대학교로 갈 때도 그랬다. 그럴 때는 아무래도 내 마음이 더 갈급하고 하나님께서 주실 은혜의 말씀에 대한 기대감으로 가득 찼기 때문이었다. 그렇다면 평소에도 매일 아침 하나님을 만난다는 기대감이 있어야 한다. 내가 하나님의 말씀으로 채워진다는 기대감은 결코 놓치지 말아야 할 것이다. 그러므로 큐티가 풍성해지기 위해서는 아무래도 '오늘은 어떤 말씀을 주실까'라고 기대하는 마음이 늘 있어야 한다. 갈급한 마음으로 간절히 말씀을 대할수록 하나님께서 더 놀랍게 채워주시기 때문이다. "네 입을 넓게 열라 내가 채우리라"(시 81:10)고 말씀하신 하나님이시다.

붙잡아야 할 3기는 묵상한 내용을 '기록'하는 것이다

기록은 다분히 개인의 취향이나 성향일 수 있다. 하지만 매일 말씀 묵상을 견지하며 사는 분들을 보면 대부분 노트에 기록하고 있음을 본다. 기록할 때 묵상한 내용이 확실히 정리되고 마음 판에 더 잘 박히게 되는 탓이다.

토론토 코스타에서 만나뵌 선한목자교회 유기성 목사님은 영성일기를 통해 하나님과 교제하기를 강조하셨다. 영성일기 역시 기록하는 것이다. 때로는 큐티할 때 말씀을 읽고 나도 아무런 생각 없이 멍해지는 경우가 있다. 그럴 때면 읽은 말씀을 요약해 노트에 써본다. 그렇게 기록하다 보면 글자가 생각으로 연결돼 묵상의 실마리가 풀어지는 경우를 나는 많이 경험했다. 읽었을 때 발견하지 못했던 말씀이 노트에 적을 때 마음에 와 닿기도 한다. 성경 필사를 하는 분들이 은혜 받는 이유를 알 것 같다.

때로는 기도하다가도 주시는 말씀이나 생각을 기록하기도 한다. 기록하다 기도하고, 기도하다 기록하는 것이다. 그러면서 묵상이 깊어진다. 나는 만화 그리기를 좋아하기에 때로는 내가 묵상한 내용을 큐티노트에 만화로 그리기도 했다. 대학부 시절 매주 발행한 주보 표지에 말씀묵상 만평을 그리게 된 것도 기록하는 습관에서 나온 것이다. 기록을 통해 정리하고 요약한 말씀묵상 내용이 마음속에서 더 오랫동안 숙성될 수 있다.

기록이 중요한 또 하나의 이유는 다음에 언급할 '기억'과 관계된 것이기도 하다. 묵상한 내용이 기억나지 않을 때 큐티노트를 보고 확인하면 되기 때문이다. 청년 시절에 하나님께서 도우신 체험을 상기하고 싶을 때는 30년 전에 썼던 큐티노트를 들쳐본다. 그 당시 갈급했던 상황과 주님께서 주신 은혜를 곱씹기도 한다.

　나는 교회 공동체뿐 아니라 신우회 등 다양한 공동체 사역을 하면서 말씀을 나누고 전할 기회가 많다. 그때 사용하는 것이 바로 큐티노트다. 과거에 큐티노트의 적은 말씀묵상 내용을 각 공동체가 처한 상황과 연결하여 나눌 말씀으로 정하곤 한다. 이게 다 기록했기 때문에 가능한 일이다.

붙잡아야 할 4기는 묵상한 말씀을 '기억'하는 것이다

　아침에 풍성하게 큐티를 하면서 하나님께서 주시는 말씀의 은혜에 감격했지만, 일터에서 정신없이 일하다 보면 문득 오늘 묵상한 말씀이 기억나지 않을 때가 있다. 그럴 때면 내 기억력의 한계를 느끼고 자괴감이 들곤 한다. 나이가 들어갈수록 잊어버릴 때가 더 많아지는 것 같다.

　일터에서 아침부터 시작되는 미팅으로 스트레스 받고 지시사항에 따라 거래처와 통화하거나 방문하고 돌아와 결과보고서를 작성하고 별도로 지시 받은 분석보고서까지 준비하다 보면 아침 묵상에서 은혜 받은 내용은 온데간데없이 사라지는 것 같아 씁쓸해진다. 그래서 묵상한 내용에 제목을 붙여 그 제목만이라도 기억하려 애쓸 때도 있다. 아침에 사무실에 도착하자마자 캘린더에 그날 묵상한 내용을 짧은 문장으로 적어놓거나 주제 단어를 적어놓고 묵상을 이어가는 것도 기억하는 방법의 하나이다. 그렇게 해서라도 묵상한 내용을 하루 종일 되씹으려는 것이다. 간혹 어제 묵상한 내용이 기억나지 않을 때는 큐티노트가 도움이 된다. 그래서 큐티를 기록하는 것이 매우 중요하다. 그런 의미에서 대학부 시절에 그렇게도 강조했던 성경암송이 얼마나 중요하고 효과적인지 알게 된다. 말씀을 암송해야 평생 기억할 수 있고, 기억할 수 있어야 묵상할 수 있기 때문이다. 기록과 기억은 함께 간다.

붙잡아야 할 5기는 '기적'이다

큐티할 때 주실 말씀을 '기대'하고 '기도'하면서 묵상한 말씀을 '기록'하고 그 말씀을 하루 종일 '기억'할 때 놀라운 '기적'이 일어난다. 일터에서 체험한 기적 같은 많은 일이 대부분 말씀묵상을 통해 일어난 일인 것은 우연이 아니다. 말씀을 붙들고 기도하며 매달릴 때 하나님은 풍성한 응답으로 채워주신다. 이 책에 기록한 일터의 은혜 체험과 간증도 대부분 말씀묵상에서 비롯되었다. 기적을 체험하면 큐티가 재미있어진다. 말씀묵상이 더 기대된다. 기대되면 기도하게 된다. 붙들어야 할 5기는 이렇게 서로 연결돼 있다.

큐티 정착을 위해 버려야 할 3기

큐티 정착을 위해 꼭 붙잡아야 할 것이 다섯 가지인 반면, 반드시 버려야 할 것은 세 가지이다.

버려야 할 1기는 '포기'이다

큐티를 해오면서 여러 번 포기했다. 힘들어서 포기하고 내 체질에 맞지 않는 것 같아 포기했다. 하지만 하나님께서 다시 시작하게 하셨고 오랜 시간이 걸려 큐티가 내 생활에 정착하였다. 말씀묵상을 포기하면 은혜의 물줄기가 끊긴다. 물론 주일예배 설교만 잘 들어도 충분하다고 생각할 수 있다. 그러나 설교 또한 듣기만 하고 깊이 묵상하지 않으면 힘이 없다. 머리만 커지고 마음만 잠깐 적시고 말 수 있다. 그래서 데살로니가 사람들은 바울의 가르침을 듣고 '그것이 과연 그러한가?' 하여 날마다 말씀을 공부하고 묵상했다.

하나님과의 교제를 더 풍성하게 체험하려면 매일 말씀에 귀 기울여야 한다. 만약 어떤 날은 너무 피곤하고 힘들어 포기하고 싶을 것이다. 그러면 포기할 수도 있다. 하지만 다음날은 반드시 다시 시작하라고 말하고 싶다. 매일 아침 세수와 양치질이 습관이 된 성장과정을 기억하면서, 포기하고 싶은 때일수록 다시 시작해보자. 그러다 보면 말씀묵상이 차츰 내 삶에 정착하게 될 것이다.

버려야 할 2기는 '연기'이다

말씀묵상 매거진(큐티 잡지)을 읽는 것으로 큐티를 대체하는 경우가 많다. 안 하는 것보다야 낫지만 큐티는 단순한 독서 시간이 아니다. 말씀묵상 시간이 하나님과 말씀과 기도로 '교제'하는 시간이기 때문이다. 큐티 잡지는 다른 분이 기록한 묵상 내용을 참고하기 위한 책이다. 그걸 읽기만 하면 개인의 묵상 경험과 노하우가 쌓이지 않는다. 마치 수학문제를 풀 때 미리 답안지를 보는 것과 같다. 답안지를 볼 때는 다 아는 것 같고 쉬워 보이지만, 다른 문제는 직접 풀지 못한다. 큐티 잡지만 보면 기분은 큐티를 한 것 같아도, 그건 배우가 연기(演技)하는 것처럼 큐티를 연기한 것일 수 있다.

말씀사역(설교 혹은 묵상 나눔)은 목회자만의 과제가 아니다. 모든 그리스도인이 자기가 속한 공동체와 일터에서 말씀을 나눌 준비가 되어 있어야 한다. 하나님이 주신 말씀과 매일 씨름하면서 직접 묵상할 때 말씀사역 준비가 가능해진다. 큐티하는 척하지 말자.

버려야 할 3기는 '늦게 자기'이다

큐티가 정착되려면 외부 환경에 영향 받지 말아야 한다. 저녁에 큐티를 할 경우 약속이 생기거나 갑자기 야근하게 되면 큐티는 연기되고 결국 건너뛰게 된다. 따라서 큐티하기에 가장 좋은 시간은 새벽이다. 새벽에 누가 나를 간섭하거나 성가시게 하는 일은 거의 없다. 밤새일하는 간호원이나 미화원이라면 별도의 시간을 확보해야겠지만, 대부분 직장인에게는 새벽이 큐티하기에 가장 좋은 시간이다. 그러나늦게 잠에 들면 새벽에 일어나기 어렵다. 새벽 2시에 잠자리에 들면서 "큐티할 거니까 5시에 깨워주실 줄 믿습니다"라고 기도하는 실수를 범하지 말자. 만일 그 기도를 들어주시면 그 사람의 건강은 심각해지고 영육간에 초췌해지는 건 시간문제다.

나는 축구를 좋아한다. 그래서 EPL 리그에 관심이 많다. 그런데 EPL 리그는 매주 토요일과 주일 밤에 열린다. 처음에는 늦게까지 시청했다. 당연히 EPL이 다음날 큐티에 영향을 미치기 시작했다. 그래서 늦은 밤의 EPL 시청을 끊었다.

하나님과의 교제를 위해 흥미진진한 밤 시간을 포기하고 하나님께서 내일 아침에 주실 말씀을 기대하며 일찍 잠자리에 들어야 한다. 늦게 자면 큐티가 망가진다. 이른 아침 하나님과의 온전한 사귐을 위해밤에 즐기는 일을 내려놓아야 한다. 일찍 자고 일찍 일어나야 큐티가습관이 될 수 있다.

경건의 시간이 일터의 영성을 좌우한다

일터에 예수님을 모시고 일터의 문제를 그분께 올려드리기 위해서는 일터 현장에서 만나는 다양한 상황 속에서 늘 하나님을 생각하고 하나님의 말씀을 기억하고 묵상할 수 있어야 한다. 따라서 매일 큐티는 일터사역자에게 필수 조건이다. 그래야 일터에서 영성을 유지할 수 있기 때문이다. 방선기 목사는 경건의 시간을 통해 일터의 영성을 채울 것을 강조한다.[38]

"크리스천 직장인에게는 직장에서 하는 모든 일이 다 주님의 일이다. 그러나 그런 직업관을 유지하기 위해서는 기본적으로 주님을 향한 자세가 분명해야 한다. 그러지 않은 채 직장 일을 그냥 주님께 하듯 하다 보면 일 자체가 점점 주님이 되어 버리고 만다. 직장 일을 주께 하듯 하는 것과 직장 일이 주님이 되는 것은 분명히 다르다. 이런 혼돈을 피하기 위해서는 주님을 모든 생활의 첫 자리에 두어야 한다. 생활에서 주님을 우선순위에 둔다는 것은 여러 가지로 표현될 수 있지만, 바쁘게 사는 직장인에게는 아마도 가장 귀한 시간을 드리는 것이 아닐까 생각된다."

예수님은 엄청 바쁘셨다. 쓸데없는 일 때문이 아니라 하나님의 말씀을 전하고 불쌍한 병자들에게 소망을 주는 일로 바쁘셨다. 그러나 주님은 그런 중요한 일보다 하나님과 교제하는 시간에 더 우선순위를 두셨다. 그래서 마가복음 1장 35절이 보여준 예수님의 큐티는 나에게 항상 도전이 된다. 이 말씀은 큐티가 바쁜 내 삶에 정착되어 말씀이 일터에 흘러들게 하는 통로가 되었으며, 말씀과 일터를 연결하는 연결고리가 되었다. 예수님은 큐티할 필요가 없으신 거룩하고 완전하신 성자 하나님이시다. 그런 예수님이 새벽 일찍 한적한 곳에서 하나님께 기도하고 말씀을 묵상했다면 우리는 어떻게 해야겠는가?

매일 일터 현장에서 예수님과 동행하는 영성을 유지하기 위해 매일 아침 하나님을 만나는 연습과 훈련이 있어야 한다. 그것이 큐티다. 굳이 큐티라는 수단이 없어도 매일 순간마다 예수님과 교제하고 동행한다고 우기는 사람이 있다면, 그는 마치 기초체력 훈련 없이 언제든지 본 게임에 임할 수 있다고 큰소리치는 어리석은 운동선수와 같다.

일터는 살벌하다. 그런 일터에서 예수님과 동행하려고 아무리 노력해도 실패할 때가 있다. 나는 그럴 때마다 큐티에서 새 힘을 얻고 영적 위로와 만져주심을 체험한다. 나의 경우 하나님은 큐티를 통해 일터의 문제를 다뤄주셨고 해결해주셨다. 때로는 경고하시고 때로는 위로하셨다. 그래서 나는 일터사역자로 살아가기 위해 가장 기본적인 조건이 매일 큐티하는 것이라고 거듭 강조하는 것이다.

● 일터나눔 _17장

① 큐티를 하기로 마음먹었다면 매일 몇시, 어떤 장소에서, 몇 분 동안 시간을 가질지 구체적인 계획을 적어보자. 그리고 자신의 큐티 계획을 나누면서 큐티가 정착될 수 있게 해달라고 서로를 위해 기도하자. 정기적으로 큐티 묵상을 나눌 짝을 만들어 보자.

② 큐티 정착을 위해 붙잡아야 할 5기와 버려야 할 3기 중에서 내가 특별히 붙잡고 특별히 버려야 할 것이 무엇인지 생각해보고, 어떻게 실천해야 할지 나눠보자.

──── 하나님과 동행하는 일터사역의 시작, 큐티

하나님의 뜻을 알고
순종하는 법

매일 아침 신문을 펼칠 때나 휴대폰을 열어 SNS 뉴스를 대할 때마다 깜짝 놀랄 소식이 여기저기서 튀어나온다. 웬만한 뉴스에는 놀라지도 않을 정도로 세계 방방곡곡에서 일어나는 사건과 사고들이 가슴을 쓸어내리게 만든다. 우리는 한마디로 불확실성의 시대를 살고 있다. 특히 청년들에게 이 시대는 더 매섭고 매몰차다. 무엇을 어떻게 해야 할지 전혀 알 수가 없다.

토파스 대표이사를 사임한 후 대학교에서 일하게 되면서 취업 문제로 고민하는 청년들을 더 자주 보게 되었다. 괜히 미안하고 안쓰러운 마음이 든다. 중2병은 많이 들어보았지만 대2병이 생겼다는 소리는 대학에 와서 자주 듣고 있다. 무작정 입시에 몰려 정신없이 대학에 와 보니 남은 인생을 어떻게 살아야 할지 막막해지는 때가 바로 2학년 때라는 것이다.

3학년은 읽는 그대로 '사망년'이라고 부른다. 대2병을 끙끙 앓다가 정신적으로 사망해버렸다는 것이다. 이것이 청년들의 자조 섞인 자화상이다. 사회에 적응하지 못하는 사람을 일컫는 소시오패스에서 따온 고시오패스라는 말도 들었다. 공무원 고시에 목매달고 좁은 고시방에 틀어박혀 살다 보니 소시오패스처럼 사회 부적응자로 살아가는 청년을 풍자한 말이다.

이런 청년들에게 옛날에 흔히 하던 말처럼 "청년이여, 야망을 가져라"라거나 "조금만 참아라. 곧 나아질 거다"라고 쉽게 말하는 건 너무도 무책임한 짓이라는 생각이 든다. 그들보다 조금 더 살아온 인생 선배랍시고 그들이 공감하기 어려운 경험을 들려주거나 어설픈 조언이 얼마나 도움이 될까 염려가 될 지경이다. 그들이 자괴감을 느끼게 하지나 않을까 하는 우려마저 생긴다. 우리나 그들이나, 지금 세상에서 도대체 무엇을 어떻게 해야 길이 열릴지 알지 못하기 때문이다.

일터에서 하나님 뜻을 어떻게 알 수 있을까?

그리스도인이라고 다르지 않은 것 같다. 청년부에서 같이 교제하는 누구는 공부 잘해서 인생이 잘 풀리는 것 같고 하나님이 더 사랑하시는 것 같다는 생각이 든다. 그러면 교회에서조차 위로받지 못하고 용기를 잃게 된다. 나를 향한 하나님의 뜻은 무엇인지 더 궁금해진다. 하지만 그 뜻이 또렷하게 그려지지 않는다. 그래서 더 답답하고 안타까

위한다.

미래에 하나님께서 나를 위한 직업을 준비해놓고 있는데 내가 그것을 콕 찍어서 발견하지 못하고 헤매고 있는 것은 아닐까? 도대체 무슨 직업, 무슨 일을 하는 것이 하나님의 뜻일까? 큰 꿈과 비전, 큰 목표를 가지고 살라고 하는데 현재 내 모습은 초라하다. 이렇게 계속 가다가 실패하는 삶을 살게 되지 않을까 걱정된다. 남들은 술술 잘 풀리는 것 같은데, 내 인생은 왜 자꾸만 나락으로 빠져드는가?

직장을 얻은 청년이라고 다르지 않다. 사무실-집-사무실-집, 다람쥐 쳇바퀴 도는 듯한 자기 모습이 처량하기만 하다. 청년부 시절에 품었던 비전은 어디로 가버렸는지도 모른다. 청년부서에서 말씀을 받을 때는 그리스도인으로서 멋진 비즈니스맨이 되겠다고 마음 먹었지만, 막상 직장에 들어오니 세상이 호락호락하지 않다.

"에라 모르겠다. 그냥 물 흐르는 대로 사는 거지 뭐."

이러한 한숨 섞인 고백이 그리스도인 청년들의 솔직한 모습이다. 나를 향한 하나님의 뜻은 생각해볼 여유도 없어 보인다. 그러나 내 일터에도 일일이 개입하시는 하나님이신데, 내 인생에 아무런 뜻과 계획이 없으실까? 시편은 하나님이 나와 관계된 것, 내 인생의 길을 완전하게 하신다고 했다.

이 하나님이 힘으로 내게 띠 띠우시며 내 길을 완전하게 하시며 _시 18:32

그렇다면 나를 향한 하나님의 뜻을 어떻게 알 수 있을까? 하나님의 뜻을 이해하는 방법이나 기준은 무엇일까? 하나님의 뜻을 묻고 알아가는 훈련은 일터의 청년들, 다음세대의 일터사역자에게 필수과목이

─ 일터사역자를 성장시키는 종합비타민

기도 하다.

자신을 향한 하나님의 뜻을 분별하고 고민하며 이해함으로 순종하기 원하는 후배 청년들에게 도움을 주고자 '하나님의 뜻을 아는 법'에 대해 들려주고 싶다. 청년들이 혹시 가지고 있을 하나님의 뜻에 대한 오해를 풀기 위해 4가지 P로 시작하는 키워드를 이용해 설명하려고 한다. 이 키워드는 직장사역연구소의 자료에서 응용한 것이다.

첫째, 하나님 뜻은 예지(prediction)가 아니라 원칙(principle)이다

일반적으로 하나님의 뜻을 아는 것을 미래에 일어날 일에 대해 미리 아는 것이라고 착각하곤 한다. 미래의 모습이 미리 결정되어 있으니 그것을 찾아가야 한다고 오해하는 것이다. 이것은 운명과 사주를 믿는 사람들이 미래를 바꾸거나 피하기 위해 부적을 의지하거나 굿을 해서 액땜하려는 것과 비슷할 수 있다. 그래서 일부 그리스도인은 용하다는 '기도 권사님'을 찾아가 '기도를 받고' 장래에 어떤 일이 일어날지, 무엇을 선택해야 할지 물어보기도 한다. 대학 입시, 취업, 결혼 등의 경우 미래에 대한 예지(prediction)에 탐닉하게 되고, 그 일의 결과가 부정적일 때 절망하고 신앙적으로도 좌절한다.

그러나 하나님의 뜻을 안다는 건 미래에 일어날 일을 아는 것이 아니다. 현재의 상황에서 하나님께서 주신 원칙(principle)을 지키는 것이다. 하나님은 그 원칙을 이미 말씀을 통해 주셨다. 따라서 미래의 성공과 꿈을 이루기 위해 말씀의 원칙을 무시하는 것은 하나님의 뜻이 아니다.

일류 대학에 입학해서 하나님께 영광(?)을 돌린다며 고3 한 해 동안 예배를 간소화(!)하는 건 원칙에 어긋나는 일이다. 하나님은 그런 값

싼 영광은 받지 않으신다.

좋은 회사에 취직하기 위해 '자소서'(자기소개서)가 아니라 '자소설'을 쓰고 가짜 스펙으로 위장하고 있다면 이미 하나님의 뜻을 위배한 것이다.

멋진 신랑감이 눈에 들어온다. 좋은 대학 나오고 대기업에 다니는데 성격 좋고 신앙까지 좋다. 그런데 유부남이다. 하나님의 뜻일까, 아닐까? 더 이상 물어볼 필요도 고민할 필요도 없다.

미래의 꿈과 야망을 붙잡기 위해 지금 하나님이 나에게 보여주신 원칙을 무시한다면, 그건 결코 하나님의 뜻이 아니다. 요셉이 감옥에 갇혔을 때 언제 총리대신이 될 것인지 생각하며 미래의 야망과 꿈에만 골몰했다면 어땠을까? 보디발 부인의 정부가 되었을 것이고 하나님 뜻이라고 착각했을 것이다. 그게 하나님이 어린 시절에 보여주신 꿈을 이루는 지름길처럼 보였을 것이기 때문이다.

다윗이 왕이 될 것이라는 사무엘의 기름부음을 받고 미래의 왕권 찬탈에만 몰두했다면 사울이 동굴 속에서 독 안에 든 쥐 같은 신세가 됐을 때 일찌감치 죽이고 쿠데타의 주역이 되었을 것이다. 그게 하나님이 보여주신 미래의 그림을 이루기에 가장 적당한 길처럼 판단되었을 거다. 하지만 요셉과 다윗은 그러지 않았다. 매순간 하나님의 뜻과 원칙에만 충실했다. 하나님께 일일이 물어보며 뜻을 구했고 하나님과 동행하며 살았기 때문이다.

나는 부동산이나 재테크에 문외한이지만 아파트를 사기 위해 난생 처음 아파트 청약을 한 적이 있다. 청약 1순위에 들려면 원하는 아파트가 있는 지역에 살고 있어야 한다. 그렇다면 그 지역에 사는 조카 집으로 주민등록 이전을 하면 된다고 권하는 사람들이 있었다. 다들 그렇게 한다고 했다. 그것이 하나님 뜻일까? 고민할 필요가 없다. 살지도 않는 곳에 주민등록 이전을 하는 것은 거짓말이다. 거기에 무슨 고민이 필요한가? 우리 부부는 청약을 포기했다.

미래에 원하는 것을 얻기 위해 하나님의 원칙을 무시하고 세상과 타협하면 안 된다. 때로는 주어진 환경에서 충성스럽게 사는 것이 하나님의 뜻일 수 있다. 특히 마음에 들지 않는 학교, 생각하지 않았던 일터가 하나님의 원칙에 순종하여 발견한 곳일 수 있다. 하나님은 나의 일터에서 종종 그렇게 인도하셨다. 때로 원치 않았던 부서 이동이나 계획하지 않았던 상황이 펼쳐져 불안하고 답답하여 안달이 나기도 했지만, 하나님은 그 과정을 통해 하나님의 뜻을 보이시고 가르쳐주셨다.

둘째, 결과(product)가 아니라 과정(process)을 중시한다

마지막에 주어지는 결과도 중요하지만, 결과에 이르는 과정 속에도 하나님의 뜻이 존재한다. 그러므로 어떤 상황이나 과정도 포기해서는 안 된다. 그 가운데 나를 돌보시고 훈련시키시는 하나님의 손길이 있을 것이기 때문이다.

다윗의 직업이 무엇이었는가? 마지막은 왕이었지만 그의 직업은 여러 번 바뀌었다. 어릴 때는 목동이었다. 형들을 위한 도시락 배달원이 되었다가, 그 과정에서 골리앗을 죽이고 장교가 된다. 왕을 위해 하프를 켜는 연주 아르바이트도 했다. 꽤 높은 지위인 사령관까지 올라갔다가 노숙자와 망명객 신세로 전락하는 등 롤러코스터 같은 인생을 살았다. 그렇게 수많은 변화의 과정 속에서 하나님과 교제하면서 성숙하고 신앙이 성장해갔다.

다윗의 명함에 기록된 직책보다 인생의 과정 속에서 하나님과 친밀한 교제를 나누는 것이 하나님의 뜻이었다. 그래서 요즘은 세상에서도 스펙(spec)보다 스토리(story)를 더 중요시한다. 성취한 결과물보다 살아온 과정이 더 가치있고 그 사람을 더 잘 설명하고 있다고 평가하기 때문이리라. 요즘은 스토리마저도 스펙처럼 짜맞춰 만들어가는 게 문제이긴 하다.

나는 공부 많이 해서 유학 가고 학위를 따서 교수라는 타이틀을 갖고 싶었다. 그래서 직장에 취업해야만 했을 때 내 꿈이 깨어졌다고 생각했다. 그러나 하나님은 그 과정을 통해 눈물 젖은 큐티가 정착되게 하셔서 설익은 모태신앙을 조금씩 성장시켜주셨다. 신우회를 통해 직장사역에 대한 하나님의 뜻을 발견하게 하시고 일터사역자로 세워주셨다. 공부하고 싶었던 나의 간절한 열망을 잊지 않으시고, 생각지도 않았던 MBA 유학 기회와 박사학위 취득을 통해 보너스로 꿈도 이루어주셨다.

하나님은 두루마리 전법을 쓰신다. 내 인생의 길을 한꺼번에 보여주지 않고 두루마리 풀듯이 조금씩 보여주며 인도하신다. 한 번에 쫙 펼쳐 보여주시면 하나님을 훨씬 잘 믿고 섬길 것 같은데, 하나님은 우리의 욕심과 교만을 아시기에 그렇게 하지 않으신다. 조금씩 보여주시다 보니 간혹 우리가 원치 않는 과정에 들어간 것처럼 보일 때가 있다. 그 과정에도 하나님의 뜻이 숨어 있을 수 있다. 그러므로 우리는 과정 속에서 성실하게 배우고 깨달아야 한다. 지금, 현재를 잘 겪어야 하는 것이다.

내가 원하는 것이 오기 전까지, 확실한 것이 보이기 전까지 움직이지 않겠다고 고집하면 흘러가는 과정 속에서 인도하시는 하나님의 뜻

을 놓치게 된다. 정차된 차량의 핸들은 잘 움직이지 않지만 움직일 때
는 부드럽게 돌아간다. 확실한 게 보일 때까지, 내가 원하는 게 나올 때
까지 아무것도 하지 않고 그냥 앉아 있겠다고 고집하는 건 정차된 차
량의 핸들을 돌리려는 것과 같다. 나에게 주어지는 상황을 따라 기도
하면서 믿음으로 움직일 때, 하나님은 우리의 운전대를 잡으시고 좌
우로 잘 운전하시며 인도하신다는 사실을 잊지 말자.

셋째, 행위(practice)가 아니라 사람(person) 중심이다

어떤 과업을 이루어내고 멋진 작품을 만들어내는 일 자체도 중요하
다. 하지만 하나님은 사람에게 집중하신다. 하나님의 뜻은 우리가 뭔
가 화려한 일을 해내는 것보다 각자 하나님과 교제하면서 인격적으로
성숙해지기를 원하시는 것이다. 야곱과 요셉의 인생은 이 차이를 분
명하게 보여준다.

야곱은 행위(practice) 중심의 인생을 살았다. 형에게 팥죽 한 그릇
으로 장자권을 빼앗았고 삼촌 라반의 집에서 부자가 되었다. 부인과
첩을 통해 한 다스(12명) 넘는 자식을 낳았다. 하지만 야곱은 언제나
쫓기는 삶을 살았다. 형 에서의 낯을 피해 도망쳤고, 삼촌 라반에게서
도망쳐 나왔다. 아들 시므온과 레위가 세겜 땅 남자들을 다 죽이자 무
서워서 도망쳤고, 마지막에 가나안의 가뭄을 피해 애굽으로 탈출한
다. 행위에 집중하는 삶은 도망치는 삶이다.

반면 요셉은 사람(person) 중심의 인생을 살았다. 자기 지혜와 행위
를 의지하지 않고 모든 상황을 하나님께 맡겼다. 때로는 형들에게 인
신매매를 당해 외국으로 팔려가기도 했고, 강간미수범이라는 누명을
쓰고 감옥에 갇히기도 했다. 하지만 그때마다 요셉이 발버둥쳤다는

말이 없다. 기가 막히고 코가 막힐 상황 속에서도 요셉은 자신을 좋은 길로 인도하실 하나님을 믿고 하나님과 동행하는 삶을 살았다.

그런데 교회에서도 사람보다 행위에 초점을 맞출 때가 많다. 신앙 세계에도 세계 최고, 국내 제일이라는 수식어가 붙는다. "이렇게 공부하면 일류(?)대 간다"는 간증집과 지침서들이 베스트셀러가 된다. 하지만 성경은 최고나 최대가 되어 그 행위로 하나님께 영광 돌리라고 얘기하지 않는다. 오히려 좁은 문으로 들어가고 낮은 자세로 겸손과 섬김의 삶을 살아가는 사람을 주목하라고 한다.

명지대학교에 오게 되었을 때 하나님은 세례요한의 겸손을 배우고 실천하라는 말씀(요 1:29-34)을 주셨다. 새로운 근무지에 왔으니 기업에서 배운 지식과 경험을 이용해 뭔가 화끈하게 실적을 남기고 싶어하는 나에게 하나님이 주신 말씀은 겸손하라는 것이었다.

세례요한은 겸손한 사람이었다. 그 시대의 영적 지도자로 각광받던 세례요한이 후발주자인 예수님의 신발끈을 풀기도 감당하지 못하겠다고 선포하는 것은 그리 쉽지 않았을 거다. 하나님은 나에게 세례요한의 겸손을 대학교에 가서 실천하라고 하셨다. 함께 일하는 실·처장님들에게 낮은 자세로 겸손하게 배우고 관계를 맺어가라고 하셨다. 하나님은 나에게 폼나는 외적 행위나 결과보다 인격과 태도를 요구하셨던 것이다.

직업 선택에 대해 고민할 때 눈에 보이는 연봉, 복지, 근무지 위치 등이 중요하다. 그러나 하나님의 뜻인 사람 중심의 인생을 살고자 한다면 그곳에서 어떻게 배우고 성장할 것인지에 초점을 맞춰야 한다. 상황이 열악해도 그곳에서 나를 훈련시킬 하나님을 기대하며 기다리자. 하나님을 믿는 사람은 기다릴 줄 안다. 나는 그래서 신자가 불신자보다 더 잘 견디고 깨달을 수 있다고 생각한다. 신앙은 신자가 보유한 세상살이의 경쟁력이다.

넷째, 고정된 점(point)이 아니라 열린 가능성(possibility)이다

하나님의 뜻은 사주팔자가 말하는 운명론이 아니라 말씀의 원칙에 순종하면서 주어지는 다양한 기회와 가능성이다. 하나님의 뜻은 자동차 도로이지 기차 철로가 아니다.

아내가 운전을 처음 배웠을 때 차선 바꾸는 것이 무서워 용산에서 종로 여전도회관까지 가는데 한번도 차선을 바꾸지 않고 똑바로 운전하는 것을 보았다. 그러면 도로가 아니라 철로로 가는 거나 마찬가지라고 옆에서 놀렸다. 여전도회관까지 가는 경로는 다양하다. 그런데 딱 한 가지 길밖에 없다고 오해한다면 운전의 묘미를 잃어버리고 철로를 달리는 거나 다름없다.

큰 아이가 나 때문에 여기저기 해외생활을 해서 적응력은 뛰어났으나 집중력을 갖고 공부하는 훈련이 부족했다. 그래서 한국에 돌아와 고등학교를 다닐 때는 마음 먹은 만큼 성적이 나오지 않았다. 게다가 수능 점수마저 평소 실력보다 훨씬 낮게 나왔다. 재수를 했음에도 결과는 마찬가지였다. 고3 아들을 내버려두고 예수전도단(YWAM) 간사로 섬기던 아내가 하나님께 불평했다.

"하나님, 우리 가정이 대학 입시보다 예수 믿는 것을 더 중요하게 여기는 것을 학교 선생님도 다 아는데, 큰 아이가 폼나게 합격해야 하나님께 영광이 되는 것이 아니에요? 이렇게 되면 하나님도 창피하시잖아요."

그러자 하나님께서 이렇게 말씀하셨다고 한다.

"네가 창피한 모양이구나. 내 영광 신경 쓸 필요 없다. 나는 그까짓 일로는 하나도 창피하지 않아."

아내는 아들이 원하는 대학에 들어가지 못한 것(point)을 묵상하지 말고 '하나님께서 그의 인생을 어떻게 펼쳐가실 것인가?' 하는 가능성(possibility)을 기대하는 것이 참 신앙인의 자세라는 걸 새삼 깨닫게 됐다.

하나님은 대학, 직장, 결혼, 출산 등 모든 것의 일정을 정해놓고 그리로 몰아가시지 않는다. 하나님은 우리를 십자가 보혈로 죄에서 구원하여 자녀 삼아주셨다. 구원의 길은 오직 한 길 예수 그리스도뿐이다. 그러나 우리 인생에는 다양하고 풍성한 가능성을 열어두셨다.

새옹지마(塞翁之馬)와 롬팔이팔(롬 8:28)의 교훈은 서로 비슷한 것 같지만 전혀 다르다. 새옹지마는 삶에서 일어나는 사건이나 상황이 어떻게 전개될지 모르니 일희일비하지 말자는 교훈을 준다. 그러나 롬팔이팔은 우리의 인생을 주관, 인도, 섭리하는 하나님이 계시고, 그분이 모든 가능성을 연결시켜 선한 뜻을 이루어 가신다는 말씀이다. 그러니 모든 상황에 대해 열린 마음을 가지고 적극적인 자세로 살아야 한다는 교훈을 준다.

우리가 알거니와 하나님을 사랑하는 자 곧 그의 뜻대로 부르심을 입은 자들에게는 모든 것이 합력하여 선을 이루느니라 _롬 8:28

고정된 점은 과거의 경험이나 체득한 노하우이거나 놓지 못하는 욕심일 수 있다. 그런 것을 내려놓고 하나님의 넓은 가능성의 품에 안겨야 한다. 다윗은 망명생활 중에도 언제나 하나님께 물어보았고 하나

—— 일터사역자를 성장시키는 종합비타민

님의 뜻을 구했다. 고정된 점에 고착되지 않으려면 수시로 기도하고 하나님께 물어보아야 한다.

지금까지 나눈 하나님의 뜻을 한 문장으로 정리해보자.

"하나님의 뜻(4P)은 하나님이 주신 원칙(principle)에 순종하며, 현재의 상황을 나(person)를 훈련시키고 성숙시키기 위한 과정(process)으로 받아들이며, 모든 가능성(possibility)을 열어놓고 기도와 말씀을 통해 성령님의 인도하심에 따르는 것이다."

고지대가 아니라 저지대에서도 코람데오로 산다

혹자는 하나님의 뜻이라고 하면서, 고지를 탈환해서 높은 곳에서 영향력을 미치는 그리스도인이 되자고 말한다. 틀린 말은 아니다. 그렇게 되면 정말 좋겠다. 그런데 수많은 고지 점령자들이 여기저기서 큰 사고를 치고 있다. 자고 일어나면 높은 지위에 오른 목사, 장로, 권사라는 사람이 신문과 방송에서 연일 큰 뉴스를 생산해내고 있다. 세상의 빛과 소금이 아니라 빚과 소음이 되고 있다.

이종필 목사는 고지론을 이렇게 비판한다.[39]

"고지론은 자칫 기독교를 성공을 위한 자기계발 수단으로 타락시킬 수 있다. 예수를 성공의 수단으로 이용하는 샤머니즘의 신으로 전락시키는 것이다. 고지론은 역사 속에서 기독교 신앙을 타락시키는 독약이었다."

고지대가 아니라 오히려 저지대에서 코람데오(하나님 앞에서)의 정신으로 사는 것이 더 시급한 것 같다. 저지대에서 능력도 빽도 없지만 힘든 과정에서도 성실하게 살았더니 하나님이 도와주셔서 여기까지 왔다고 고백하는 성도들이 더 많아져야 한다.

요셉, 다윗, 다니엘과 같은 높은 지위에 오른 신앙 선배의 이야기만 듣다 보니 총리나 대통령 정도는 되어야 하나님의 복을 받은 자로 오해하는 것 같다. 그들이 그 자리에 오르는 동안 밑바닥 생활이 어떠했으며 어떻게 훈련받고 어떤 영적 씨름을 했는지까지 생각한다면, 높은 자리를 목표로 삼거나 성공한 결과 자체가 우리의 모델이 될 수 없다. 과정도 중요시하고, 나아만의 여종과 같이 이름 없이 빛도 없이 영적 영향력을 발휘하며 살았던 신앙 선배의 이야기에도 귀를 기울여야 한다.

빌 하이벨은 이렇게 말했다.[40]

"요셉이 유명해지고 높아졌다는 데 초점을 맞춰선 안 된다. 요셉의 생애에 위대한 자취를 남기게 된 하나님께 대한 온전한 복종에 초점을 두어야 한다. 감옥에 있든 나라의 높은 지위에 있든, 요셉은 다른 사람들에게서 신뢰를 얻고 그들의 관심을 하나님께로 돌리려는 태도로 일하고 생활하고 말했다."

아직 하나님의 뜻을 발견하지 못하였는가? 그 뜻을 찾지 못한 이유는 하나님의 뜻이 어쩌면 우리 생각보다 낮은 곳에 있기 때문이 아닐까? 높은 곳만 바라보면 욕심과 야망이 꿈틀대 하나님의 뜻을 놓칠 수 있다.

거창고등학교의 십계명을 읽어보면서 하나님의 뜻을 어떻게 찾고 적용할지 되새겨보자.

1. 월급이 적은 쪽을 택하라
2. 내가 원하는 곳이 아니라 나를 필요로 하는 곳을 택하라.

——— 일터사역자를 성장시키는 종합비타민

3. 승진의 기회가 거의 없는 곳을 택하라.

4. 모든 것이 갖추어진 곳을 피하고 처음부터 시작해야 하는 황무지를 택하라.

5. 앞을 다투어 모여드는 곳은 절대 가지 마라. 아무도 가지 않는 곳으로 가라.

6. 장래성이 전혀 없다고 생각되는 곳으로 가라.

7. 사회적 존경 같은 건 바라볼 수 없는 곳으로 가라.

8. 가운데가 아니라 가장자리로 가라.

9. 부모나 아내나 약혼자가 결사반대하는 곳이면 틀림없다. 의심치 말고 가라.

10. 왕관이 아니라 단두대가 기다리고 있는 곳으로 가라.

● 일터나눔 _18장

① 최근 어떤 문제가 불안하고 걱정되고 염려되는지 함께 나눠보고 그것들이 어디서 비롯된 것인지 생각해보자. 혹시 내가 염려하고 걱정하는 이유가 하나님의 뜻을 오해하는 데서 비롯된 것은 아닌지, 4P(Principle, Process, Person, Possibility) 원리에 비추어 생각해보자.

② 로마서 8장 28절 말씀을 현재의 나의 상황에 대입하여 어떻게 받아들여야 할지 생각해보고, 거창고등학교의 십계명에 대해 어떻게 생각하는지 함께 나눠보자.

—— 하나님의 뜻을 알고 순종하는 법

6부

일터사역자를
완성하는
인생 태도

일상생활로
믿음을 증거한다

고객서비스실장 시절 팀장들과 함께 맛있게 점심을 먹은 날이었다. 누군가 다 같이 팥빙수를 먹으러 가자고 제안했다. 짧은 점심시간을 이용해야 했기에 골목에서도 차를 급히 몰았다. 그런데 세워놓지 말아야 할 애매한 장소에 차 한 대가 서 있었다. 하지만 내 운전 실력만 믿고 잽싸게 좁은 공간을 비집고 지나가려 했다. 그 순간 내 차가 뭔가에 긁히는 소리가 났다. 동승했던 두 팀장이 모두 내려 차의 좌우를 확인했다.

"약간 스쳤는데 별거 아닙니다. 그냥 가시면 됩니다."

그들의 말만 듣고 다시 차를 움직였다. 그러자 골목 앞에서 한 사람이 우리를 막아 세웠다. 그 차 주인이었다. 눈을 부릅뜨고 씩씩대면서 "왜 내 차를 긁고 그냥 가려느냐?" 하며 따졌다. 나는 현행범이 되었기에 어디 하나 도망갈 곳도 없어 몇 번이나 죄송하다고 사과했다. 팀장들이 보험사 직원을 부르고 가까스로 문제를 해결한 다음 서둘러 사무실로 돌아왔다. 뺑소니가 될 뻔한 상황이었는데 신속한 조치와 사과로 문제가 해결돼 가슴을 쓸어내렸다. 그 일은 그렇게 끝나는 줄 알았다. 다음날 아침 큐티를 하려고 책상에 앉았는데 어제 사고가 생각났다.

'모든 것이 문제없이 해결되었는데 왜 생각날까?'

그 순간 하나님의 음성이 들리는 듯 했다.

"선오야, 내가 너를 회사에서 믿음의 자녀로 인정받게 해서 임원으로까지 세워주었으면 하나님의 자녀답게 살아야 할 게 아니냐? 그런데 어제 뺑소니 시도는 내가 싫어하는 행위였다. 게다가 너와 동승했던 믿지 않는 팀장들에게는 성도의 거룩한 삶의 기준을 낮추고 내 이름과 영광을 훼손시키는 것이었다. 일은 수습되었는지 모르지만 나하고는 해결하고 정산해야 할 일이 남아 있다."

어제 상황을 돌이켜 보니 나로 인해 하나님의 영광이 가려진 일임을 금세 깨달을 수 있었다. 하나님께 물었다.

"어떻게 해야 할까요? 이미 물은 엎질러졌고, 누구에게 어떻게 사과해야 땅에 떨어진 하나님의 영광을 회복시킬 수 있을까요?"

하나님은 나의 실수에 대해 사람들에게 고백하라는 마음을 주셨다.

"이 실수와 관계도 없는 사람들에게 어떻게 죄를 고백할까요?"

질문과 동시에, 바로 다음 달에 해야 할 일터사역 강의가 생각났다. 하나님께 이렇게 고백했다.

"하나님, 제가 외부 강의를 하러 갈 때마다 어제 한 저의 실수와 죄를 고백하겠습니다. 조금 '쪽팔리지만' 이 고백을 통해 다시 같은 실수를 범하지 않겠다는 다짐으로 받아주세요. 다시는 그런 실수와 죄를 범하지 않겠습니다. 도와주세요!"

그 후로 일터사역 강의를 하러 갈 때마다 강의 말미에 차 긁고 뺑소니치려 한 내 실수를 고백한다. 강사의 실수가 청중에게 위로가 되고 나에게는 매번 다짐하는 시간이 되기에 '쪽팔림'을 감수한다.

내 실수는 단순히 뺑소니만은 아니었다. 믿지 않는 사람에게 잘못된 모습을 보인 것이 더 큰 실수였다. 사람들은 우리가 살아가는 모습을 보고 조금이나마 하나님을 느낄 수 있기 때문이다.

사랑의 부모 사역

우리 부부가 40대 초반이었을 때 아내가 특별한 제안을 했다. 더 나이 들기 전에 입양될 아이를 키우는 '사랑의 부모' 사역을 하고 싶다는 것이었다. 입양이 늦어지는 아이를 입양되기 전까지 돌봐주는 위탁모를 사랑의 부모라고 한다. 나는 우리 아이들을 키울 때 기저귀 하나도 잘 갈지 못하고 살아왔기에 아기 키우는 데 별 도움이 안 되는 사람이다. 그걸 알기에 굳이 반대할 이유가 없어 그냥 동의했다.

가톨릭 입양기관인 성가정입양원에서 우리집을 방문해 가정의 경제여건과 분위기를 살펴보고 당시 중학생과 초등학생이던 아들 둘의 의견도 물어보았다. 아기를 키울 수 있는 가정인지, 재정적인 능력이 되는지 확인하고 점검하는 절차를 거쳐 윤서라는 예쁜 아기가 우리집에 왔다. 윤서는 우리집에 6개월 동안 있었다. 우리 가정뿐 아니라 친척 모임과 교회에서도 엄청난 귀여움을 독차지했다. 나는 퇴근하기 무섭게 집으로 달려가 윤서의 재롱을 누렸고, 아이들도 학교에서 돌아오자마자 윤서에게 달려가곤 했다. 그렇게 5개월이 되었을 무렵, 아이들은 윤서를 다른 곳에 보낼 수 없다면서 우리가 입양하자고 졸랐다. 그렇게 되면 당초 마음에 품었던 사랑의 부모 사역을 지속할 수 없었다. 그래서 한 달이 더 지나기까지 입양할 부모가 안 나타나면 우리가 입양하자고 아이들과 합의를 보았다. 그런데 한 달이 되어갈 즈음 입양할 의사가 있다는 부모가 나타났다. 윤서를 입양원에 데리고 가 원장님께 건네주었다. 그 부모가 비밀 입양을 원했기에 윤서를 건네준 뒤 아무 소식도 들을 수 없었다. 함께 지내던 아기가 갑자기 사라진 것과 마찬가지였다. 윤서를 떠나보낸 후의 슬픔은 우리집을 흔들어 놓았다. 아내는 잠을 자다가도 헛소리를 했고, 아이들은 이제 집에 와도 웃어줄 윤서가 없기에 방 앞을 오가며 눈물을 훔치곤 했다.

　몇 개월이 지나 아내가 슬픔을 회복한 후, 다시 한 아이를 맡아 1개월 뒤에 입양 보냈다. 세 번째 맡은 아기는 40일 된 갓난아기였다. 내가 프랑스 출장을 마치고 돌아와 보니 찬수라는 아기가 강보에 누워 있었다. 찬수도 윤서처럼 예뻤다. 4개월이 지나자 또 걱정이 앞서기 시작했다. 빨리 입양할 부모가 나타나야 윤서 때 겪은 고통을 조금이라도 덜 수 있을 것 같았기 때문이다. 부모를 빨리 보내달라고 기도했다.

　그러던 어느 날, 다른 교회로 이임하시는 우리 교회의 부목사님과 사모님이 찬수를 입양하겠다는 의사를 밝혔다. 이번에는 공개입양이라 찬수를 언제든지 만나볼 수 있는 것이다. 지난번처럼 고통스러운 이별을 하지 않게 되어 하나님께 감사드렸다. 입양 절차는 순조롭게 진행되었다. 찬수를 입양한 목사님 부부는 그 후 찬수의 여동생을 또

입양했고, 다 큰 청년도 입양해서 아름다운 가정을 꾸려가며 목회를 잘 감당하고 계시다. 찬수가 자라가는 모습을 사모님의 SNS를 통해 볼 때마다 감사한 마음이 더욱 커진다.

교회 다니는 분이라 다르시네요

사랑의 부모 사역을 하면서 윤서와 찬수로 인해 기쁨을 누리는 이야기를 회사 회의시간에 팀원들에게 들려준 적이 있다. 그러자 그들의 반응이 독특했다.

"역시 교회 다니는 분이라 그런지 다르시네요."

나는 이미 20년 전부터 조직 내에서 그리스도인으로 알려져 있었고 신우회 회장으로서 나름 그리스도인의 향기를 잘 풍기고 있다고 생각했다. 그런데 사랑의 부모 사역을 통해서야 비로소 믿는 사람의 향기를 풍긴 것처럼 느껴져 조금 씁쓸했다. 그러나 세상 속에서 그리스도인의 영향력을 끼치는 것에 대해 다시 한번 생각해보는 계기가 되었다.

나는 큐티와 전도를 하고 제자훈련과 신우회 활동도 활발하게 했다. 하지만 그런 종교적 활동은 불신자들에게 별 감동을 주지 못했던 것이다. 내가 일상의 삶에서 봉사하고 섬기는 모습이 그들에게 도전이 되고 감동을 줄 뿐이다.

세상 사람들은 나의 종교적 열심과 신앙적 노력은 보지 못한다. 그런 건 그들에게 관심거리가 아니다. 단지 내가 일상생활에서 얼마나 정직하며 넓은 마음으로 사람을 대하고 깊은 사랑으로 섬기는지만 볼 뿐이다.

성경은 "너희 속에 있는 소망에 관한 이유를 묻는 자에게는 대답할

그리스도인의 일상생활은 매일 먹는 집밥 냄새 같은 것이어야 한다.

것을 항상 준비"(벧전 3:15)하라고 했다. 교회 성도나 신우회원이 보는 나는 열심 있고 충성된 사람일지 모른다. 그러나 믿지 않는 사람이 보는 내가 아무런 감동을 주지 못해 아무도 나에게 소망에 관한 이유를 묻지 않는다면 나를 바라보시는 하나님께서 난감하실 것이다. 나 자신을 다시 돌아본다. 매일의 일상생활을 통해 내 속사람의 변화가 나타나 그 이유를 묻는 자들이 많아지게 되길 기도한다.

종교 활동이 세상을 감동시키지 못한다

몇 년 전 전격적으로 다이어트를 단행한 적이 있다. 나는 지금도 살과의 전쟁을 계속하고 있지만, 그때는 특별히 어느 분의 소개로 구입한 다이어트 차를 마시며 금식과 식이요법을 반복했다. 일주일 동안 차만 마시며 완전히 금식한 후, 다음 일주일간 가볍게 식사하고 또 일주일간 금식을 반복하는 프로그램이었다. 이 다이어트로 약 8킬로그램을 감량했고 허리 사이즈가 8센티미터나 줄어드는 효과를 보았다. 직장을 다니면서 일주일간 완전히 금식하는 것이 가능할까 하는 의구심이 들었지만, 앞서 경험해본 사람이 강하게 확신하며 제언했기에 시도했더니 약 2,3주만에 내 외모가 변화되었다. 다이어트의 고질적 문제인 요요 현상도 없어서 감량된 체중이 2,3년간 지속되었다. 아내도 함께 시도해 효과를 보았다. 나와 아내의 변화는 그 다이어트 제품의 성공작이었다. 사라지는 턱살과 날씬해진 허리와 허벅지를 본 직원들이 의아해 했다. 급기야 몹시 부러워한 40대 여직원 3명이 나를 찾아왔다.

"상무님, 도대체 무슨 일을 하신 건가요? 무슨 프로그램을 하셨기에 이렇게 몸이 변하고 있는지 알려주세요."

나는 그들에게 내 변화의 이유인 다이어트 프로그램을 설명했다. 그들도 그 제품을 구입해 다이어트를 시도했다. 나는 회사뿐 아니라 심지어 교회에서도 여러 사람들에게 그 제품을 추천해 판매원 역할을 하다시피 했다.

다이어트로 날씬해지고 건강해지는 내 모습이 주위 사람들의 관심을 얻었다. 나에게 그 비결을 물었고 나는 자신 있게 그 상품을 자랑했을 뿐이다. 그 일을 통해서도 내 영적 모습을 돌아보게 되었다. 육체적으로 변화된 내 모습을 보고 주변 사람들이 놀라고 감동해 변화의 원인과 이유를 물어보았다면, 나는 영적으로 어떻게 변화되고 있는지 자문하기 시작한 것이다.

내가 다이어트에 성공했다고 나를 찾아와 그 이유를 물어보는데,

내 영적 변화는 주변 사람들에게 얼마나 궁금증을 불러일으키는가? 주변 사람들이 내 삶과 성품에 대해 궁금할 만큼 변화되고 있는가? 누군가 내 삶을 보고 이상하게 생각하고 놀라고 감동하여 그 이유를 물어보는 사람이 얼마나 있었나?

초대교회 당시 뜨거웠던 믿음의 선배들은 그들의 삶 자체가 경이로움이었다. 때로는 그들을 성을 요동하는 자라고 폄하하기도 했고, 하도 "그리스도, 그리스도" 하니까 그리스도인이라는 별명을 붙이고 그들에게 그 소망에 관한 이유를 묻곤 했을 것이다. 그리스도인으로서 내 모습이 변화되고 삶이 성숙해지는 걸 보고, 그 이유를 묻는 사람들이 생기기를 바란다.

일상생활의 신학이 필요하다

일터사역자 김기영은 일과 영성을 연결시켜 설명한다.[41]

"만약 동일한 전문성을 가진 의사 중에서, 교회에 십일조를 많이 하기 위해 환자를 치료하는 의사와 그리스도를 섬기듯 환자를 섬기는 의사 중에 여러분은 누구의 치료를 받겠는가? 당연히 후자일 것이다. 후자의 의사는 일을 통해 하나님께서 자기에게 위임하신 일에 전적으로 헌신할 뿐 아니라, 그 의사의 섬김과 영적 탁월성을 통해 그가 치유하는 환자들에게 그리스도의 복음이 노출되게 함으로써, 하나님의 나라를 건설하며 확장하는 사역을 감당할 것이다."

방선기 목사는 일상생활의 신학을 강조하면서 우리의 신앙적 삶을 3R로 구분하여 설명한다.[42]

첫 번째 R[1]은 Relationship(관계)이다. 하나님과의 기본적인 관계인

구원의 확신, 믿음의 핵심을 말한다.

두 번째 R^2은 Religion(종교)이다. 종교적 표현의 신앙을 말한다. 예배, 헌금, 봉사, 큐티, 말씀묵상 같은 것을 의미한다.

세 번째 R^3은 Real Life(일상생활)이다. 개인생활, 가정생활, 사회생활 그리고 직장생활 영역이다.

여기서 강조하고 싶은 것이 두 번째 R^2(종교생활)와 세 번째 R^3(일상생활)이다. 이 두 영역에 대한 생각을 정리할 필요가 있다. R^2는 교회나 신우회 공동체가 나를 바라보는 종교적인 모습이다. 예배 잘 참석하고 말씀묵상 잘 하고 충실하게 헌금하는 것 등이다. 이런 것은 참으로 귀하다. 문제는 우리의 신앙이 그런 종교적 영역에만 머물러 있는 경우가 많다는 것이다. 사실 R^2 영역은 세상에는 거의 드러나지 않는다. 세상이 관심을 가지지 않기 때문이다.

반면 R^3는 교인들에겐 잘 보이지 않지만 세상에서는 확실히 드러나는 영역이다. 그것이 가장 잘 나타나는 곳이 바로 일터이다. 일터에서 성도가 어떻게 말하고 반응하며 판단하고 결정하느냐에 따라 세상은 우리의 신앙을 판단한다. 아무리 R^2에서 경건하고 교회생활에 헌신한다 해도 세상은 R^3의 모습만 보고 영향받고 감동받는다. 때로 R^3에 문제가 보이면 비판하기도 한다.

중견업체 회장님의 운전기사였던 집사님이 장로로 피택되었다. 그 회장님이 매주 토요일 아침마다 골프 약속이 있어 새벽부터 운전을 해야 했다. 그런데 금요일 교회 심야기도회에 참석하면 너무 늦게 귀가하게 되어 새벽 운전에 부담이 되므로 걱정하고 있었다. 그때 그 교회 목사님께서 "장로님은 심야기도회에 참석하지 마시고 새벽 운전에 우선순위를 두시라"고 말씀하셨단다. 그래야 회장님이 안전하게 골프 비즈니스를 하시고 그 결과 안정적으로 경영할 수 있다는 생각이었다. 그 일을 통해 기업체에 좋은 영향을 주게 되고, 충실한 운전 사역을 통해 복음이 전해질 수 있다고 생각한 목사님의 결정에 박수를 보낸다.

R^2도 물론 중요하다. 하나님과의 관계(R^1)가 올바로 구축될 때 자연스럽게 흘러나오는 것이 종교적 모습(R^2)이기 때문이다. 그러나 우리 착한 행실을 보고 하늘에 계신 아버지께 영광 돌리게 하라고 하신 예수님의 말씀(마 5:16)을 따라 일상생활(R^3)에서 참 그리스도인의 모습을 드러내기를 원한다면 우리는 영적으로 깨어 있어야 한다. 일상생활에서 나타날 나의 신앙적 모습을 스스로 살펴보아야 하는 것이다.

● 일터나눔 _19장

① 저자는 R1(Relationship), R2(Religion), R3(Real life)를 구분하여 설명하면서, 다이어트와 '사랑의 부모 사역' 예를 들면서 R3의 중요성을 강조하고 있다. 내 성품과 생활을 불신자 입장에서 평가한다면 믿지 않는 사람들과 어떤 차별화가 될지 생각해보고 함께 나눠보자.

② R3(일상생활)를 강화하고 개선하기 위해 무엇을 할 수 있을지 서로 얘기하고 실천해보자.

말씀묵상으로
인생 전환기를
대비한다

말씀묵상은 내 인생의 중요한 순간과 고비마다 하나님의 뜻을 알게 해주었다. 평소에 사소해 보이는 일상에서도 늘 지침과 지혜를 주었다.

토파스 대표이사에게는 회사 차량과 운전기사가 지원된다. 그래서 대한항공 임원 시절에는 누려보지 못한 호강을 했다.

렌터카 회사에 3년 계약으로 리스를 했기에 차량을 교체할 시기가 되었다. 그동안 탔던 차량인 K사의 O 모델이 마음에 들었기에 같은 차종으로 대체하려 했더니 단종이 돼 구할 수 없었다. 그때부터 차종 선택을 위한 고민이 시작되었다.

나는 자동차 브랜드에 그다지 관심이 없다고 생각했다. 하지만 막상 차를 바꿀 수 있게 되자 가능하면 더 멋지고 폼 나는 차로 바꾸고 싶어졌다. 그런데 그룹 내에는 직급에 따라 차량의 배기량에 제한 기준이 있다. 거기에 맞춰 골라야 하므로 차종 선택에 한계가 있었다. H사의 G 모델은 너무 흔해 마음에 들지 않았다. K사의 K 시리즈는 대표이사가 타기에는 조금 젊은 이미지라 아쉬웠다. S사의 C 모델은 가격과 이미지가 그룹 기준보다 조금 높아 부담이 됐다.

나귀 타신 예수님과 나의 자동차

주저하는 사이에 차를 바꿔야 할 시간이 점점 다가오고 있었다. 그게 스트레스가 되었다. 아무 생각 없이 기준에 따라 남들이 흔히 사용하는 차량을 선택하면 쉽게 넘어갈 수 있었는데, 마음에 폼을 내고 싶은 욕심이 생기니 쓸데없이 스트레스가 된 것이다. 그 무렵 어느 아침, 큐티에서 이 말씀을 대했다. 예수님이 예루살렘 성에 입성하는 장면이 나오는 마가복음 11장이었다. 나는 이 장면에서 예수님이 나를 쳐다보시고 씩 웃으시며 말씀하시는 것 같은 음성을 들을 수 있었다.

"선오야, 너는 어떤 차를 타야 폼이 나고 어깨에 힘 줄 수 있을까 고민하는구나. 자, 봐라. 나는 나귀 새끼 타고 예루살렘으로 들어간다."

만 왕의 왕이요 만 주의 주이신 예수님은 나귀 새끼 타고 예루살렘에 들어가시는데, 나는 몇날 며칠을 '무슨 차를 타야 폼이 날까?' 고민했던 것이다. 예수님은 그런 식으로 내 욕심과 교만을 지적하셨다. 무섭고 엄한 목소리가 아니라, 부드럽게 웃으시며 유머처럼 하신 말씀이었는데, 나는 깜짝 놀라 성경을 덮었다. 하나님께 곧바로 나의 교만

나귀 새끼 타신 예수님…
너는 더 좋은 차 고르느라 고민하지? 나는 그냥 나귀 타고 간다.

과 욕심을 내려놓고 쓸데없는 데 마음을 둔 것을 회개하였다. 그날 회사에 출근해 그룹사 기준에 맞는 G 모델로 교체하기로 결정하고 더고민하지 않고 계약해버렸다.

오해하지 않았으면 좋겠다. 나도 모든 말씀을 이런 식으로 묵상하거나 적용하지는 않는다. 항상 이런 식이면 말씀을 내 마음대로 일방적으로 요리할 위험이 있다. 언제든 이단, 삼단, 사단으로 빠질 수도 있다. 그러나 우리 주님은 가끔 이런 방식으로 말씀하시곤 한다. 말씀 한구절로 내 죄악을 강하게 질책하시고, 성경 속의 상황과 여건을 내 생활에 그대로 도입해 위로하거나 격려하기도 하신다. 자동차를 바꿀때 아주 유머 넘치는 방식으로 내 모습을 돌아보게 하시고 돌이켜 회개하게 하신 것이다.

그 뒤 한두 달 지나 다른 회사의 대표이사로부터 전화가 왔다. 그가 한숨 쉬며 전한 이야기가 이랬다. 그도 회사 차량을 교체했는데, 그룹사의 조건에 다소 부합하지 않는 차종으로 약간 업그레이드해 계약하려다가 최고경영층으로부터 심하게 질책 당했다는 것이었다. 그를 위로하고 전화를 끊은 다음 정신이 번쩍 들었다. 만일 내 욕심과 마음대로 조건에 맞지 않게 상위 등급의 차종으로 교체했다면 어떻게 되었을까? 나귀 타고 예루살렘에 입성하신 주님께서 사전에 말씀을 통해 나를 보호하시고 지켜주셨음을 깨닫게 되었다. 주의 말씀이 내 발에 등이요 내 길에 빛이신 것이 맞다.

말씀묵상은 인생의 순간순간마다, 사소한 일에서나 중요한 일에서든 두루 빛을 비치고 길을 가리킨다. 인생의 중요한 순간을 만날 때는 더욱 그렇다.

거기서도 전도하리니

대한항공에서 매년 12월 말은 임원에게 발령이 나는 시기다. 임원은 임시직원의 약자라 언제든지 회사를 떠날 채비를 해야 하기에 12월이 되면 모든 임원이 숨죽이고 발령을 기다린다. 대한항공 임원의 평균 임기는 3, 4년 정도다. 나의 경우 임원으로 승진한 지 6년이나 되었고 주요 보직으로 꼽히는 고객서비스실장을 3년이나 했기에 언제든지 회사를 떠날 마음의 준비를 하고 있었다. 승진에 대한 기대는 아예 접어두고 있을 때였다. 그럴 무렵 사장님이 나를 부르셨다. 사장실에 들어가니 나를 보시고 "축하한다"는 말부터 하셨다. '갑자기 왜 그러시나?' 싶어 어리둥절했는데, 곧 이어 이렇게 말하셨다.

"주식회사 토파스여행정보의 대표이사로 발령 날 예정이니 준비하고 있어요."

크게 놀랐다. 기쁘고 당황스러운 감정이 순식간에 몰아쳤다. 만약 계열사로 이동하게 되면 꼭 한번 일하고 싶은 회사였는데, 그곳을 경영하는 대표이사가 된 것이다. 감사하다는 인사를 드리고 사장실을 나왔다. 자리로 돌아오자 아쉽고 섭섭한 마음도 들었다. 약 30년을 일한 대한항공을 떠나야 하기 때문이었다.

다음날 아침 큐티 말씀이 마가복음 1장 35-39절이었다. 35절 말씀은 예수님께서 매일 새벽 큐티하셨다는 내용으로 큐티 강의를 할 때마다 자주 인용하는 말씀이라 그냥 넘어갔다. 그날따라 38절 말씀에서 눈이 멈췄다. 이 말씀이 마음에 새롭게 다가왔다.

> 이르시되 우리가 다른 가까운 마을들로 가자 거기서도 전도하리니 내가 이를 위하여 왔노라 하시고 _막 1:38

나의 대한항공 30년 생활은 신우회 사역과 연결되어 있었다. 내가 신입직원 시절부터 임원이 되기까지 신우회를 통해 전도하고 양육하며, 교제하고 위로하고 격려하며 새 힘을 얻었던 대한항공을 떠나게 되는 시점에 하나님께서 주신 말씀이었다. 제자들에게 다른 가까운 마을로 가서 거기서도 전도하자는 예수님의 제안은 마치 대한항공에서의 30여년 사역을 마치고 가까운 마을인 계열사 토파스로 가서 그 사역을 계속하자는 말씀으로 다가왔다. 대한항공을 떠나야 하는 상황에서 뭔가 아쉬운 마음이 들었는데, 마가복음 1장 38절 말씀은 예수님의 사랑의 음성으로 들렸다.

── 일터사역자를 완성하는 인생 태도

"지금까지 이곳 대한항공에서 정말 수고 많이 했다. 이제 저곳 토파스로 가서 여기서 했듯이 열심히 섬기고 사역해라. 내가 너와 함께 할 것이다."

　토파스여행정보로의 이동은 외적으로는 그룹의 경영방침에 의한 임원 이동 발령이었지만, 그 뒤에는 하나님의 세심한 손길과 놀라운 인도하심이 있었다. 며칠 뒤 대한항공신우회 회원들이 준비한 토파스 파송예배를 드리면서 마가복음 1장 38절 말씀을 나누었다. 하나님이 보내시는 길에 신우회원들의 크고 깊은 사랑의 축복을 받으며 토파스로 왔다. 2012년부터 2015년까지 토파스 대표이사로 일한 4년은 내게 잊지 못할 시간이었다. 4년간의 대규모 장기 프로젝트를 성공적으로 수행한 것도 감사하다. 신입직원으로 시작한 직장에서 대표이사 지위까지 올라 회사를 경영하는 기회를 얻게 된 것도 당연히 감사하다.

예상보다 일찍 찾아온 변화

2015년 12월 1일, 갑자기 토파스 대표이사 사임 발령이 났다. 대학 졸업 후 33년 만에 처음으로 직장이라는 우산을 떠나 허허벌판 세상으로 나오게 된 것이었다. 여러 가지 스트레스 때문에 그해 12월말까지만 회사를 다녔으면 좋겠다고 아내에게 말했고, 인생 후반전에는 교수 사역을 하고 싶다는 기도도 했다. 하지만 예상보다 일찍 찾아온 사임 발령은 놀랍고 당황스러웠다. 의도적인 업무 감사와 일방적인 왜곡 보고로 순식간에 사임하게 된 것이기에 마음속에는 혼란과 원망과 절망이 짙게 깔려 있었다. 그런 나에게 하나님은 사임 다음날 큐티에서 이 말씀을 주셨다.

33년간 일터사역자를 자임하며 출근한 대한항공과 한진그룹이 믿음의 기업이 되기를 소망했다. 신우회를 인도할 때마다 회사를 위해 간절히 기도했다. 안전 운항과 영업 풍년을 간구하며 사심 없이 섬기고 힘껏 일했다. 그 결과가 아름답지 못해 실망했고 혼돈스러웠다. 그러나 그날 아침에 주님은 나에게 흔들리지 말라고 말씀하셨다. 누구를 원망하거나 탓하지 말고, 지금까지 그래왔듯이 그냥 하나님께 붙어서 견실하고 꿋꿋하게 마음을 지키라고 말씀하셨다. 궁극적으로 승리를 주시는 하나님만 믿고 계속 주의 일에 힘쓰라고 하셨다. 영문을 몰라 우울하고 혼란에 빠진 내 옆에서 부드럽게 속삭이시는 주님의 위로와 격려의 말씀이었다. 감사하고 감격해서 눈물이 났다. 또 다음 날 아침에는 "깨어 믿음에 굳게 서서 남자답게 강건하라 모든 일을 사랑으로 행하라"(고전 16:13-14)는 말씀으로 한 번 더 격려해주셨다.

'인생 후반전으로 넘어가는 과도기에 영적으로 졸면 안 된다. 지금까지 인도하신 하나님에 대한 신뢰와 믿음을 굳게 붙들라. 누구를 탓하거나 불평하지 말라. 남자답게 받아들이고 사랑으로 미움을 극복하라!'

그런 말씀이었다. 하나님은 얼떨떨해하던 나를 매일 아침 말씀을 통해 위로하셨다. 상처받아 상심한 나를 만져주셨다.

말씀이 나를 인도하다

30년 넘게 습관이 되어버린 출근을 하지 않아도 되는 상황이 편하긴 했다. 하지만 영락없이 갈 곳 없는 실업자요 백수 처지가 된 것이다. 나는 대기업 임원 6년에 대표이사 4년 경력에다 USC MBA 졸업장과 경영학 박사학위까지 가지고 있다. 사임 이후에 희망했던 교수 자리는 따 놓은 당상 같았다. 기다리기만 하면 될 줄 알았다. 하지만 아무 연락도 추천도 없었다.

가만히 있으면 안 될 것 같아 평소 알고 지낸 대학교 총장님을 방문해 인사드렸다. 고등학교 동기인 교수를 찾아가 자리 부탁도 했다. 혹시나 하는 마음에 교수로 일하는 지인들에게 전화도 해놓았다. 토파스에도 강의할 수 있는 대학교수 자리를 부탁했다. 그리고 10여 일 지나 다행히 토파스를 통해 한 대학교의 산학협력교수 자리를 제안받았다. 비록 4년제는 아니지만 서울에 있는 대학교에서 청년들을 가르칠 수 있는 기회가 주어져 감사했다. 30년 넘게 자동적으로 들어오던 수입이 사라진 실업자의 마음은 을씨년스럽고 춥기까지 했지만, 적어도 이듬해 3월부터 일할 곳이 생겼다는 게 위로가 돼 마음을 다잡을 수 있었다.

한편, 혹시나 또 다른 기회가 있을지 몰라 형에게도 교수 자리를 알아봐달라고 부탁했다. 지푸라기라도 잡아보려는 심정으로 난생 처음 이력서와 자기소개서를 작성해 형에게 전달했다. 형이 아는 목사님들을 통해 적당한 기독교대학 강의교수 자리가 나기를 기대했다. 그런다음, 아내와 함께 크리스마스 전날까지 2박 3일 일정으로 가평에 있는 필그림하우스에 갔다. 그곳에서 말씀을 묵상하고 기도한 시간은 귀하고도 귀했다. 사임 이후 3주간 나에게 주신 말씀을 다시 깊이 묵상하면서, 내 인생과 후반전 사역을 향한 하나님의 비전과 뜻을 정리하는 시간이었다. 조용한 침묵기도실에서 하나님과 친밀한 대화를 나누면서, 말씀묵상을 통해 주셨던 뜻을 확인하고 다시 음미할 수 있었다.

마침 그때 시작한 큐티 말씀이 룻기였다. 룻을 통해 내가 처한 모습을 볼 수 있었다. 33년간 경제적으로 문제없고 사회적으로도 인정받던 지위에서 갑자기 내려왔다. 이제 아무것도 소유하지 못한 백수로 전락한 내 모습이 이방 땅에서 모든 걸 잃고 이스라엘로 돌아온 실패자 시어머니 나오미와 며느리 룻 같았다. 대한항공이라는 커다란 우산을 떠나 홀로 살길을 개척해나가야 하는 내 모습이 당시 사회에서 배척당하던 이방인으로서 무작정 일자리를 구하러 다니던 룻의 모습과 오버래핑(overlapping)되었다. 파산 상태에서 아무 희망도 의지할 것도 없이 고향으로 돌아온 두 여인을 먹여 살리시는 하나님의 놀라운 인도와 섭리의 손길을 묵상하면서, 나에게도 회복과 치유의 은혜를 보여주시길 간구하며 소망 중에 큰 위로를 받았다.

기도실에서 룻기 말씀을 묵상하며 기도하고 있을 때, 형으로부터 전화가 왔다. 형이 온누리교회 담임목사님께 내 이력서를 드렸는데, 목사님이 그 교회 장로님이신 명지대학교 총장님께 전달하신 것이었다. 그 총장님이 나에게 개별적으로 연락하실 거라고 알려주었다. 잠시 후 총장님이 직접 전화를 주셨다. 바로 만나자고 하셔서 얼떨결에 다음날 크리스마스이브 오후에 뵙기로 약속했다. 명지대학교는 큰아들 원호가 다닌 미션스쿨 정도로만 알고 있었는데, 알지도 못하던 총장님이 갑자기 만나자고 하시다니, 이게 도대체 무슨 일인지 이해되지 않았다.

일터사역자를 완성하는 인생 태도

하나님의 치밀하신 간섭과 손길

12월 24일 오후에 총장님을 만났다. 나는 산학협력교수가 되기를 바란다고 말씀드렸다. 그런데 총장님은 나에게 뜻밖의 제안을 하셨다. 학교 살림을 맡을 사무처장 자리를 제안하신 것이다. 생각했던 일이 아닌 것 같아 완곡한 표현으로 거절했다. 하지만 총장님은 공석인 사무처장 자리를 위해 한 달간 기도하셨다면서, 내가 적임자로 보인다며 나를 계속 설득하셨다. 급기야 내게 하루 이틀 더 시간을 줄 테니 기도하면서 하나님의 뜻을 구한 후, 크리스마스 지나면 회신해달라고 하셨다.

여기까지 이르게 된 것이 우연이라고 하기에는 너무나 잘 짜인 하나님의 시나리오임을 곧 깨달았다. 지금 상황은 선택의 문제가 아니라 순종의 문제인 것을 알게 되었다. 부담스러웠지만, 명지대학교 사무처장 자리를 섬기기로 하였다.

당시에는 몰랐지만 대학교의 사무처장은 대단한 자리이다. 얼마나 높은 권한과 명예를 가진 자리인 줄 미리 알았더라면 그 자리에서 정말 두 손 들고 넙죽 절하며 총장님의 제안에 즉시 감사드렸어야 했다. 그걸 나중에야 알고서 멋쩍은 웃음을 지어야 했다.

12월초부터 공석이 된 명지대 사무처장 자리를 위해 기도해온 생면부지의 총장님과, 동일한 시기에 대표이사 직을 사임하고 일자리를 찾아 헤매던 내가 불과 하루 이틀 만에 만나게 된 스토리에는 소름 돋을 정도로 치밀한 하나님의 간섭과 손길이 있었음을 부인할 수 없다. 그것은 마치 그 당시 묵상했던 룻기 말씀에서 보아스와 룻이 만나는 장면 같았다.

룻기 2장 1-23절을 묵상할 때, 우연히 보아스와 룻이 만나게 되는

━━ 말씀묵상으로 인생 전환기를 대비한다

장면에서 하나님께서 나를 위해 준비해놓으신 보아스가 무엇인지, 혹은 누구일지 궁금했다. 나의 보아스를 통해 주실 복과 사명을 기대하며 기도했다. 큐티노트를 다시 살펴보며 명지대학교 총장님이 바로 하나님께서 나에게 보내주신 보아스임을 깨달을 수 있었다.

사무처장으로 섬기겠다고 회신을 드린 것은 성탄절이 지난 12월 26일이었다. 그러고 보니 새로운 일터인 명지대학교는 하나님이 나에게 주신 크리스마스 선물이었다. 그 다음날에도 계속된 누가복음 말씀묵상을 통해 새로운 일터가 하나님께서 나에게 선사하신 놀라운 은혜요 선물임을 더 깨닫게 하셨다.

> 주께서 나를 돌보시는 날에 사람들 앞에서 내 부끄러움을 없게 하시려고 이렇게 행하심이라 하더라 _눅 1:25

제사장 사가랴의 감사기도가 내 기도가 되었다. 여종의 비천함을 돌보사 큰일을 행하신 하나님을 찬양하는 마리아의 기도는, 백수가 되어 일자리를 찾아 헤매던 나를 높은 자리로 이끌어주신 하나님께 감사드리는 나의 기도가 되었다(눅 1:39-56).

새로운 일터에서 어떻게 일해야 할지 잘 알지 못해 고민하던 나에게 하나님은 내가 예수님의 길을 예비하는 세례 요한처럼, 주인공이 아니라 주인공의 길을 예비하는 겸손하고 낮은 자세로 일하라고 가르쳐주셨다(눅 3:1-17).

하나님께서 나를 이곳에 보내주신 뜻과 계획이 무엇인지 아직 확실히 다 알지 못한다. 다만 분명하고 확실한 한 가지는 나를 이곳에 보내신 분이 하나님이시라는 사실이다. 하나님은 이방인 룻과 유대 지도

—— 일터사역자를 완성하는 인생 태도

자 보아스를 만나게 하셔서 성군 다윗 왕을 낳게 하셨던 것과 마찬가지로, 대학교 안에서 이방인 같은 내가 총장님을 도와 동역하게 하셨다면 어떤 목적과 이유가 있으리라 기대해본다. 학교 전반에 대해 아직 잘 알지 못해 실수도 하고 예상하는 만큼 기여하지 못하고 있지만, 나를 이곳에 보내신 하나님만 온전히 신뢰하고 전심을 다해 섬기고 땀 흘려 수고할 때 그 뜻과 계획이 실현되어갈 것이다. 이를 통해 하나님께 영광 돌릴 수 있게 되리라고 나는 믿는다. 명지대학교를 통해 이루고자 하시는 하나님의 큰 뜻과 계획에 내가 조금이라도 일조할 수 있기를 기도한다.

기다림 후에 주시는 선물

나는 예수님을 중간에 믿게 된 분들의 극적인 간증을 들으면 부럽다. 예수님을 믿기 전과 후가 확실하게 구분되지 않고 모태신앙으로 큰 부침 없이 신앙생활을 해왔기 때문이다. 그래서 간증을 하라면 항상 부담이 된다. 다만 지금까지 느끼고 체험하고 깨달은 변함없으신 하나님의 인도와 섭리에 대해서라면 할 말이 조금은 있다. 특별히 고통받고 응답을 기다리는 시간이 지난 후 주시는 하나님의 선물과 복에 대해선 더욱 그렇다. 토파스 대표이사에서 사임하고 명지대학교로 가게 되는 과정이 선물인 것을 깨닫게 된 것도 그런 이유에서다.

계속 공부하기 원했던 신입사원 시절에는 야간 대학원도 다니고 대사관 일자리도 두드려본 적이 있다. 회사 일로 힘들고 답답할 때면 집으로 돌아와 훌쩍이며 한탄하곤 했다. 그런 기다림의 기간이 약 6년간 이어졌는데, 그동안 큐티가 삶에 정착되고 하나님과 친밀한 관계가

— 말씀묵상으로 인생 전환기를 대비한다

깊어질 수 있었다. 또한 그 기간에 신우회라는 선물을 받아 직장에 대한 비전을 품게 하셨다.

다른 동기들은 다 해외로 나갔는데 나만 해외 발령이 지연돼 동기들 보기 부끄럽고 불안할 때가 있었다. 몇 년을 기다렸다가 드디어 되리라고 생각했던 어느 해의 해외 발령마저 취소되자 낙심되고 화가 나 하나님께 불만을 털어놓았다. 그러나 그해에 1년간 한국전문인선교훈련원 훈련을 통해 선교에 대한 비전을 키울 수 있었다. 미국에 있던 작은 형님 가족이 귀국하면서 온 가족이 오랜만에 풍성한 교제를 나눌 수도 있었다. 계획하지 않았던 아파트도 구입할 수 있었다. 그리고 이듬해 독일 발령이 났다. 2년 후에는 아름다운 오스트리아 비엔나의 지점장으로 발령받았다. 그 모든 일이 알고 보니 해외 발령이 지연된 덕분이었다.

결국 유학도 다녀올 수 있었다. 사내 경영교육과정에서 좋은 성적을 거두어 해외 MBA 기회를 약속받았는데, 약속이 흐지부지돼 실망하고 포기하고 있을 때 유학 발령이 나 USC MBA과정을 마칠 수 있었다. 뒤돌아보니 지연된 기간 동안 입양 대기 중인 아기를 돌보는 '사랑의 부모 사역'을 할 수 있었다. 그 사역을 통해 우리 가족은 값지고 기쁜 경험을 할 수 있었다. 그 사이에 책 두 권을 출판한 것도 하나님의 선물이었다.

임원으로 승진한 후 항상 살얼음 같은 환경에서 스트레스를 겪었다. 특히 가장 힘들다는 광고 담당과 고객서비스실장 업무를 맡으면서 '왜 나만 이렇게 힘들게 임원생활을 하나?' 푸념하기도 했다. 그 기간에 하나님과 더 친밀한 교제를 나눌 수 있었다. 6년간 힘든 임원 재직 기간에 항(抗) 스트레스 역량을 키운 덕에 4년간의 토파스 대표이

─── 일터사역자를 완성하는 인생 태도

사 업무를 큰 고충이나 스트레스 없이 넉넉히 수행할 수 있었다.

현대인은 종종 이렇게 기도한다.

"하나님, 저에게 인내심을 주옵소서. 지금 당장 주시옵소서."

프레스토 신드롬(Presto Syndrome)은 모든 것을 쉽게 빨리 얻으려는 증상이다. 빌 하이벨은 어린 시절에 아버지가 맡기신 엄청난 양의 일을 중도에 포기하려 했던 경험을 얘기한다.[43]

"못하겠어요. 햇볕도 뜨겁고 냄새도 못 참겠어요. 그리고 이런 끈적끈적한 물이 계속 내 몸에 묻어요. 개도 이런 일은 안 할 거예요."

그의 아버지는 이렇게 대답했다고 한다.

"얘야, 네가 할 일은 한 번에 자루 하나만 쳐다보는 것뿐이란다. 저 수레를 한꺼번에 다 쳐다보지 말거라. 한 번에 하나씩만 쳐다 보거라."

프레스토 신드롬을 해결하는 방법은 한 번에 하나씩 하는 것이다. 한 번에 한 개씩, 한 번에 한 걸음씩이다. 매일 한 번씩 빼놓지 않고 도끼질을 한다면 아무리 거대한 나무라도 언젠가는 쓰러지고 말 것이다. 지금 당장 큰 그림이 안 보이고 예상했던 그림이 오히려 망가지는 것처럼 느껴지더라도, 하루하루를 살아갈 때 내 삶이라는 붓을 하나님께 맡기면 하나님이 그 붓으로 멋진 작품을 그려내실 것이다. 그렇게 하려면 날마다 말씀묵상이 습관이 되어야 한다. 매일 하나님과 교제해야 하나님을 언제나 신뢰할 수 있고, 하나님이 내 삶에 뜻하신 대로 결국 이루실 것을 매순간 믿음으로 기다릴 수 있기 때문이다.

용두사미가 아닌 완벽 마무리

'우주전쟁'이라는 영화를 본 적이 있다. 우주인이 지구를 공격한다는 스토리인데, 영화 초반에 이야기를 엄청 크게 벌려놓아 관객이 마무리를 걱정하게 만드는 영화였다. 영화 종료가 30분 가량 남았을 때도 벌려놓은 스토리를 어떻게 해결하려는지 결론이 날 것 같지 않아 나까지 염려가 되었다. 그런데 허무하게도 엄청난 괴력을 지닌 외계인이 결국 지구의 미생물에 감염돼 죽어버리는 것으로 결말이 난다. 용두사미였다. 제법 유명한 영화감독이 만든 영화였는데 실망했다. 하나님은 그 정도 수준의 영화감독이 아니시다. 세우신 계획을 따라 스토리를 풀어가면서 확실하고 완벽하게 마무리하시는 분이다.

내 인생을 돌아보면 하나님의 세밀한 섭리와 구체적인 인도의 손길이 있었음을 알게 된다. 당시엔 잘 몰랐지만, 그 일이 지나고 난 후 하나님의 크고 깊으신 뜻을 알게 되면 하나님께 감사드릴 수밖에 없고 더욱더 의지하게 된다.

누구라도 중년기에 접어들고 직장에서 은퇴할 때가 가까워지면 "인생 후반전을 어떻게 살아갈까?" 하고 고민하게 된다. 걱정하고 염려하는 게 당연하다. 하지만 "하나님께서 내 후반전을 어떻게 인도해가실까?"라고 상상하면 오히려 기대가 된다. 때로는 흥미진진하고 호기심이 느껴지기도 한다.

하나님께서 우리 인생에 큰 선물과 복을 주시려고 준비하실 때 우리는 기다리고 인내하는 시간을 보내야 한다. 심지어 고통 받는 시간도 견뎌야 한다. 하나님이 우리에게 주시는 훈련의 기간이기 때문이다. 우리는 하나님의 그 뜻을 알기에, 기다리는 시간을 소망 중에 견딜 수 있다. 기다림 후에 주실 하나님의 은혜의 보너스를 기대하기 때문이다. 그래서 롬팔이팔(롬 8:28)은 내가 가장 좋아하는 성경구절 중의 하나다.

우리가 알거니와 하나님을 사랑하는 자 곧 그의 뜻대로 부르심을 입은 자들에게는 모든

것이 합력하여 선을 이루느니라 _롬 8:28

나는 이 말씀을 하나님께서 우리 인생을 가장 좋은 곳으로 인도해 가신다는 뜻으로 받는다. 그래서 우리에게는 아무리 어렵고 힘든 과정이라 해도, 하나님은 그 기간을 이용해 우리 인생을 멋지게 빚어가실 거라고 이해한다.

사실 이 말씀은 구원에 대한 하나님의 계획과 연결된다. 하나님이 강권적으로 역사하셔서 미리 정하시고 부르시고, 의롭다 하시고 영화롭게 하시는 하나님의 예정과 섭리를 설명하는 말씀이다(롬 8:29,30). 전적으로 타락하여 결코 스스로 회복될 수 없는 우리를 맏아들의 보혈의 피로 사시고 자녀 삼아주시는 하나님의 지극하신 사랑과 은혜를 설명하는 구절이기도 하다.

자기 아들을 아끼지 아니하시고 우리 모든 사람을 위하여 내주신 이가 어찌 그 아들과

함께 모든 것을 우리에게 주시지 아니하겠느냐 _롬 8:32

이어진 이 구절은 '롬팔이팔'의 의미를 더 극명하게 설명해준다. "독생자를 우리를 위해 아낌없이 주신 하나님께서 더 이상 무엇을 못 주시겠는가?"라는 말씀이다. 우리가 불확실한 자기 인생을 염려할 때 하나님의 구원의 은혜보다 더 확실한 보증보험이 무엇인가? 그러므로 이제는 염려하지 말자. 더 이상 걱정하거나 두려워하지 말자. 내 미래가 암울하고 절망적으로 보일 때일수록 십자가 보혈의 구원을 기억하자. 말씀을 묵상하자!

─ 말씀묵상으로 인생 전환기를 대비한다

³⁷그러나 이 모든 일에 우리를 사랑하시는 이로 말미암아 우리가 넉넉히 이기느니라 ³⁸내가 확신하노니 사망이나 생명이나 천사들이나 권세자들이나 현재 일이나 장래 일이나 능력이나 ³⁹높음이나 깊음이나 다른 어떤 피조물이라도 우리를 우리 주 그리스도 예수 안에 있는 하나님의 사랑에서 끊을 수 없으리라 _롬 8:37,39

인생의 전환기를 이기는 힘은 말씀에서 나온다. 말씀을 묵상하는 데서 하나님의 위로와 지혜와 용기를 얻을 수 있기 때문이다. 또 다시 강조하지만, 말씀묵상 습관은 갑자기 드는 것이 아니다. 오랜 기간 훈련해야 한다. 젊어서부터 말씀을 묵상하는 훈련이 시작되어야 한다. 특히 후배 일터사역자들에게 부탁한다. 지금부터 말씀묵상을 훈련하라. 일터에서 일하기 시작하는 초기부터, 아니 어려서부터 하나님을 기억하고 그분의 말씀을 읽고 묵상하는 훈련을 시작하라.

¹너는 청년의 때에 너의 창조주를 기억하라 곧 곤고한 날이 이르기 전에, 나는 아무 낙이 없다고 할 해들이 가깝기 전에 ²해와 빛과 달과 별들이 어둡기 전에, 비 뒤에 구름이 다시 일어나기 전에 그리하라 _전 12:1,2

● 일터나눔 _20장

① 뭔가 중요한 결정을 하거나 인생의 전환기에 있다면, 하나님의 말씀에 매달려서 그분의 음성에 귀기울여보자.

② 많은 신앙의 선배들이 기도의 응답을 받기 전에 기다림과 인내의 시간을 보냈다. 하나님이 그렇게 하시는 이유와 목적이 무엇인지 생각하고 나눠보자.

——— 일터사역자를 완성하는 인생 태도

인생의 마침표까지
하나님을 의지한다

사사기의 사사들 중에서 가장 많은 지면을 차지하는 이는 삼손이고 그 다음이 기드온이다. 삼손은 날 때부터 하나님께서 정하셔서 사사가 되었고 기드온은 특별한 은사나 소명도 없는 겁쟁이가 얼떨결에 사사가 된 경우이다. 기드온이 사사가 되는 과정(삿 6:12)을 묵상하면서 우리를 일터사역자로 부르시는 하나님의 열심을 나누면 좋을 것 같다.

기드온은 평범한 사람이었다. 그런데 갑자기 하나님의 사자가 나타나 "큰 용사여"라고 부르면서 그 인생이 달라지기 시작한다. 그냥 소시민으로 살고 있던 기드온을 하나님께서 사사로 만드시는 과정을 보면 어디 핑계댈 수도 도망갈 수도 없게 설득하시는 하나님의 주도면밀하심을 보게 된다. 때로는 기다려주시고 때로는 밀어붙이면서, 평범한 소시민을 사사로 만들어가셨기 때문이다.

얼떨결에 사사가 된 기드온처럼

독일에서 근무하면서 지치고 힘들고 맥이 다 빠졌을 때 이 말씀을 묵상했다. 하나님이 나를 큰 용사라고 부르시는 것 같았는데, 당시 내 모습을 보면 마치 숨어서 밀 타작이나 하고 있는 기드온 같았다. 그런데 십 수 년이 지난 어느 날 사사기의 기드온 이야기를 다시 묵상해보니, 하나님이 기드온을 사사로 세우신 것처럼 겨우 하루하루 살아가고 있는 나 같은 월급쟁이를 택하시고 훈련시키셔서 일터사역자로 세우셨음을 깨닫게 되었다. 내 수준이나 능력과 내가 처한 상황이나 여건은 중요하지 않았다. 하나님이 작정하시면 기필코 해내신다는 것이 기드온을 통해 주시는 메시지임을 알게 되었다.

하나님은 몇 번의 기적으로도 믿지 못해 오락가락 하는 기드온을 기다려주시고, 그가 요구하는 대로 기적을 베풀어주셨다. 때로는 3만 명의 군사를 300명으로 감축하시면서 온전한 믿음과 신뢰의 훈련을 시키기도 하셨다. 전쟁에 부르지 않았다고 삐쳐서 불만을 제기하는 사람들에게 겸손하게 반응하는 성품의 훈련도 거치게 하셨다. 하나님은 그렇게 여러 과정과 훈련을 거쳐 작은 소시민 기드온을 큰 용사로 만들어가셨다.

제자는 태어나는 것이 아니라 훈련되는 것이라는 말이 있는데, 나는 그 말에 동의한다. 시샘 많은 꿈쟁이 요셉도 그랬고, 민감성 예체능 계열 다윗도 그랬다. 그들은 일터에서 성공할 만한 재능이나 역량을 갖춘 사람이 아니다. 세상에서 두각을 나타내거나 리더로 쓰임 받을 거라고는 상상조차 할 수 없는 사람들이었다. 그런데 하나님이 주어가 되고 하나님이 주최측이 되니 엄청난 일이 벌어진다. 총리도 되고 왕도 된다. 그러므로 내 수준과 처지를 보며 절망하거나 좌절하지 말고, 나를 인도하시는 하나님을 바라보고 순종해야 한다.

　우리가 '주어' 되신 하나님 뒤에 붙어 '동사'가 되는 순간 하나님이 멋진 문장을 만들어가신다. 나에게 전혀 찾아볼 수 없는 화려한 '형용사'도 붙여주시고 맛깔 나는 멋진 '부사'도 끼워 넣어주시고, 보너스로 괜찮은 '접속절'도 연결시켜서 전혀 예상하지 못한 '최고의 문장'을 수려하게 지어내신다. 나는 사사 기드온처럼 큰 용사는 못 되지만, 기드온을 세우신 하나님께서 나를 그렇게 훈련하시고 여기까지 인도해주셨음을 고백하며 감사와 찬양을 올려드린다.

전쟁터에서 살아남아 승리하기 위하여

사울 왕은 블레셋과의 싸움에서 승리하기 위해 힘센 사람이나 용감한 사람들을 불러 모았다. 그러나 힘에서는 타의 추종을 불허하는 골리앗이 나타났을 때는 속수무책이었다. 세상은 경쟁이 치열하다. 수십 대 일의 경쟁을 뚫고 원하는 직장에 들어가면 처음 1,2년은 기쁘고 즐거울지 모르지만, 그 직장 속에서 벌어지는 살벌한 경쟁 속에서 스트레스 받고 고민하고 때로 절망하기도 한다. 그래서 유명한 인터넷 만화 '미생'은 일터를 전쟁터라고 표현했다.

　전쟁터 같은 직장에서 살아남기 위해 모든 방법과 수단을 동원한

　　　　　　　　—— 인생의 마침표까지 하나님을 의지한다

다. 열심히 일한다. 야근에 특근까지 한다. 다면 평가 시대인지라 상사와 동료뿐 아니라 후배로부터도 괜찮은 평가를 받기 위해 허구한 날 회식 술자리를 찾는다. 어떻게든 싸워 이기기 위해 동분서주한다. 그래서 원하는 것을 얻고 승진하고 성공한다. 그런데 갑자기 골리앗이 나타난다. 내 힘으로 도저히 상대가 되지 않는 문제와 장애물이 나타나는 것이다. 내 능력과 역량과 대인관계를 전부 동원해도 도저히 해결이 되지 않는 문제에 맞닥뜨리면 포기하고 절망할 수밖에 없다. 사울 왕의 상황이 그런 것이었다. 그때 다윗이 나타났다. 다윗은 싸울 검도 없고 전투훈련을 받은 적도 없었다. 세상 안목으로 봤을 때 치열한 경쟁사회에서 전혀 도움이 되지 않는 사람이었다. 그러나 다윗은 살아계시는 하나님을 싸움에 초청했다. 만군의 여호와의 이름, 곧 골리앗이 모욕하는 이스라엘 군대의 하나님의 이름으로 골리앗에게 나아가 그를 때려눕힌 것이다.

누구 힘이 더 센지 겨루는 싸움에 세상보다 크신 하나님이 초청되면 판세가 뒤바뀐다. 골리앗 같은 엄청난 문제와 싸워 이기려면 그보다 큰 힘과 능력이 있어야 하는데, 세상에는 그럴 힘이나 솔루션이 없다. 그래서 불안하고 걱정이 되어 쭈그러들고 만다. 잘 나가던 성공 대열에서 밀리고 뒤처지는 것 같아 좌절한다. 홍해 앞에서 모세가 그랬다. 앗수르 군대 앞에서 히스기야 왕이 그랬다. 수백 명의 바알 선지자 앞에서 엘리야가 그랬다. 그러나 세상보다 크신 하나님이 나와 함께 계심을 믿고 담대히 세상으로 나아갈 때, 우리는 넉넉히 세상을 이길 수 있다.

재미있는 점은 다윗이 하나님을 전투에 초청한 다음 마냥 뒷짐 지고 있지 않았다는 사실이다. 다윗은 양을 지킬 때 사자나 곰이 와서 양떼에게서 새끼를 물어 가면 쫓아가 그것을 치고 그 입에서 새끼를 건져냈으며, 수염을 잡고 쳐 죽인 경험까지 있었다. 그러니 골리앗은 그저 그런 짐승 중의 하나처럼 보였다. 그래서 양을 보호하기 위해 부지런히 훈련하고 실습했던 물맷돌을 준비해갔다.

일터에서 만나는 문제에 하나님을 초청할 때 꼭 필요한 것은 우리가 그동안 일터에서 배우고 훈련하고 체득했던 경험들이다. 내 경험만 내세워선 안 되겠지만, 하나님이 하시는 싸움에는 내 경험도 사용된다. 모세가 애굽에서 놀라운 기적을 베풀고 홍해를 가르는 엄청난 표적을 이루는 데 사용된 것은 40년간 목자생활을 하면서 사용했던 목동의 지팡이였다. 그러므로 지금 일터에서 우리가 배우고 경험하고 체득하고 훈련한 모든 것이 얼마나 중요한지는 아무리 강조해도 지나치지 않다.

모세의 지팡이가 하나님의 지팡이가 되다

의학의 발달과 함께 100세 시대를 열어가고 있다. 옛날에는 30년 배운 것으로 30년 먹고 산 후에 잠깐 여생을 보내는 게 보편적인 삶이었다. 이제 더 빠르게 변화하는 4차 산업혁명시대에서 백세까지 살아야 하는 청년들은 인생을 어떻게 설계하며 살아야 할 것인가? 모세는 120세를 살았다. 애굽 궁궐에서 40년, 광야에서 목자로서 40년, 마지막 출애굽 지도자로 40년을 보낸 모세가 가지고 다녔던 지팡이를 보면서, 그의 인생을 살펴보자.

모세의 첫 40년은 세상 문물을 배우기 위한 기간이었다. 그때 배운 지식과 정보로 훗날 출애굽 프로젝트를 수행할 수 있었다. 두 번째 40

—— 인생의 마침표까지 하나님을 의지한다

년은 내적으로 성숙하고 영적으로 회복되는 시간이었다. 총 80년간의 내적, 외적 훈련을 거친 후 하나님은 모세를 출애굽 사역에 투입하셨다. 모세의 출애굽 프로젝트 T/F 팀장 발탁 오디션에서 사용하신 것이 모세의 지팡이였다. 그 지팡이가 뱀이 되는 이적을 보이신 것이다.

일터사역자 오스 힐먼은 모세의 지팡이에 대해 이렇게 말했다.[44]

"하나님은 모세에게 그의 삶과 직업을 상징하는 지팡이를 내려놓으라고 명령하셨다. 지팡이를 변화시켜 그분의 목적을 위한 도구로 만들기 위해서였다. 모세는 지팡이를 내려놓았다가 다시 집어 들었다. 그러자 놀라운 변화가 일어났다. 그것은 더 이상 목자의 지팡이가 아니라 '하나님의 지팡이'가 되었다. 출애굽기 4장 20절을 읽어보자. '모세가 그 아내와 아들들을 나귀에 태우고 애굽으로 돌아가는데 하나님의 지팡이를 손에 잡았더라.' 하나님의 지팡이는 권능이 있다. 모세의 지팡이가 하나님의 지팡이로 변한 순간부터 이스라엘 백성을 구원하여 변화시키는 도구로 사용되었다."

모세가 광야에서 40년간 사용했던 지팡이는 광야에서 양떼를 치며 맹수를 쫓는 데 쓰였다. 출애굽 프로젝트에 지팡이가 쓰일 이유는 없었다. 그러나 하나님은 그 지팡이를 모세를 등용하는 오디션에 사용하신 것이다. 그 지팡이는 애굽에서 10가지 재앙의 기적을 일으킬 때마다 사용되었다. 지팡이로 나일강을 치니 강물이 피로 변했고, 지팡이를 잡아 펼 때 개구리 떼가 올라왔다. 지팡이로 땅의 티끌을 치자 온 땅에 이가 들끓게 되었다. 마침내 홍해 앞에서 지팡이를 바다 위로 내밀 때 홍해가 갈라져 마른 땅을 걸어갈 수 있었다.

이스라엘의 40년 광야 생활에서 하나님께서 다양하게 사용하신 모세의 지팡이가 그렇게 가치 있거나 호화스러운 모양은 아니었을 것이

지금 네가 하고 있는 일이 모세의 지팡이처럼 쓰임 받을 것이다.

다. 하나님은 그런 지팡이를 40년간 출애굽 프로젝트를 마칠 때까지
사용하셨다.

하나님께서 우리가 일터에서 배우고 체험하게 하신 지팡이는 무엇
인가? 그것이 무엇이든, 하나님은 그걸 던져버리지 않으신다. 하나님
은 중고품이든 재고품이든 잘 활용하시는 절약가이자 전략가이시다.
따라서 지금 내가 하고 있는 일과 겪고 있는 상황, 배우고 있는 과정 어
느 것 하나도 가치 없는 것이 없다. 내 인생에 계획된 어느 시점에서,
언젠가 하나님이 준비하신 프로젝트에 쓰실 것이다.

다윗이 목동 시절에 연습한 물맷돌 던지기는 사자와 맹수로부터 양
떼를 지키기 위해 배우고 연습했던 기술이다. 그러나 그 물맷돌 던지
기가 엄청난 프로젝트에 사용되었다. 아버지 심부름으로 형들의 도시
락을 배달해주는 아르바이트를 뛰다가 얼떨결에 만난 블레셋 장수 골

리앗을 죽이는 데 사용되리라고 누가 상상했겠는가? 일터에서 배운 기술과 수많은 체험들은 나중에 모두 하나님이 원하시는 프로젝트에 쓰이는 자산이 된다. 그러므로 지금 일하고 있는 일터는 정말 귀하고 의미 있는 훈련장이다.

하나님은 기적을 베푸시기 전에 내가 가지고 있는 것을 찾으신다. 엘리야가 과부의 집에 기적을 베풀 때 기름 한 그릇을 이용했고, 예수님이 5천 명을 먹이시는 기적을 행하실 때도 떡 다섯 개와 물고기 두 마리를 이용하셨다. 그러므로 지금 내가 가진 것이 보잘것없어 보여, 원하는 꿈이나 계획에 도움이 될 것 같지 않다며 기회를 던져버리거나 허비한다면 참으로 어리석다. 잘 준비해놓았다가 하나님을 내 문제의 상황에 초청하면, 하나님이 찾아오셔서 나를 쓰시고 대신 싸워주신다. 그런 체험이 일터에서 풍성해지면 단 하루도 헛되이 보낼 수 없게 된다.

당신의 지팡이는 무엇인가? 물맷돌은 무엇인가? 잘 모르겠다면 지금 주어진 상황에서 하고 있는 모든 일이 그것이라고 생각하자. 그리고 마음을 다해 주님께 하듯 오늘도 충성스럽고 성실하게 일하자. 모세의 지팡이를 사용하여 출애굽의 놀라운 기적을 베푸신 하나님은 나의 직업을 통해서도 기적을 베푸실 것이다. 어떤 기적이 일어나게 될지 모르지만, 우리를 통해 일어날 기적을 기대하면서 오늘 하루도 일터에서 내게 주어진 직업의 사명을 헌신적으로 감당하자.

일터사역자를 위로하시는 하나님

MBA 유학 발령을 받은 다음 하나님의 은혜로 GMAT와 TOEFL 커트

라인을 넘기고, 미국 로스엔젤레스 윌셔 그랜드 호텔에 도착했을 때
이 말씀을 주셨다.

집중 MBA 과정이라 1년 지나면 공부를 마치고 귀국해야 하기에 나
만 홀로 다녀올 수도 있었는데, 가족은 무조건 같이 살아야 한다고 우
기며 아내는 물론 당시 고1과 중2이던 두 아들까지 데리고 왔다. 그래
서 걱정도 되고 시차도 적응되지 않아 일찍 일어났을 때 이 말씀을 묵
상했다. 아내와 두 아들과 이 말씀을 나누며 도착예배를 드렸다.

40대 중반의 문학 전공자가 처음 접하는 MBA 경영학 공부를 잘 따
라갈 수 있을지 걱정도 컸고, 다 큰 아이들이 미국 생활에 잘 적응할지
도 걱정이었다. 다시 귀국해서 중고등학교 학업을 잘 따라갈 수 있을
지도 염려가 됐다. 공부를 시작하기 전에 생활에 필요한 모든 것을 일
주일 내에 해결해야 하는 부담도 있었다. 차량 구입, 주택 설비 계약,
아이들 학교 입학 등등이었다. 그런 염려와 걱정에 빠져 있던 나와 우
리 가족에게 주신 말씀이었다.

내가 바라보고 매달려야 할 분은 오직 천지를 지으신 하나님 밖에

없다. 그 하나님께서 나를 넘어지지 않게 하시고 나를 지키시되, 뙤약볕 아래에서 그늘이 되어주시고 어둔 밤에도 지켜주실 뿐 아니라 모든 환란을 면케 해주신다는 말씀이었다. 내 상황을 아시고 보듬어 주시는 하나님의 손길이 느껴졌다. 위로와 감동이 되어 주르르 눈물이 흘렀다. 하나님은 실제로 이 말씀 그대로 미국 생활 1년 동안 우리 가족을 지켜주시고 인도하시고 도우셨다. 힘들었지만 공부를 잘 따라가 우수상도 받게 하시고 학교와 학생들에게 인정받게 해주셨다. 운동을 좋아했던 아이들은 농구에 빠져 학교에 잘 적응했고 미국 생활을 즐겼다. 귀국해서도 나머지 중고등학교 과정에 잘 적응했다.

당시에는 주일마다 강준민 목사님의 말씀을 통해 힘든 몸과 지친 심령에 새로운 힘을 공급받을 수 있었다. 주말에도 아침부터 일어나 공부에 매달려야 다음 주 수업을 가까스로 좇아갈 수 있었다. 그래서 가족과 주일예배를 드리고 나서 다른 모임과 교제를 포기하고 집에 돌아와 다시 책상에 머리를 박고 독서 과제(Reading Material)들을 붙잡고 씨름해야 했을 때, 강 목사님의 주옥같은 말씀은 가물어 메마른 땅에 단비처럼 느껴졌다. 그래서 주일예배를 통해 주시는 메시지가 더 갈급했고 기대되었다. 강준민 목사님의 설교 중에서 '문제를 기적의 재료로 이용하시는 하나님'에 대한 메시지는 지금도 잊지 않고 기억하고 있다. 유학기간 중에 문제와 장애물이라고 여겼던 것들이 결국 하나님께서 기적을 이루시기 위해 사용하신 재료였음을 그 후에도 자주 느끼고 체험할 수 있었다.

독일 발령 초기 고된 근무 환경에서 힘들어할 때, 큰형을 통해 고린도후서 1장 말씀을 묵상해보라는 조언을 받았다. 나름 신앙훈련을 잘 받고 괜찮은 신앙인으로 준비되었다고 생각했던 내 자부심이 완전히 깔아뭉개진 것 같아 절망과 좌절에 빠져 있었는데, 하나님은 바울의 고백을 통해 위로해주셨다. 고린도후서 1장 3절에서 7절까지 위로라는 단어가 무려 10번이나 나온다.

> ³찬송하리로다 그는 우리 주 예수 그리스도의 하나님이시요 자비의 아버지시요 모든 위로의 하나님이시며 ⁴우리의 모든 환난 중에서 우리를 위로하사 우리로 하여금 하나님께 받는 위로로써 모든 환난 중에 있는 자들을 능히 위로하게 하시는 이시로다 ⁵그리스도의 고난이 우리에게 넘친 것 같이 우리가 받는 위로도 그리스도로 말미암아 넘치는도다 ⁶우리가 환난 당하는 것도 너희가 위로와 구원을 받게 하려는 것이요 우리가 위로를 받는 것도 너희가 위로를 받게 하려는 것이니 이 위로가 너희 속에 역사하여 우리가 받는 것 같은 고난을 너희도 견디게 하느니라 ⁷너희를 위한 우리의 소망이 견고함은 너희가 고난에 참여하는 자가 된 것 같이 위로에도 그러할 줄을 앎이라_고후 1:3-7

바울은 어찌할 바를 알 수 없는 절망적 환난과 고난 속에서 하나님만 의지함으로 하나님의 위로를 체험한다. 그렇게 위로의 하나님을 만난 바울은 자신이 받은 위로를 통해 모든 환난 중에 있는 자들을 능히 위로할 수 있게 되었다고 고백한 것이다.

하나님은 위로의 하나님이시다. 우리의 일터 분위기가 너무 무미건조한 사막 같고 살벌한 전쟁터 같아서 탈출하고 싶을 때 위로의 하나님을 만나면, 일터사역자들은 어떤 상황 속에서도 모든 것을 참으며, 모든 것을 믿으며, 모든 것을 바라며, 모든 것을 견딜 수 있다(고전 13:7).

내 나머지 인생은 무엇이 보증하는가?

사무엘상을 묵상하면서 처음 대하는 사사는 엘리 제사장이다(삼상 4:12-18). 엘리 제사장의 이미지는 그리 좋지 않다. 그의 아들 홉니와 비느하스는 제사 드리는 제물을 갈취하고 회막 문에서 수종드는 여인들과 동침하기도 하는 못된 놈들이었으나, 아버지 엘리는 가벼운 경고 말고는 별다른 조치를 취하지 않다. 결국 블레셋과의 싸움에서 홉니와 비느하스가 전사하고 하나님의 궤가 빼앗겼다는 소식을 듣고 의자에서 넘어지고 목이 부러져 죽는다.

엘리 제사장의 비참한 결말을 보다가 새로운 사실을 알게 되었다. 그가 죽을 때가 98세였고 사사가 된 지 40주년 되는 해였다. 엘리 제사장이 사사가 된 것은 젊은 시절이 아니라 환갑이 다 되어가는 58세 때였다. 58세에 사사가 되었다는 것은 젊은 시절부터 그때까지 이스라엘에서 그가 큰 일과 역사를 이루었고 백성들로부터 존경과 신뢰를 받았다는 증거다.

그런 엘리가 사사가 된 후 40년을 지내며 망가지기 시작했다. 사사라는 직위와 제사장이라는 명예에 취해버렸다. 편안하고 안락한 생활에 안주하기 시작했다. 명료했던 영성이 무뎌져 한나의 간절한 기도를 술 취한 주정으로 오해하기도 했다. 아들들의 범죄를 유야무야 넘어가기 시작했다. 게을러지다 보니 몸도 비둔해져 거동하기 힘들 지경이 되었다. 하나님의 사람이 찾아와 엘리의 가문에 엄청난 저주를 전달했음에도 불구하고 회개하거나 돌이켰다는 기록이 없다.

엘리의 삶을 살펴보면서 갑자기 겁이 났다. 이 책을 쓰는 지금 내 나이가 어느덧 58세다. 엘리가 사사가 된 연령이다. 하나님의 은혜로 사회적으로 인정받는 지위를 누리고 교회에서 장로로 섬기며 일터사역자라는 이름으로 여러 곳에서 말씀도 나누고 있다. 지금까지 지켜주시고 보호해주신 하나님의 은혜 덕분에 여기까지 왔는데, 엘리를 생각해보면 이것이 나의 나머지 인생을 보증해주지 않는다는 것을 알게 된다. 지금까지 축복과 은혜 속에 잘 지내왔다고 남은 노년이 자동적으로 잘 된다는 법은 없다.

채근담에 이런 말이 있다.

"비록 기녀라 해도 늘그막에 한 남편을 따른다면 한때의 화장기도 문제될 것이 없고, 정숙했던 여자라도 늘그막에 정조를 잃으면 반평생의 절개가 허사가 되고 만다. 옛말에 이르기를 사람을 보려면 그 끝 무렵을 보라고 했으니, 가히 명언이다."

인생의 후반전 마무리를 잘 하라는 조언이다. 지금까지 누린 복과 은혜와 감사한 경험이 나머지 인생을 온전히 하나님께 맡기고 의뢰하는 데 오히려 장애물이 될 수도 있다. 지혜의 왕 솔로몬도 개혁의 아이콘 히스기야 왕도 결국 마지막이 문제였다. 참으로 순수하고 깨끗하고 헌신적이었던 두 왕의 노년을 보면 또 다른 엘리 제사장을 보는 듯하다.

지금까지 살아온 것에 안주하며 베풀어주신 복만 믿고 남은 인생의 신앙 관리를 하지 않을 때, 마지막이 엘리 제사장처럼 될 수 있는 것이다. 과거에 받은 은혜와 체험과 간증이 중요한 게 아니라 바로 지금이 은혜 받을 만한 때요 구원의 날임을 명심하고, 주님이 부르시는 순간까지 노년의 신앙 관리를 위해 깨어 있어야 한다. 그러므로 "형제들아 나는 아직 내가 잡은 줄로 여기지 아니하고 오직 한 일 즉 뒤에 있는 것은 잊어버리고 앞에 있는 것을 잡으려고 푯대를 향하여 그리스도 예수 안에서 하나님이 위에서 부르신 부름의 상을 위하여 달려가노라"

(빌 3:13-14)라고 고백한 바울의 고백이 나의 노년 신앙 관리의 기준이 되기를 간절히 바란다.

104세에 천국으로 가신 큰아버지 방지일 목사님은 닳아질지언정 녹슬지 않겠다는 마음으로 매일 부지런히 하나님이 원하시는 삶을 사셨다. 나는 그 모습을 기억한다. 나 같은 사람이 큰아버지 같은 한국교회 신앙 거목의 삶을 얼마나 좇아갈 수 있겠냐마는, 큰아버지가 고백하셨던 마음가짐을 나도 품고서 내 나머지 인생, 노년의 삶을 가꾸어가기를 다짐한다. 그리고 주님을 만나 그 품에 와락 안기는 그날, "사랑하는 내 아들 선오야, 수고 많았다"라고 칭찬 받는 주님의 자녀가 되기를 기도한다.

● 일터나눔 _21장

① 다윗의 물맷돌과 모세의 지팡이의 기능과 역할, 목적과 사용방식들을 비교해보라. 내 일터에서 물맷돌과 지팡이는 무엇이며, 그것들을 어떻게 준비하고 활용할 수 있을지 나눠보자.

② 지금까지의 신앙이 앞으로의 신앙을 보장해주지 않는다는 것을 엘리 제사장의 사례를 통해 설명하면서, 저자는 인생의 마무리가 중요함을 강조한다. 인생 전반전에 허락하신 지팡이(직업과 경험)를 활용하여 후반전을 어떻게 꾸려나가고 신앙을 더 성장시켜 나갈지, 인생 후반전을 준비하는 지체들끼리 계획과 비전을 나눠보자.

일터사역자의
찬송가

1절. 너 성결키 위해 늘 기도하며 너 주 안에서 있어 늘 성경 보고
　　온 형제들 함께 늘 사귀면서 일하기 전마다 너 기도하라.
2절. 너 성결키 위해 네 머리 숙여 저 은밀히 계신 네 주께 빌라
　　주 사귀어 살면 주 닮으리니 널 보는 이마다 주 생각하리.
3절. 너 성결키 위해 주 따라가고 일 다급하여도 당황치 말고
　　참 즐거울 때나 또 슬플 때나 너 주님만 믿고 늘 따라가라.
4절. 너 성결키 위해 늘 기도하며 네 소원을 주께 다 맡기어라
　　너 성령을 받아 주 섬겨 살면 저 천국에 가서 더 잘 섬기리.

찬송가 '너 성결키 위해'의 가사다. 이 찬송의 영문제목은 'Take

time to be holy'다. 롱스탭(William Dunn Longstaff, 1822-1894)이 작사하고 조지 스테빈스(George Coles Stebbins, 1846-1945)가 작곡했다. 스테빈스는 자작 찬양곡이 우리 찬송가에 9개나 있을 정도로 활발하게 사역한 분이다. 작사가 롱스탭은 선더랜드 베데스다자유교회의 회계원이었는데, 구세군 창설자 윌리엄 부스와 친구로 지내며 무디 목사의 부흥집회를 위해 여러 찬송시를 작사한 분이다.

이 찬송가는 일터에서 성결(holy)해야 할 것을 다짐하고 권면하는 내용이다. 그리스도인이 일터에서 놓치기 쉬운 부분을 잘 지적할 뿐 아니라 꼭 붙잡아야 할 부분을 강조하고 있어서 일터사역에 대한 비전과 사명을 잘 보여주는 찬송이라고 생각한다. 아마도 작사가 롱스탭이 교회 회계원으로 일하면서 느끼고 체험한 것들을 찬송가 가사에 그대로 담은 게 아닌가 생각한다. 이 책을 마무리하는 대목에서 이 찬송가의 가사를 한 구절씩 생각해보며, 일터에서 우리 모습이 어떠해야 할지 적용해보면 좋을 것 같다.

일터에서 성결(거룩)하라

첫째, 일터에서 성결, 곧 거룩해야 함을 매절마다 강조한다. 성경책을 가슴 가까이 품고 눈은 아래로 깔고 천천히 걷는 외식적인 거룩함이 아니다. 경건을 이익의 재료로 생각해, 교회 안에서 성도들 앞에서만 치장하는 쇼 윈도우 형태의 성결도 아니다. 거짓말하고 속이고 이웃과 싸우고 이용해 먹어야 가까스로 돈 벌어먹고 살 수 있다는 치열한 생존 경쟁의 현장인 일터에서, 하나님과 동행함으로 거룩을 유지하라는 것이다. 하지만 현실에서는 그렇게 살기 어렵기 때문에 짬을 내어서라도(take time) 자신을 돌아보고 기도함으로 거룩해지자(to be holy)고 노래하는 것이다. 또한 멋지고 화려한 사역 이전에 거룩하고 정결하게 사는 것이 삶의 목적임을 반복해서 말하고 있다. 거룩한 정체성이 일터에서 우리가 추구해야 할 방향이요 삶의 모습이어야 한다는 걸 강조한 것이다.

일하기 전에 늘 기도하라

둘째, 늘 기도하되 일하기 전마다 기도하라고 말한다. 우리가 예배드리기 전은 물론이요 큐티하기 전에도 기도하지만, 사실 일하기 전에 기도를 놓치는 경우가 많다. 사무실이나 현장에 도착할 때마다 먼저 기도부터 해야 그날의 일터사역이 시작된다.

우리가 아침 큐티나 새벽기도회에서 받은 말씀을 기억하며 묵상하려 힘쓰지만, 다급한 문제가 터지거나 복잡한 일이 발생하면 당황하여 붙잡던 말씀마저 놓치는 경우가 많다. 그럴 때도 당황하지 말고 먼저 기도하여 하나님께 물어보고 말씀에 순종하면 된다. 다윗이 그랬다. 망명객 시절에 아말렉 족속이 성읍을 불태우고 아내와 자녀들을 사로잡아갔을 때 더 울 기력이 없도록 소리 높여 울었다. 백성들이 마음이 슬퍼 다윗을 돌로 치자고 했을 때 다윗이 크게 다급했으나 여호와를 힘입고 용기를 얻었다. 그리고 군대를 추격할지 여부를 하나님께 물었다(삼상 30장). 다윗은 생명이 위태한 상황에서도 하나님으로 인해 용기를 얻고 기도했던 것이다.

옛날 찬송가(1908) 가사는 원래 1-4절 공히 "골몰무가하나 늘 기도하며"였다고 한다. 골몰무가는 한문으로 汨沒無暇다. 빠질 골(汨), 가라앉은 몰(沒), 없을 무(無), 겨를 가(暇)다. '뼈 빠지게 바빠서 겨를이 없지만' 시간 내서 기도하라는 뜻이다. 당시 믿음의 선조들 중에 집에서 머슴이나 하녀로 일하는 하급계층이 많았을 것이다. 해도 해도 끝이 없는 일을 해도 별 보상도 없고 시간을 낼 여력은 더 없었을 그들에게, 힘들겠지만 꼭 기도할 시간을 내길 바라는 마음으로 이 찬송가 가사를 그렇게 번역하지 않았을까?

일터에는 예측하지 못한 일이 많이 발생한다. 야근이 많고 업무 문제로 잠이 오지 않아 밤을 샐 수밖에 없는 상황도 더러 생긴다. 그러기에 일하기 전마다 기도하고, 일이 아무리 다급하여도 먼저 기도하면서 하나님의 뜻과 도우심을 구해야 한다는 걸 이 찬송가 가사를 통해 다시 상기하고 기억하게 된다.

주님과 사귀고 형제들과 사귀라

셋째, 주님과 사귈 뿐 아니라 형제들과도 사귀라고 권면한다. 일터에서 믿음의 권속들과 사귐을 가지고 주님과 교제하며 살아갈 때 우리의 삶이 주를 닮아가게 되고 우리를 보는 이들이 살아계신 하나님을 보게 된다는 가사이다. 일터에서 함께 하는 동료, 상사, 거래처, 고객들이 우리 모습을 보고 하나님을 느끼도록 해야 한다는 것이다. 이를 위해 믿음의 지체들과 친밀한 교제를 유지하는 것이 중요하다.

일터의 많은 고민과 눈 앞에 닥친 문제들을 서로 고백하면서 함께 기도하는 공동체에 속해 있다면 영적 전투를 하는 데 이보다 강력한 무기는 없을 것이다. 교회뿐 아니라 일터에서도 삶을 나누며 사귈 수 있는 친밀한 공동체가 있다면 큰 복이다. 나에게는 그것이 신우회였고 각종 기도모임과 지역 성경공부모임이며 여행업계기도모임 등이다.

우리가 일터의 공동체를 통해 거룩함의 정체성을 견지하고 힘들고 어려울 때 서로 위로하고 격려하며 살아가다보면, 우리에게 소망에 관한 이유를 묻는 사람들이 많아질 것이고 복음은 더 효과적으로 전파되며 하나님의 영광 또한 크게 드러날 것이다. 나는 위와 같은 이유로 찬송가 420장 '너 성결키 위해'가 '일터사역 찬송가'라고 감히 주장하고 싶다.

나는 이 찬송을 부를 때마다 일터에서 내 모습을 돌아본다. 내가 일터에서 순간순간 시간을 내서 기도하고 있는지, 업무를 시작하기 전에 주님을 먼저 생각하고 주님께 물어보며 순종하고 있는지 자문해본다.

● 일터나눔 _에필로그

① 일터사역 찬송가 "너 성결키 위해"(420장)를 1절부터 4절까지 불러보고, 내 마음에 가장 와 닿는 가사가 무엇이며 왜 그렇게 느끼는지 함께 나눠보자.

② 이 책을 읽고서 마음속에 생각나는 찬송가나 복음성가는 무엇인가? 또는 평소 즐겨 부르는 찬송가나 복음성가 중에서 일터사역과 관련해 새롭게 느껴지는 곡은 무엇인가?

주

1   하나님은 월요일에 무슨 일을 하실까?, 이안 코피, 2011, 새물결플러스.

2   위와 같은 책.

3   팀 켈러의 일과 영성, 팀 켈러, 2013, 두란노.

4   일요일은 주일 평일은 죄일, 윌리엄 디일, 1995, 한세

5   God is my CEO, 래리 줄리언, 2002, Adams Media Corporation.

6   일상생활 속의 그리스도인, 로버트 뱅크스, 1994, IVP.

7   위와 같은 책.

8   하나님은 월요일에 무슨 일을 하실까?, 이안 코피, 2011, 새물결플러스.

9   위와 같은 책.

10 위와 같은 책.

11 월간 직장사역, 원용일, 2017년 10월호.

12 주일 신앙이 평일로 이어질 때, 톰 넬슨, 2015, 아바서원.

13 Reinventing theology, Ian M. Fraser

14 일상생활 속의 그리스도인, 로버트 뱅크스, 1994, IVP.

15 주일 신앙이 평일로 이어질 때, 톰 넬슨, 2015, 아바서원.

16 야근하는 당신에게, 이정규, 2017, 좋은씨앗.

17 직장인이라면 다니엘처럼, 원용일, 2015, 브니엘.

18 위와 같은 책

19 일요일은 주일 평일은 죄일, 윌리엄 디일, 1995, 한세

20 나는 직장에서도 크리스천입니다, 세바스찬 트레거, 2015, 생명의말씀사.

21 위와 같은 책.

22 크리스천@직장, 방선기, 2003, 한세.

23 나-일-돈, 방선기, 1996, 한세.

24 크리스천@직장, 방선기, 2003, 한세.

25 직업 3M, 방선기, 2000, 한세

26 일요일은 주일 평일은 죄일, 윌리엄 디일, 1995, 한세

27 일터사역, 오스 힐먼, 2007, 생명의말씀사.

28 평범한 일 속에 특별한 소명, 진 에드워드 베이스, 2002, 멘토.

29 위와 같은 책.

30 나는 직장에서도 크리스천입니다, 세바스찬 트레거, 2015, 생명의말씀사.

31 불꽃세대 예수심장, 김현철, 2017, 아르카.

32 야근하는 당신에게, 이정규, 2017, 좋은씨앗.

33 킹덤처치, 이종필, 2017, 아르카.

34 하나님은 월요일에 무슨 일을 하실까?, 이안 코피, 2011, 새물결플러스.

35 킹덤처치, 이종필, 2017, 아르카.

36 일터사역, 오스 힐먼, 2007, 생명의말씀사.

37 위와 같은 책.

38 크리스천@직장, 방선기, 2003, 한세.

39 킹덤처치, 이종필, 2017, 아르카.

40 직장 속의 그리스도인, 빌 하이벨, 1993, 한세

41 일터@영성, 김기영, 2007, 예영커뮤니케이션.

42 일상생활의 신학, 이론편, 방선기, 1999, 한세.

43 직장 속의 그리스도인, 빌 하이벨, 1993, 한세

44 일터사역, 오스 힐먼, 2007, 생명의말씀사.